Erich Wiedemann · Die deutschen Ängste

Erich Wiedemann

Die deutschen Ängste

Ein Volk in Moll

Ullstein

© 1988 by Verlag Ullstein GmbH, Frankfurt/Main · Berlin
Alle Rechte vorbehalten
Satz: Dörlemann-Satz, Lemförde
Druck und Verarbeitung: May & Co. Nachf., Darmstadt
Printed in Germany 1988
ISBN 3 550 07826 9

1. Auflage März 1988
2. Auflage November 1988

CIP-Titelaufnahme der Deutschen Bibliothek

Wiedemann, Erich:
Die deutschen Ängste : e. Volk in Moll / Erich Wiedemann. –
2., unveränd. Aufl., 6.–8. Tsd. –
Frankfurt/Main ; Berlin : Ullstein, 1988
ISBN 3 550 07826 9

Inhalt

Vorwort

Dieses Buch ist eine Lanze gegen den deutschen Neurosenzirkus. Es wendet sich gegen die sogenannte Katastrophenpädagogik, gegen die Übung der Deutschen, Schlimmes künstlich nachzuschlimmern, damit es volkspädagogisch zum Tragen kommt. Das Buch vertritt die These, daß eine Weltschau, die das Ausmaß von Unheil durch Übertreibung entstellt, dazu beiträgt, dessen Abwendung zu erschweren.

Ich wollte darstellen, wie im Ansatz begründete Angst zu Hysterie verkommt, wenn sie den Bezug zur Wirklichkeit verliert. Dabei habe ich auf den Gebrauch von salvatorischen Vorbehalten und Verbindlichkeiten verzichtet. Ich bin deshalb auf den Vorwurf vorbereitet, daß ich ein Verharmloser bin, wohl auch ein bezahlter Beschwichtiger in Diensten des Deutschen Kürschnerhandwerks, des Dachverbandes der Winzergenossenschaften, der Atomlobby und der Chemie-Industrie.

Das Buch nimmt den Zeitgeist tüchtig in den Schwitzkasten. Es wird daher einseitig, polemisch und unsensibel genannt werden. Ich habe dem nur ein einziges Argument entgegenzusetzen: Es ist ein wahres Buch.

Ich danke Hedwig Sander vom *Spiegel* und Jay Tuck vom NDR-Fernsehen für die kritische Sympathie, mit der sie die Erstellung des Manuskripts begleitet und das Temperament des Autors in der Spur gehalten haben.

Erich Wiedemann, Jesteburg im März 1988

Die ganze Welt ein Jammertal

»DAS LEBEN IST EINFACH ZU BLÖD«

Selbstmord im Wald bei Aachen. Spaziergänger fanden den VW-Passat mit den vier leblosen Gestalten in einer Schneise nicht weit von der holländischen Grenze. Der Motor lief. Die Türritzen waren mit Tesapack verklebt. Vom Auspuff führte ein Plastikschlauch durch das Fenster der rechten Hintertür, das einen schmalen Spalt breit geöffnet war, ins Innere des Wagens. Nur Guido, den sie auch Gitschi nannten, atmete schwach, weil er dicht am Fensterspalt saß. Hörkan, Udo und Jürgen waren tot.

Warum suchen vier plietsche Jungs im Alter von fünfzehn, siebzehn und neunzehn Jahren gemeinsam den Tod?

Die Antwort stand in dem Abschiedsbrief, den Udo Caffee auf eine lose Seite seines Diktathefts geschrieben hatte: »Mann, was bin ich glücklich. Endlich geht mein größter Wunsch in Erfüllung. Ich weiß, es gibt ein Leben nach dem Tod. Und da will ich hin. Das Leben auf der Erde ist nur Zeitverschwendung. Ich will ins Paradies. Die Menschen bauen Bomben, obwohl sie schon so viele haben. Die Menschen denken nur ans Zerstören ... Mama und Papa, ihr wart die besten Eltern der Welt. Seid nicht traurig, okay? Wir werden uns ja alle wiedersehen. Bis dann also, Euer Bohne. PS: Jörg Heinrich, Du kriegst meine Kassette und mein schwarzes Käppi. Leb' wohl.«

Frust, keine Lust, Sehnsucht nach einer besseren Welt. »Das Leben hier auf Erden« war den vier Freunden, wie es in Udos Abschiedsbrief hieß, einfach »zu blöde, weil auf der Erde doch alles schief läuft«.

Selbstmord aus Angst vor dem Tod? Die ganze Welt ein Jammertal, dem man am besten schleunigst durch Selbstentleibung entfliehen sollte? Wie katastrophal ist das Weltgeschehen tatsächlich?

Zwischen 1970 und 1985, so hat die in solchen Angelegenheiten hochkompetente »Schweizer Rückversicherungsgesellschaft« ermittelt, gab es auf der Welt wöchentlich drei Unfälle oder Naturkatastrophen mit mehr als zwanzig Toten oder mehr als zehn Millionen Mark Sachschaden. Insgesamt wurden weltweit 2305 Schadensfälle mit über anderthalb Millionen Todesopfern und einem volkswirtschaftlichen Schaden von 1,4 Billionen (1,4 Millionen Millionen) Mark registriert. Die weltregionale Verteilung der Sachschäden ist nicht genau erfaßt. Aber soviel läßt sich mit Sicherheit sagen: Der Anteil der Westdeutschen an der Gesamtzahl der Katastrophenopfer ist kaum in Promille zu bemessen.

DIE DEUTSCHEN UNABWÄGBARKEITEN

Der Widerspruch zwischen erfaßbarer und eingebildeter bundesdeutscher Wirklichkeit könnte nicht bizarrer sein. Zum erstenmal in ihrer Geschichte leben Deutsche in leidlich freiheitlich-demokratischen Verhältnissen, in der beinahe besten aller machbaren – nicht denkbaren – Ordnungen, mit ständig steigender Lebenserwartung und stabilem Lebensstandard, seit über vierzig Jahren ohne Krieg und mit guten Aussichten auf viele weitere Jahre Frieden, mit über 3000 Biersorten und jedes Jahr 60000 Buch-Neuerscheinungen. Doch die Frust- und Protestgeneration läßt sich ihr Credo von Fakten nicht vermasseln. Die Angst vor den Gefahren der Zivilisation treibt ständig neue wilde Blüten. Merke: Frohsinn ist reaktionär, Hoffnung ist doof.

Die Deutschen sind mit sich und der Welt so unzufrieden wie noch nie zuvor in ihrer neueren Geschichte, bisweilen unzufrieden bis zur kollektiven Todessehnsucht. Die Lebenserwartung dieser Republik ist nicht abzuschätzen. Die Stimmungslage der Nation läßt aber darauf schließen, daß sie tief in der Midlife-Krise steckt. Das hieße, daß es spätestens in den zwanziger Jahren des nächsten Jahrhunderts wirklich mit ihr zu Ende gehen müßte, wenn man sie mit der humanbiologischen Elle mäße.

Nachkriegsdeutschland hat den »incertitudes allemandes«, wie es die Franzosen nennen, also den sogenannten deutschen Unabwägbarkeiten, eine neue bizarre Variante hinzugefügt. Diesmal sind sie nicht aggressiv und destruktiv, diesmal sind sie einfach verdrossen. Nazis, Krieg und Massenelend haben die Stimmung der Deutschen nicht so gründlich und nachhaltig auf null bringen können wie drei Jahrzehnte Demokratie und Wohlstand. No future, no past, no plusquamperfect, wie es im Bahnhofstoiletten-Graffitti-Deutsch heißt, oder wie der Schwab' sagt: Des isch alles nemme des. Die Gesunden sind Kranke, die nicht wissen, daß sie nicht gesund sind. Diagnose frei nach Kierkegaard: Krankheit zum Tode.

Über der deutschen Wirklichkeit liegt ein Orgelton in Moll, darüber spürt man Blaulicht flackern. Den Konsumenten springt das nackte Elend von allen Seiten an – aus den Parlamenten, von den Kanzeln, aus Schlagern, Literatur, aus Theater, Talkshows und aus illustrierten Blättern.

Ihre gemeinsame schreckliche Botschaft: Das Leben in Deutschland ist ein einziges perpetuum terribile, die Deutschen sind ein Volk ohne Zukunft, beladen mit Erbschande und dazu verurteilt, zwischen sterbenden Wäldern, Meeren und Flüssen ein grausames Dasein als gläserne Untertanen zu fristen, ein Volk, das umstellt ist von Schloten, Spitzeln, Schnellen Brütern und Raketen, bedroht von Kernkraft, Computer-Power und von tausend Giften, kurzum: eine Gemeinschaft von Zombies, der nichts bleibt als die Hoffnung auf den erlösenden Endknall oder auf das letzte Flugzeug nach Neuseeland. Man braucht schon eine brachiale Frohnatur, um sich der Totalität von Angst und Mißmut zu entziehen.

Die Menschheit als Brathähnchenzucht

In dem futuristischen Roman *427 – Im Land der grünen Inseln* haben die zwei Münchner Anachronisten Claus-Peter Lieckfeld und Frank Wittchow, beide Redakteure des deutschen Siechtumsblattes *Na-*

tur, das Elend frisch und frank und frei und unbekümmert exponentiell bis ins Jahr 2009 fortgeschrieben. Es ist ein Standardwerk für die Freunde der schlimmen Botschaft, weil es wie kein zweites kompakt das ganze Kompendium neurotischer Zukunftsängste im Bauch hat, die die Gefühlswelt einer ganzen Generation geprägt haben. Die Prophezeiungen von Lieckfeld/ Wittchow projizieren den zum Zeitpunkt ihres Vortrags vorherrschenden Zeitgeist und die aus ihm geborene synthetische Wirklichkeit weit in die Zukunft.

Da es sich um einen Roman handelt, brauchen die Autoren sich nicht um Tatsachen zu scheren. Trotzdem erheben sie – durch reichlich Beigabe von erkennbaren aktuellen Bezügen – für ihr schauriges Weltbild Anspruch auf ein hohes Maß an Authentizität. Ihre Welt kennt keine Hoffnung: die Lüneburger Heide eine Wüste, über die die Sandstürme fegen, die Mittelgebirge versteppt und entvölkert, die Nahrungsmittel vom »totalen agrochemischen Krieg gegen den Boden« verseucht, wie es im Grünwelsch der Apokalyptiker heißt, und die Menschheit eine von Gentechnik und neuen Medien gequälte Sklavenbrut unter der Knute zynischer Computer-Platzeks – das ist, wenngleich als Science-fiction verschlüsselt, die Prognose der Autoren für »die absehbare Zukunft« der Nation.

Gleichwohl, so sagte Horror-Autor Claus-Peter Lieckfeld zum *Spiegel,* strotze sein Buch von Optimismus, weil es ungerechtfertigterweise antizipiere, daß im Jahre 2009 noch menschliches Leben in Mitteleuropa möglich sei. Schuld hat in erster Linie ein fiktiver, aber leicht identifizierbarer Exkanzler namens Hermann Kalb, der alles gewußt und alles schlecht ausgesessen hat.

Typisch linke Untergangsneurosen? Könnte man denken. Doch die Litanei von der nahenden Apokalypse tönt auch von konservativen Kanzeln. Claus Jacobi, Chefredakteur der straff rechtsgewirkten *Welt am Sonntag* und Autor der essayistischen Zukunftsstudie *Uns bleiben noch 100 Jahre,* hat ähnlich schlimme Visionen wie die Linken. Er sieht künftige Gemeinwesen als eine Art Brathähnchenzucht: »Künstlich ausgebrütet, und steril gefüttert, verbringen die Lebewesen dort zwecks Stärkung der Muskulatur kurze Zeit auf einem schüttelnden Fließband, um endlich gesäubert, in Klarsichtfolie verpackt, dem Verbrauch zugeführt zu werden, ohne je das Licht der Welt erblickt zu haben. Den Homo sapiens erwartet ein Leben von Nummern in Schlangen auf überfüllten Plätzen.«

Ängste kommen und Ängste gehen. In der deutschen Stimmungsdemokratie wird Angst von Modetrends beeinflußt wie die Rocklänge der Damen und die Kühlergrills der Automobile. Weil zur Befriedigung des vagabundierenden Schreckensbedarfs der Gegenwart, wie es der Zürcher Philosoph Hermann Lübbe nennt, immer neue Saison-Ängste nachgeschoben werden, müssen hin und wieder alte Ängste abgebaut oder neu gewichtet werden. Denn natürlich hat auch das menschliche Katastrophenbewußtsein seine Kapazitätsgrenze. Den zwanghaften Zustand der Angst, eine neue Angst verpassen zu können, nennen die Franzosen auch »Neopathie«.

Da Angst gewöhnlich nicht rationalen Kriterien folgt, kommt es durch die Inflation der Psychosen zu krassen Fehlgewichtungen, so daß etwa die Furcht vor so fundamentalen Gefahren wie Krebs oder AIDS dem trendhörigen Bürger auf die gleiche Bewußtseinsstufe gerät wie die Angst vor so albernen Quisquilien wie verstrahltem Molkepulver und dem maschinenlesbaren Personalausweis. In dem modisch bedingten raschen Wechsel von Ängsten steckt viel mehr Beschwichtigung als in dem ganzen Ist-doch-alles-halb-so-schlimm-Geschwafel.

Es fällt dabei auf, daß sich im konservativen Lager zunehmend linke Ängste ausbreiten – aber gewiß, es gibt linke und rechte Ängste –, die Linken dagegen durchaus begründbare Sorgen bürgerlicher generis, etwa um Renten oder Staatsfinanzen, mit gutem Erfolg als den Ausfluß weinerlichen Biertisch-Simulantentums veralbern.

»SCHÖNES LAND MIT LANGEN WÜRSTEN«

Weinerlichkeit schließt Selbstzweifel aus. Jochen Vogel, in schwerer Zeit Vorsitzender der Sozialdemokratischen Partei Deutschlands, hat den Deutschen vorgehalten, sie sähen so aus, als seien Essig und Salzsäure ihre Lieblingsgetränke. Wie wahr. Man braucht ja nur Jochen Vogel anzusehen und anzuhören. Jedoch muß – anders als dem gemeinen Volk – dem Bundesoppositions-wart für seine Griesgrämigkeit und die von ihm entfaltete Trauer-Power ein Teildispens gewährt werden, weil er quasi von Amts wegen zur schlechten Laune verpflichtet ist.

Die schlechte Laune als Parteidoktrin belastet auch die Nach-wuchswerbung der SPD. Es gibt sicher ein ganzes Bündel von Gründen für die zeitweilig dramatischen Sympathie-Einbrüche, die die Sozialdemokratische Partei Mitte der achtziger Jahre er-schütterten. Einen davon, den er persönlich für den wichtigsten hält, hat der baden-württembergische Spitzenkandidat für die Landtagswahl 1988, Dieter Spöri, in einer Denkschrift an seine Bonner Prinzipalen benannt. Wer sich stets nur als Neinsager profiliere, so schreibt Spöri, finde zwar Zustimmung, aber keine breite Vertrauensbasis für die Gestaltung der Gesellschaft. Und: »Eine Wandergruppe schließt sich doch nicht dem Bergführer an, der nur die Stellen aufzählt, wo man abstürzen kann. Sie folgt dem, der auch die gehbaren Wege aufzeigt.« Man kann natürlich mit der schlechten Laune erfolgreich Politik treiben. So wie die Grün-Alternativen es vorgemacht haben. Nur, dafür ist die SPD wieder zu realistisch und bei weitem nicht verdrießlich genug.

Keine Frage, Westdeutschland ist kein tadelloses und kein un-tadeliges Land. In der Bundesrepublik gibt es – mit deutlichem Trend zum Besseren – wie überall auf der Welt dicke Luft, drek-kige Flüsse, kranke Wälder, korrupte Politiker, prügelnde Polizi-sten und rechtsbeugende Richter. Nur daß die Übel, wo sie auftre-ten und erkannt werden, Gegenstand öffentlicher Erörterung zum Zwecke ihrer Beseitigung sind. Deshalb ist zum Beispiel die de-mokratische deutsche Republik eine gute Republik und die Deut-sche Demokratische Republik keine gute Republik. Ganz unab-hängig von der Frage, wie viele Arbeitsstunden ein Werktätiger hüben und wie viele er drüben für den Erwerb von einem Paar Strumpfhosen oder zwei Pfund Bananen aufwenden muß.

Die Bundesrepublik braucht auch den Vergleich mit ihresglei-chen nicht zu scheuen. Westdeutsche Politik ist Vorbild für die

Nachbarn. Abtreibungsregelung, Wochenarbeitszeit, Umwelt-schutz, Entspannungspolitik sind heute überall in Resteuropa an den Leitlinien orientiert, die die Deutschen (West) dafür entwor-fen haben. Mit dem Unterschied, daß man hierzulande nicht so viel zeremoniellen Aufwand treibt, um die eigene Präzeptoren-Rolle zu unterstreichen, wie anderswo in Europa.

Weil sie sich ständig davor fürchten, normales Selbstbewußt-sein könnte ihnen bereits als nationalistische Hoffart ausgelegt werden, hören die Deutschen sowas nicht gern. Aber die Grob-diagnose kann nach Lage der Dinge nicht strittig sein: Die Bun-desrepublik ist ein stinknormales Land der gehobenen Zivilisa-tionskategorie – plusminus ein paar Prozent spezifisch deutsche kulturelle, lukullische und politische Vorzüge, Übel und Zumut-barkeiten.

Nach einer von amerikanischen Wissenschaftlern erstellten Stu-die der Londoner *Sunday Times* rangiert die Bundesrepublik – gemessen unter anderem an Wohlstand, Lebenserwartung, Bür-gerfreiheiten, Umweltbedingungen – auf der Liste der »top best countries to live in the world« unter 124 Kandidaten auf Platz zwei. Nur in Dänemark lebte es sich bei Erstellung der Expertise im Herbst 1986 noch besser. Nach der Bundesrepublik kamen in der Rangfolge der Lebensqualität: Italien, Österreich, Schweden, Frankreich, Norwegen, Irland, Holland und Belgien. Die Verei-nigten Staaten lagen auf Platz 32. Die Sowjetunion hielt sich mit Position 58 gerade eben noch am unteren Rand der oberen Hälfte.

Trotzdem, nur auswärtige Betrachter dürfen in deutschen Ga-zetten das Hohelied auf die Deutschen und ihr Land singen, ohne von den Deutschen dafür gescholten zu werden. Der britische Erfolgsautor Anthony Burgess konstatierte Ende 1984, trotz sei-ner Abneigung gegen die deutsche Unart, »lange Würste zu fres-sen, Schweinshaxen abzunagen, große Portionen Kraut in sich hineinzuschaufeln und gewaltige Mengen Flüssigkeit aufzuneh-men«, im illustrierten *Stern* schrecklich undifferenziert: »Es gibt kein schöneres Land als Deutschland.« Die Redaktion, die das zu drucken hatte, muß fürchterlich gelitten haben.

Wie fuhr der deutschen Intelligenzija der Schock ins Mark, als im März 1987 in Brüssel das Ergebnis der Umfrage über die beliebtesten Staatsmänner Europas bekanntgemacht wurde. Linksintellektuelle, bitte anschnallen und die Rückenlehnen senkrecht stellen: Wenn die Europäer einen Präsidenten für Gesamteuropa zu wählen hätten, dann würden sie, so sagt die Studie, mehrheitlich Helmut Kohl den Vorzug geben.

Der spätgeborene Tumbian mit dem eisernen Hintern, der Anecker und stinkdeutsche Oggersheimer Nudelesser als höchster Würdenträger der Vereinigten Staaten von Europa – es war darob viel Stöhnen in deutschen Redaktionen und Seminaren. Dabei empfanden die Europäer doch nicht anders als die Mehrheit der deutschen Wähler, die sich zweimal dafür entschieden hat, Helmut Kohl für einen guten Bundeskanzler zu halten, weil sie seinen Pfälzer Zungenschlag und seinen birnenförmigen Schädel für weniger relevant halten als seine Politik. Andere hätten sich gefreut, einen international so hochgeschätzten Regierungschef zu haben. Doch einen Masochisten kann man bekanntlich mit nichts so quälen, wie wenn man ihm was Liebes sagt, und sei es was Liebes über seinen ungeliebten Kanzler.

Die Allianz der Ängste schweigt lieber in der Vorfreude auf den Jüngsten Tag, auf die »night of the knock when none shall sleep«, als sich an den vergänglichen Vorzügen der Gegenwart zu erfreuen. Daß der Knall der Knälle bislang ausgeblieben ist, verstärkt die Aussicht auf kommende Düsternis. Der Apokalyptiker fühlt sich dadurch geradezu bestätigt: Der Weltuntergang kommt ganz bestimmt. Die Tatsache, daß er noch nicht stattgefunden hat, beweist ja, daß er noch kommen muß.

Es gibt Ungemach, das nur geschieht, weil die Betroffenen fest daran glauben, daß es geschehen muß. Der »Allgemeine Deutsche Automobilclub« hat anhand einer Langzeitstudie belegt, daß auf deutschen Straßen an Freitagen, die auf den 13. des Monats fallen, 30 Prozent mehr Unfälle passieren als an normalen Freitagen. Eine rationale Erklärung gibt es dafür nicht. Nur eine

Vermutung: Abergläubische Automobilisten sind so fest vom Unheilsgehalt des Tages überzeugt, daß bei vielen einfach was schiefgehen muß. »Self fulfilling prophecy« nennen das die Angelsachsen.

Die Deutschen können nicht mal ordendlich feiern – jedenfalls nicht als nationales Kollektiv. Es muß mal angemerkt werden, daß die Bundesrepublik als mutmaßlich einziger Staat von Belang auf der Welt keinen einzigen Feiertag oder Gedenktag hat, an dem das Volk sich unreflektiert politisch freuen kann. Andere Völker feiern ihre Befreiung, ihre Siege oder, wenn sich nichts Besseres findet, ihre Präsidentengeburtstage. Die Deutschen feiern nur trübselige Anlässe: den 17. Juni, den 20. Juli, den 13. August, den Volkstrauertag. Und Staatsakte manifestieren sich fast ausschließlich in Staatsbegräbnissen.

Zum Vergleich: In der Hansestadt Hamburg gab es 1986 nach einer Zählung der *Welt am Sonntag* 666 genehmigte Demonstrationen, also im Schnitt 1,82 Demonstrationen am Tag. Das sind ungefähr ebenso viele wie angemeldete zivile Paraden in New York. Paraden sind im Zweifelsfall sicher staatspolitisch nicht so relevant wie Demos. Aber der Proporz läßt doch gewisse Rückschlüsse über die Einstellung der Hamburger und der New Yorker zu Freud und Leid zu.

11. GEBOT: DU SOLLST DICH NICHT FREUEN

Frohsinn? Nein, das ist kein deutsches Thema. Nichts ist in deutschen Landen, wovor sich der kritische Schöngeist mehr ekelt als vor dem rheinischen Karneval. Sich freuen ist dem fortschrittlichen Deutschen schon suspekt, aber sich aus lediglich kalendarischem Anlaß freuen, das hat für ihn schon stark blasphemische Züge. Es gibt Rheinländer, die fahren zu Weiberfastnacht auf Urlaub in die Heide oder in die Berge und kommen erst am Aschermittwoch wieder, um zu zeigen, wie tief sie den reflexionslosen, alkoholisierten Frohsinn verabscheuen. Die tolle Narretei soll hier nicht beschönigt werden. Gewiß wird zuviel gesoffen an den tollen deutschen Tagen. Jedoch, aus der Kulturgeschichte der Völker ist bekannt, daß sich nicht nur Heiterkeit, sondern auch Sinnlichkeit durch die Beigabe von geistigen Getränken unbeschwerter entfaltet. Und Sinnlichkeit ist auch Kultur.

Der kölsche Psychologie-Dozent Wolfgang Oelsner ist dem Schunkellied wissenschaftlich zu Leibe gerückt. Das Ergebnis seiner Forschungen liefert eine denkbare Erklärung für die Antipathie der deutschen Intelligentzija gegen den Fastelovend. Karnevalslieder, so schreibt er in seinem Gutachten, seien »eine Medizin, die der seelischen Hygiene diene, weil sie bei der Bewältigung von Ängsten helfe«. Doch diese Erkenntnis – wenn sie denn stimmt – nutzt gar nichts. Denn Neurotiker wollen ihre Ängste pflegen und nicht bewältigen.

Selbst christlichen Festen, die in anderen Weltgegenden des Heilands frohe Botschaft transportieren, wird im deutschen Sprachraum günstigstenfalls das Statut von Besinnungsfeiern konzediert. Der Christ von Welt verschickt zum Christfest modische Grußkarten mit einem Weihnachtsmann vor einem kaputten Säurewald. Er gedenkt im Advent der teuflischen Kommerzialisierung des Evangeliums und zu Ostern des Rüstungswettlaufs sowie des Cholesteringehalts der Ostereier. Kurzum, er wird vor lauter Reflektieren der frohen Botschaft nicht mehr froh.

Das real existierende Christentum ist wesentlich mit schuld an der Demontage des Evangeliums. Vor allem die protestantische Kirche. Sie hat bei der Untertunnelung der alten Werte tüchtig mitgebuddelt, ist aber mit der Vermittlung von neuen Werten deutlich im Rückstand geblieben.

Die jungen evangelischen Theologen sehen es nicht mehr als ihre Aufgabe an, gute Botschaften zu verbreiten. Sie haben das ganze Jahr Bußtag und würden, wenn man sie ließe, am liebsten ein elftes Gebot in die Bibel hineinredigieren, das da lautet: Du sollst dich nicht freuen. Das Medium der klerikalen Negationsräte ist nicht die Predigt, sondern die theologisch durchsäuerte politische Agitation. Sie predigen, auch wenn sie nicht im seelsorgerischen Dienst stehen, von tausend weltlichen Teufeln, von Unterdrückung und sündigen Mächten, die in aller Regel natürlich

20

rechts von der Kanzel stehen. Sie haben, wie 1985 auf einem Dissidenten-Spruchband auf dem sonst zeitgeistkonformen Düsseldorfer Kirchentag stand, die Hosen voll und die Herzen leer.

Das moderne Evangelium der gottkritischen Protestpastoren, die Beffchen mit eingebügelten Sorgenfalten tragen, fühlt sich dem Trost für die Menschen nicht mehr verpflichtet. Und eine solche Kirche rühmt sich eines Gründervaters, der sein Bäumchen pflanzen wollte, auch wenn morgen die Welt unterginge, weil, wie er sagte, »die Menschheit nicht aus der Traurigkeit herauskommt, wenn sie sich ständig den Puls fühlt«.

»PFARRER DÜRFEN NICHT PFÄFFISCH SEIN«

Gewiß, man soll die Kirche nicht in die Spiritualität einmauern, man soll sie nicht auf die reine Verkündigung des Evangeliums festnageln. Ein Schuß säkulare Erneuerung hat ihr gutgetan. Aber weil sie kein Institut allein von dieser Welt ist, kann man auch die beste Kirche zuschanden säkularisieren. Der niederschmetternde Erfolg dieses Bemühens ist nicht zu übersehen: Der Konsistorialbürokratie laufen die Jungchristen in Scharen davon, weil sie kein Mittel gegen den horror vacui, gegen die Sinnkrise hat und weil sie auch gar nicht danach sucht.

Ebenso scharenhaft setzen sich die etablierten Kirchensteuerzahler aus der Kirche ab, die der Überzeugung sind, daß die Kirche heute ihr Geld nicht mehr wert ist. Wenn die evangelische Kirche so weiterschrumpft wie heute, dann ist spätestens in der übernächsten Christengeneration das meiste weggeschrumpft, obwohl die Synodalen sowie die nachgeordneten Instanzen ständig die Nase im Wind des Wandels haben. Wie sprachen die Altvorderen? Das Eisen zeugt sich selbst den Rost, der es alsbald verzehrt.

Die lutherische Kirche übt Toleranz gegenüber dem säkularen Zeitgeist fast bis zur Selbstaufgabe. Die eiskalte Distanz, mit der evangelische Pastoren bisweilen ihren Gottesbegriff definieren, würde von weltlichen Gremien als Häresie mit Rausschmiß (Kündigung, Parteiausschluß, Vereinslokalverbot) bestraft werden. Es gibt progressive evangelische Geistliche, die darf man getrost gottlos nennen, ohne befürchten zu müssen, daß sie sich beleidigt fühlen.

Die Bergpredigt, die ursprünglich als christlicher Grundwertekatalog für alle Menschen und alle Zeiten konzipiert war, ist im kirchenpolitischen Alltag zum Arbeitspapier für akademische Schwatzhubereien verkommen. Ihre modernen Exegeten benutzen sie als Mittel zur Rechtfertigung von Klassenkampf und zivilem Widerstand und vergessen, daß sie neben ihrem selbsterteilten weltlichen auch noch ein seelsorgerisches Mandat haben.

Das Dilemma ist nicht von gestern. Der Theologiedozent Dietrich Bonhoeffer, aus gutem Grund einer der angesehensten Theologen des Jahrhunderts, formulierte 1932 in einer Vorlesung an der Theologischen Fakultät der Universität Berlin seine Sorgen um die eucharistische Zukunft seiner Kirche so: »Sie wurde zur Welt, ohne daß die Welt Kirche wurde ... Auf der Flucht vor sich selbst ist die Kirche heute einer tiefen Verachtung verfallen. Sekten werden ernster genommen als die Kirche.«

Bonhoeffers Empfehlung an die evangelische Geistlichkeit: »Sie [die Kirche] hat den Gottesdienst nicht der Politik oder dem Ästhetentum zu überlassen. Die Pfarrer dürfen keine Moralisten, dürfen keine Demagogen, dürfen nicht pfäffisch sein. Solche Haltung überwindet die Welt nicht. Auch eine betonte, gesuchte Weltlichkeit, wie sie von Theologen geübt wird, ist vom Übel. Damit gibt man sich nur der Verachtung preis und ist nur im schlechten Sinne weltlich.« Und wahrlich, es soll keiner sagen, Dietrich Bonhoeffer sei ein unpolitischer Christ gewesen. Er wußte, was er predigte. Er hat die entwürdigende Gleichschaltung der protestantischen Kirche miterlebt.

SYMBIOSE VON KIRCHE UND KNEIPE

Die katholische Internationale, die ihre Schäfchen strenger hält, hat die protestantischen Sorgen nicht. Sie bietet ihrer Klientel eine Leitschiene, an der sie sich in jeder Lebenslage festhalten

22

kann. Die Protestanten müssen sich ihre Haltegriffe selbst machen. Und es gibt sicher einen Zusammenhang zwischen der Tatsache, daß die evangelische Kirche ihre Glieder in wichtigen Lebenslagen alleinläßt, und der Tatsache, daß so viele Kirchenglieder ihre Kirche mit ihren Existenznöten alleinlassen.

Als die EKD 1981 ihren Hamburger Kirchentag unter das Leitwort stellte »Fürchtet euch nicht«, kamen flugs die Gegenchristen gelaufen und strichen das »nicht« weg. Die katholische deutsche Bischofskonferenz etikettiert einen Katholikentag mit dem Motto »Dem Leben trauen«, ohne daß jemand widersprochen oder was dazwischengekritzelt hätte.

Erzbischof Johannes Dyba aus Fulda hat aus gegebenem Anlaß über die Seelenhirten von der protestantischen Konkurrenz gesagt: »Das ist ja wie ein saurer Regen, diese Theologen ohne Herz, diese Ideologen ohne Freude, diese Kritiker, die alles hinterfragen, nur nicht sich selbst.« Der gestrenge Savonarola hätte sich gewiß nicht träumen lassen, daß sich seine Kirche vor den Ketzern mal durch einen Überhang an heiterer Diesseitigkeit auszeichnen würde.

Der Protestantismus kann bis heute seine Verwandtschaft zu den düsteren Gottheiten der Germanen nicht verleugnen. Für einen Bacchus war kein Platz im Kollegium der Germanengötter. Thor, Hel und Freya waren frühe Protestanten. Es sagt allerlei über die üppigen Trinkgewohnheiten in den mittelalterlichen Klöstern, daß das Konzil zu Aachen im Jahr 816 es für zweckmäßig befand, den frommen Brüdern und Schwestern für den Durst eine Tageshöchstmengenverordnung zu widmen: »Fünf Pfund Bier und ein Pfund Wein für den Chorherrn, für die Nonne nur drei Pfund Bier.« In der Lex Columban von Anfang des 7. Jahrhunderts waren ausdrücklich vierzig Bußtage für einen Bischof vorgesehen, »der so besoffen ist, daß er die Hostie auskotzt«. All die Wiedertäufer, reformatorischen Puristen und Superaskesesekten wie Mennoniten und Hutterer sind aus dem sauren Fundus der protestantischen Kirche hervorgegangen.

Daß es bei den Katholiken herziger und herzlicher zugeht als bei den Evangelischen, sieht man schon an ihren Gotteshäusern und deren Umfeld. Katholische Kirchen sind bunter als protestantische. Und wenn man heraustritt, dann ist die nächste Kneipe nicht weit. Im hermetisch katholischen Bayern koexistieren die Kirchen in lebhafter Symbiose mit den Wirtshäusern. Das war allerdings auch schon so, als überall in Europa auf päpstliche Order die Scheiterhaufen loderten. Und der Einwand, daß sich in einer Anstalt für Geistesverwirrte gewöhnlich auch mehr zwischenmenschliche Harmonie findet als in Soziologieseminaren, ist gewiß auch nicht zu entkräften.

Was die zwei großen christlichen Konfessionen in Wesen und Wirkung am meisten unterscheidet, ist dies: Der Papst hat Autorität, die EKD-Synode hat so gut wie keine Autorität. Man kann das begrüßen oder beklagen. Aber Tatsache ist: Der Pontifex hat seinen Betrieb in Schuß. Die statischen apostolischen Grundwerte – der ganze exegetische und liturgische Ballast von vorgestern eingeschlossen – stehen nirgendwo ernsthaft in Frage. Küng, Ernesto Cardenal und die holländischen »Pietkongs« hätten sich nie so profilieren können, wenn ihre Renitenz nicht so exzeptionell gewesen wäre. Man hat am Aufstand der amerikanischen Bischöfe und an der Souveränität, mit der der Papst ihn niederschlug, gesehen, was die pontifikale Autorität wert ist.

Und die Reformtheologie, die Theologie der Befreiung? Ja, bitteschön, nihil obstat, reformetur. Die sancta ecclesia ist autoritär, aber pluralistisch – vorausgesetzt, daß keiner den Toleranz-Limes überschreitet, die Grenze zum Kommunismus beispielsweise so, wie ihn der Vatikan definiert. Kommunismus, hat Herr Woityla gesagt, sei Mythos, Blendwerk, Schande des Jahrhunderts. Und das ist bindend. Wer dagegen aufmuckt, fliegt. Auch die Theologie hat ihre Unvereinbarkeiten, und zwar nicht zu knapp. Als Honorar fürs Strammstehen bietet die eiserne Mutter Kirche Trost und vor allem die Erfüllung der Sehnsüchte nach Ordnung und Unterordnung, die – zum Teil weit unterhalb der Bewußtseinsebene – in der deutschen Seele so ganz besonders fest verhakt sind.

Die forschen jungen Renegaten suchen die Geborgenheit, die
ihnen der Amtskirchen-Protestantismus nicht mehr zu geben
vermag, in der Gemeinschaft der Protestierenden, bei der medita-
tiven Körperandacht der Irokesen oder in religiöser Ersatzbefrie-
digung bei Erweckungsbewegungen à la Moon, Bhagwan, Scien-
tology und Company. Die Gier nach Subordination treibt den
Jugendsekten, den sogenannten Göttern der Fußgängerzonen,
und ihren Regenbogenreligionen scharenweise die Debilen, Frustrierten und Unverstandenen in die Arme. Nur wer sich total
unterwirft und sich selbst entmündigt, so lehrte Bhagwan Shree
Rajneesh, Guru der Intellektuellen, der kann erleuchtet werden.
Es verwundert nicht, daß der Erleuchtete auf dem Höhepunkt
seines Wirkens in der Bundesrepublik mehr Anhänger und Anbe-
ter hatte als sonst irgendwo auf der Welt.

Bhagwan ist weitgehend abgewrackt. Doch der Trend zur Entra-
tionalisierung im Denken und Empfinden der jungen Generation
ist dadurch nicht gebrochen worden. Die »Evangelische Zentral-
stelle für Weltanschauungsfragen« (EZW) hat Mitte 1986 in der
Alternativszene einen veritablen »Okkult-Boom« ausgemacht. Der
Neomarxismus, so hieß es in einem EZW-Dossier, werde nach
und nach von Esoterik und Okkultismus verdrängt. »Nicht mehr
Marx und Freud, sondern Gustav Jung (Psychologe, 1875–1961),
Rudolf Steiner (Begründer der Anthroposophie, 1861–1925) und
Aleister Crowley (englischer Magier, 1875–1947) sind heute für
viele die Propheten der Zukunft.« Das Comeback des Hexenkults
signalisiert die gleiche Tendenz auch in der Feministinnen-Be-
wegung.

Der ganze larmoyante Schlick kriegt seinen Lebenssaft vorwiegend aus eingebildetem Leid. Doch Leid ist eine vegetative Sache.
Es muß nicht real begründbar sein, um die Gemüter der Leid-
Bereiten zu okkupieren. Der Schweizer Journalist Roger de Weck
hat nach anderthalb Jahren Berichterstattung aus Bonn den Deutschen bescheinigt, sie hätten die »Tugend, an ihrem Land zu
leiden«. Sie seien nicht glücklich, wenn sie nicht Probleme schin-

den könnten. Wenn ein Schweizer auf Ausländer treffe, so bekennt de Weck, erwarte dieser selbstverständlich eine beiläufige Huldigung an »die kleine, tüchtige Eidgenossenschaft«. Der Deutsche indessen erwarte die Bestätigung seines Vorurteils, daß »das Leben woanders viel schöner ist«. Kurzum (so de Weck): »Er giert nach Kritik.«

Die Nachbarn finden die deutsche Kollektivneurose keineswegs besorgniserregend, eher schon lächerlich. Vielleicht finden sie sie sogar begrüßenswert. Denn solange die Deutschen mit ihren Seelenzipperlein beschäftigt sind, kommen sie nicht auf dumme Gedanken.

Immerhin wirkt der »morbus germanicus«, wie Europas gebildete Stände ihn nennen, die Koketterie mit der Angst, die masochistische elegische Lust am Untergang, linguistisch bis tief in die benachbarten Sprachräume. Nach »Kindergarten«, »Blitzkrieg« und »Ostpolitik« haben auch die Reiz- und Modevokabeln von Deutschlands weinerlicher Generation im Ausland Karriere gemacht: l'angst, the nullbock, el waldsterben, het berufsverbot.

»Ein ziemlich weinerlicher Haufen«

Es ist für die Nachbarn schwer zu begreifen, daß das deutsche Rätsel, an dem Generationen von Europäern so hart zu knacken hatten, sich diesmal so larmoyant präsentiert. »Für ein Volk mit einer leidlich guten Wirtschaft, einer sichtbar gut funktionierenden Demokratie und reichlich Einfluß auf das Weltgeschehen«, hämelte das britische Nachrichtenmagazin *The Economist* in einem Leitartikel, seien die Deutschen »ein ziemlich weinerlicher Haufen«. Überschrift: »Why so glum, Germany?« – warum so mürrisch, Deutschland? Zur Bundestagswahl im Januar 1987 wurde der *Economist* noch deutlicher. Nun sei es aber endlich genug des golden glooms. »Vierzig Jahre deutscher Angst, Sorgen und Arbeit haben einen Modellstaat produziert, und in den letzten zehn Jahren ist dieser Modellstaat mit so vielen Sorgen und Schocks fertiggeworden, daß Westdeutschland das Recht hat zu lächeln.«

26

Die regierenden Christdemokraten ließen die britische Botschaft über eine doppelseitige Anzeige im *Spiegel* unter der von ihr vermuteten Hauptzielgruppe verbreiten. Die SPD kleckerte in derselben *Spiegel*-Ausgabe zwölf Seiten weiter mit ihrem durchgenudelten Sorgensammelsurium hinterher: Seveso, Bhopal, Tschernobyl. Halbherzige Miesmacherei unter Beigabe von etwas bundesdeutscher Realität.

Die Grün-Alternativen verzichteten auf die Darstellung von Realität. Sie hauten im Wahlkampf hemmungslos auf die Katastrophenpauke, daß die Fetzen flogen. Als Plakatmaskottchen figurierte ein Baby mit Gasmaske in einer erkennbar gottverlassenen Welt. Der Erfolg gab ihnen recht. Die Panikpartei ging souverän mit 8,3 Prozent durchs Ziel. Merke: Panikmache zielt aufs Unterbewußtsein, und da hat Sachlichkeit bekanntlich nichts verloren. Das hatten die Sozialdemokraten bis dahin noch nicht begriffen.

Frust und Panik sind auch soziologisch nicht präzise zuzuordnen. Die allgemeine Übellaunigkeit zieht sich quer durch alle Segmente der Gesellschaft, vorwiegend durch jene, in denen es vergleichsweise wenig Grund zur Klage gibt. Das heißt: In den Seminaren ein ähnliches Bild wie auf den Fußballplätzen: Die Proteststudenten kommen ebenso selten aus den unterprivilegierten Schichten wie die Krawallschläger aus der Südkurve im Stadion des FC Liverpool aus zerrütteten Ehen und Arbeitslosen-Familien. Aber es interpretiert sich so griffig mit solchen Klischees.

Die Lehre von den Massenphobien ist keine exakte Wissenschaft. Es ist nicht leicht, die Neurosen gruppensoziologisch einzugrenzen oder zuzuordnen. Es fällt aber auf, daß einzeln auftretende Individuen weniger zu Angstausbrüchen neigen als Kongresse und Parteikonvente, daß sich die Angst vorzugsweise im Kollektiv entfaltet, was darauf schließen läßt, daß sie psychotischer Natur ist oder daß sie Rhetorik und Aktionismus braucht, um sich richtig entfalten zu können, oder beides.

Die Demoskopie zeigt immerhin, daß das Defizit an Selbstwertgefühl, daß Angst und Pessimismus in unregelmäßiger Streuungsdichte über die sozialen Schichten der Bevölkerung verteilt sind. Unten am Fuß der Sozialpyramide weht längst kein so miefiger Wind wie oben an der Spitze. Wenn das Volk dennoch den Klagegesang mehrheitlich brav mitbrummt, so mag das an seiner fehlenden Isolations- und Exponierbereitschaft liegen.

ANTRETEN ZUM CHORHEULEN

Wer nicht mitklagt, wer also aus dem Rudel ausbricht, schließt sich aus der Gemeinschaft der Leidenden, mithin der moralisch Hochwertigen, aus. Die Deutschen sind auch in bezug auf Beiläufigkeiten ein Volk von Mitläufern. Sie schließen immer zu der Gruppe auf, die sie gerade für wegweisend oder tonangebend halten, auch wenn sie selbst von dem Weg nicht überzeugt sind. Sie suchen sich, wie es in der vergleichenden Verhaltensforschung heißt, durch Teilnahme am Chorheulen bei den Meinungsführern beliebt zu machen.

Man muß befürchten, daß das stürmische Bekenntnis der zeitgenössischen jungen Demokraten zur Demokratie mit all ihren unbequemen Konsequenzen nicht in erster Linie das Ergebnis reflexiven Erkennens ist, sondern schlicht eine Folge der zwanghaften Gewohnheit, in modischen Trends zu denken und zu fühlen. Dazu gehört auch Protest als Ausdrucksform gesellschaftlicher Anpassung.

Wenn fortschrittliche Gesinnung vorrangig eine Frage des geistigen Horizonts ist, warum waren dann, so fragt sich der Chronist, die jungen Akademiker noch unmittelbar vor dem Zusammenbruch des Dritten Reiches so bedrückend mehrheitlich für und die der unmittelbaren Nachkriegszeit ebenso flamboyant gegen Hitler? Die Antwort ist gar nicht so schwer. Testanten halten in Psychotests gerade Striche auch für krumm, weil ihnen eine Autoritätsperson das suggeriert hat.

Das Anpassungsphänomen ist, wenn auch nicht ganz so ausgeprägt wie in der Bundesrepublik, auch im Volkscharakter benachbarter Nationen zu finden. Der adelige französische Republikaner

Alexis de Tocqueville hat dies in einem Exkurs über die von ihm konstatierte Krise der katholischen Kirche im 18. Jahrhundert auf einen süffisanten Nenner gebracht. In einer zeitgenössischen Übersetzung heißt es: »Da sie [die Leute] die Absonderung mehr als den Irrthum fürchteten, so gesellten sie sich zu der Menge, ohne wie diese zu denken. Was nur die Ansicht eines Theiles der Nation noch war, schien auf solche Weise die Meinung aller zu sein und dünkte eben deßhalb diejenigen unwiderstehlich, die ihr diesen trügerischen Anschein gaben.« Deutsche Lehre: Ohne die Furcht des kleinen Mannes vor der gesellschaftlichen Isolation hätte es Adolf Hitler viel, viel schwerer gehabt, mit zunächst ganz demokratischen Mitteln seine Koalitionsmehrheit zu einer totalitären Machtposition auszubauen.

Aber keine Frage, die Anstöße für zeitgeistformende Impulse und Reformen kommen stets aus den sogenannten besseren Kreisen. Die anderen schließen nur auf. Da es den besseren Leuten aber in aller Regel auch besser geht als den sozial schwächeren, kann materielle Not nicht die Hauptursache ihrer seelischen Misere sein. Die exhibitionistische Koketterie, mit der die Leidenden ihr Leid zur Schau stellen, läßt vermuten, daß schlechte Laune auch so etwas wie ein Elitemerkmal ist.

Und die kleinen Leute machen es nach. Die alltäglichste und populärste Form von modischer Massenverdrossenheit zeigt sich in der pathologischen Meckerei über das schlechte Wetter und über das angeblich schlechte Wetter. Im Sommer 1983 knisterte Deutschland monatelang unter einer Hitzewelle. Im Jahr drauf schien wieder wochenlang die Sonne. Dann kam ein verregneter Sommer. 1985 war's dann wieder wechselhaft bis normal – bei einem leichten Sonnendefizit im Norden und einem leichten Überschuß im Süden – 1986 ähnlich und 1987 dann wieder saumäßig. Wie es so geht mit einer so wechselhaften Sache, wie sie das Wetter von Natur her nun mal ist. Über die Jahrzehnte konnten keinerlei nennenswerte Wetteranomalien registriert werden. Trotzdem dröhnte der Boulevard vom Wehklagen über die Degeneration des deutschen Wetters.

Richtig ist: Die Bundesrepublik ist kein Sonnenland. Den »Sommer, wie er früher einmal war«, den der sonst so frohsinnige Spaßmacher und Schlagerist Rudi Carrell wehmutsvoll besingt, den »Sommer mit Sonnenschein von Juni bis September«, den hat es in Deutschland auch früher nicht gegeben. Die Wetterämter können das belegen. Deutschland hat dafür andere Vorzüge.

»I PANZERI TEDESQUI ÜBER ALLES«

Es soll nicht sein, was nicht sein darf. Zum Beispiel beim Fußball. Was haben die deutschen Fußballer an Schlagzeilenprügel einstecken müssen, weil sie über die Jahre erfolgreicher waren, als das gesunde Volksempfinden für statthaft befand. Wenn man die WM-Endspiel-Teilnahme als Maßstab nimmt, dann sind die Deutschen ganz klar die erfolgreichste Fußballnation der Nachkriegsgeschichte. Aber das ist den Fans ganz offensichtlich peinlich. Der weltweit ernstgenommene italienische Meinungsträger *Corriere della Sera* fragte sich anläßlich der Weltmeisterschaft 1986 voll echter Bewunderung, wie es denn kommen möge, daß wieder mal »i panzeri tedesqui ... über alles« gewesen seien. Für deutsche Fans dagegen waren Beckenbauers »Panzer« der allerletzte Schrott.

»Die einzigen, die sich freuen«, wunderte sich die Sportredaktion des *Wall Street Journal* aus gleichem Anlaß in einem Bericht aus Bonn, »sind jene, die immer nur Untergang und Niederlage voraussagen.« Während die ganze Welt die Deutschen als führende Fußballgroßmacht begreife, fänden die Deutschen selbst ihre Nationalmannschaft einfach gräßlich. Mit einem Wort: »Deutscher Pessimismus hat wieder einmal triumphiert.« Wie gut, daß der Endspielgegner Argentinien die Vollendung des Desasters verhinderte und dafür sorgte, daß die Deutschen bloß Zweite wurden.

Ein Land wie die Bundesrepublik, in dem soviel Mühsal, Elend und Gefahren walten, müßte sich, so sollte man meinen, eigentlich von selbst entleeren.

Doch die Zahl der emigrationswilligen Deutschen ist heute

eine Quantité négligeable. Immer mehr Türken, Asiaten und Afrikaner wollen rein nach Deutschland. Aber nur ganz wenige Deutsche wollen raus – nicht mal vorübergehend. Die Industrie hat sogar Mühe, Facharbeiter und Ingenieure für hochdotierte befristete Engagements im Ausland zu gewinnen. Und der auswärtige Dienst hat Personalprobleme, trotz Dienstvillen, zollfreier Spirituosen und doppelter Bezüge, mit denen der Dienst im Ausland belohnt wird.

Der Schriftsteller Martin Walser hat in einem amerikanischen Supermarkt angesichts eines pizzavertilgenden glückstrahlenden Teenager-Liebespaars spontan begriffen, warum Amerikaner glücklicher sind als Europäer. Er habe, so schrieb er in einem Reisebericht fürs *Zeit-Magazin,* dabei merkwürdigerweise Neid empfunden. Und es sei ihm dabei sein verblichener Großvater eingefallen, der in den letzten Jahren seines Lebens so oft geklagt habe: »Oh wenn i bloß ge Amerika wär.« Des Chronisten lakonischer Kommentar: »Er ist nicht. Leider.« Aber Martin Walser ist auch nicht ausgewandert, leider – obwohl er die Mittel dazu hätte. Warum nicht, das hat er nicht verraten.

Die einzige Literatin von Rang, die dem Tal der Tränen konsequent den Rücken gewandt hat, ist die jüdische Bestseller-Autorin Lea Fleischmann *(Dies ist nicht mein Land).* Sie quittierte 1979 ihren Dienst als Studienrätin in Frankfurt und zog nach Jerusalem. Im selben Jahr hat sie das »düstere Land mit einer finsteren Zukunft« vermessen und das Resultat in einem Beitrag für den *Stern* beschrieben. Sie äußert sich dort eher schnippisch als kritisch über die schwäbische Sitte, Dorfstraßen zu kehren, die gar nicht schmutzig sind, über die hochentwickelte Subordinations- und die gering entwickelte Schockbereitschaft bei den kleinen Leuten, über die arbeitslosen jungen Leute mit den leeren Gesichtern und den halbvollen Bierflaschen, über die angebliche Phantasielosigkeit des deutschen Hotelfrühstücks.

Lea Fleischmann hat auch das Hochsicherheitsgefängnis von Stammheim besichtigt. Dort, so schreibt sie, werde »störrischer Geist gebrochen«, dort hätten die Deutschen »einen Teil ihrer eigenen Intellektuellen eingekerkert, gequält und umgebracht«. Ihre einzige Hoffnung sind die Chaoten, die »die verhängnisvolle Entwicklung erkannt haben«. In Sachen Stammheim muß man der Autorin konzedieren, daß sie die RAF-Akten nicht gelesen hat, die die Zweifel am Selbstmord von Baader, Meinhof und Company ausschließen. Darüber hinaus darf sich der Leser nach Lektüre denken: Wenn das alles ist, was einer jüdischen Schriftstellerin knapp ein halbes Jahrhundert nach dem Holocaust an Deutschland mißfällt, dann müssen die Deutschen auf dem richtigen Weg sein.

Lea Fleischmann ist legitimiert, das anders zu sehen. Heimgekehrt ins Heilige Land, lehnt sie sich zurück und dankt dem Herrn, »daß er mich aus jenem dunklen Land hinweggeführt hat in mein eigenes«. Aber so konsequent sind die wenigsten.

Das einzige, was massenhaft auswandert aus Deutschland, ist das Kapital. Die Kapitalseigner schicken ihr Geld nach Übersee, um im Katastrophenfall nachzukommen. Als wenn noch eine Concorde nach drüben ginge, wenn die Russen erstmal in Rotenburg an der Wümme stehen.

Der Reibachritter Paul C. Martin, bekannt von Presse, Funk und PCM-Kapitalfluchtberatungsdienst, ist ein wohlhabender Mann geworden mit der Dooms-Daddelei. Mit seiner Werbung sticht er pointiert ins wunde Unternehmerherz: »Blow-off, Crash, Weltrezession – Bereiten Sie sich vor . . . Anmeldung per Scheck an PCM-Seminare, Zürich.« Paul C. Martin scheut den Vorwurf der Panikmache nicht. Die Angst ist sein Geschäft, die Ängste der Kapitalisten sind sein Arbeitskapital.

Das unbewältigte Verhältnis zwischen der eigenen miesen Welt und den fernen Traumwelten aus Reise- und Immobilienprospekten ist ein spezifisch deutsches Trauma. Die neue Mobilität hat die Deutschen in einen Konflikt aus Fernweh und Heimatliebe gestürzt, mit dem sie nicht fertigwerden. Sie begeben sich urlaubsweise in den Süden, um Sonne, Vino und Heiterkeit zu genießen, und müssen dann wieder heim in den Herbst und den Winter und dort schmerzvoll realisieren, daß sie, klimatisch gesehen, auf der Schattenseite des Lebens siedeln. Jedes Jahr ein-, zweimal dieser Kultur- und Klimaschock. Das geht auf die Dauer an die Vaterlandsliebe.

Hat sich schon mal jemand gefragt, warum denn die Deutschen nicht scharenweise nach Rimini und Torremolinos ziehen, soweit Rente und Renditen ihnen dies ermöglichen? Die Antwort ist ganz simpel: Weil sie perfekte Paradiese wollen – mit Sonne und freundlichen Menschen und Schlemmerbüfetts unter Palmen, aber auch mit deutschem Bier, aprilfrisch sauberen Wasserklosetts und deutschsprechenden Verkehrspolizisten. Und weil es das nirgendwo gibt auf der Welt, bleiben sie dann doch lieber daheim und reiben sich an den Unzumutbarkeiten ihrer angestammten Welt die Seele wund.

Angst und Verdrießlichkeit kommen, wenn kein anderer da ist, auch mit einem kalendarischen Anlaß aus. Im sogenannten Orwell-Jahr 1984 fühlten sich an westdeutschen Universitäten zwei von drei Studenten überwacht – wesentlich mehr als im Jahr zuvor und mehr als im Jahr danach. Die wenigsten Befragten konnten konkret sagen, wovon und durch wen sie sich überwacht fühlten. Sie fühlten sich eben so.

Ängste folgen einer reproduktiven Logik. Etwa so: Eine Bedrohung, die sinnlich nicht erfaßbar ist, muß besonders bedrohlich sein, eben weil man sie ja sonst sähe. Zum Beispiel die Gefahren des Computers und aller damit verwandten Disziplinen. Hans Peter Bull, von 1978 bis 1983 Bundesbeauftragter für Datenschutz, hat die psychotische Furcht vor der digitalen Diktatur auf den Punkt gebracht: »Wir durchschauen nicht, was das Ding vermag und wie es funktioniert. Das macht vielen Angst.« Es ist nicht die unheimliche Leistungsfähigkeit, sondern die Fremdartigkeit des Mediums, die die Menschen bange macht. Aus dem gleichen Grund werden 80 Prozent der in Westdeutschland installierten gewerblichen Personal-Computer nicht oder nur zum ganz geringen Teil genutzt. Wer das Ding kennt, hat keine Angst, daß es ihn versklaven oder andere zu gläsernen Menschen deklassieren könnte.

Pol Pot brauchte keine EDV

Das Ding vermag, wie man weiß, qualitativ nichts, was über den von seinem Anwender gesetzten Rahmen hinausgeht. Es ist eine Art Intelligenzverstärker. Es ermöglicht dem Benutzer nur, seine – guten oder schlechten – Absichten schneller oder rationeller in die Tat umzusetzen. Darin liegt sicher auch eine Gefahr. Aber das Ding an sich ist nicht gut oder böse. Denn ein Datencomputer ist prinzipiell nichts anderes als die gute alte Pappkartei. Die schreckliche Verdatung oder Speicherung verliert schnell ihren maliziösen Zauber, wenn man das Wort »speichern« überall streicht und dafür »aufschreiben« hinschreibt.

Der Computer kann nichts, was der sogenannte Anwender nicht auch kann. Gewiß, es stimmt, der Polizeicomputer bringt durch Raster- und Schleppnetzfahndung Unschuldige in Verdacht. Doch das ist keine spezifisch datenelektronische Unart. Es liegt in der Natur kriminalistischer Ermittlungen, daß zunächst immer auch Unschuldige verdächtigt werden. Den neunmalschlauen Kommissar, der von Anfang an im Urin hat, wer der Täter ist, gibt es nur im Krimi.

Wenn das Volumen der elektronischen Datenverarbeitung und der Abbau der Bürgerrechte miteinander in Beziehung stehen, warum gibt es dann in den westlichen Demokratien und ihren Verwaltungsapparaten so viele und in den miefigen Drittwelt-Despotien so wenig Computer. Pol Pot und Idi Amin brauchten keine EDV, um ihre Völker zu tyrannisieren.

Die Banalität der Massenpsychosen um Volkszählung, Überwachung und maschinenlesbaren Personalausweis ist in der Geschichte der neueren Zivilisationen ohne Parallele. Mißtrauen ist gewiß eine schöne Bürgertugend, besonders in einem Land, das Blockwarte und das gesunde Volksempfinden hervorgebracht hat.

34

Aber Mißtrauen muß Wahrnehmungen und Erfahrungen verarbeiten können, wenn es fruchtbar sein soll. Die Gefahr des Mißbrauchs von moderner Technik ergibt sich nicht allein aus der Präsenz der technischen Möglichkeit. Es muß auch, zumindest im Ansatz, die Absicht erkennbar sein. Sonst müßte man fordern, daß Polizisten nur noch radfahren, weil sich Streifenwagen besser als Hilfsmittel zum Amtsmißbrauch eignen als Fahrräder.

Mißverstandener Kronzeuge der Staatsverdrossenen für die Dekadenz von Technik und Fortschritt ist der britische Schriftsteller Eric Blair, genannt George Orwell. Sein utopischer Roman *1984* ist das Evangelium der Hiobsredner und Technophoben. Doch so, wie die linken Orwellianer sein Werk interpretieren, hat er es nicht gemeint. Sein J'accuse war nicht gegen die moderne Technik gerichtet, sondern gegen den Großen Bruder, der sich ihrer bedient, um andere zu beherrschen. Orwell predigte nicht gegen den technischen Fortschritt, sondern gegen den totalen und omnipräsenten Staat, der den einzelnen mit Hilfe der Technik zur willenlosen Marionette herabwürdigte. Die deutschen Orwellianer haben – vor allem im Schicksalsjahr 1984 – viel saure Rabulistik versprizt, um Eric Blair gegen das gesellschaftliche System in der Bundesrepublik in Stellung zu bringen. Es ist nicht gelungen. Denn Orwell war kein Orwellianer.

»DIE JUGEND: BÖSE, GOTTLOS UND FAUL«

Die breiteste Resonanz hat die Tristesse im Sockel der Alterspyramide. Die Nachwachsenden beurteilen die eigene Situation zunehmend pessimistisch. 1979 stand die Jugend, wie die Jugendstudie der Shell AG konstatierte, mehrheitlich positiv zu den Grundwerten der Gesellschaft. 80 Prozent der 17–29jährigen zeigten gewisse Sympathien für linke Ideen, hielten aber die angebotenen Modelle des real existierenden Sozialismus nicht für nachahmenswert. Die Mehrheit sah skeptisch, aber eher optimistisch in die Zukunft und war auf bürgerliche Tugenden und Wertvorstellungen eingeschworen.

Die Shell-Jugendstudie von 1981 ermittelte schon 58 Prozent systemverdrossene Pessimisten – bei anhaltend aufwärtsweisender Tendenz. Die Angst breitete sich, wie der Soziologe Ralf Dahrendorf sagt, »wie ein Buschfeuer aus«. In den Shell-Umfragen von 1985 bekundeten drei von vier befragten jungen Leuten ihre Überzeugung, daß Technik und Chemie die Umwelt zerstören werde. Gleichzeitig verlor freilich die Angst vor einem Atomkrieg um einige Prozentpunkte an Boden.

Wer davon überzeugt ist, daß er im Rahmen der real existierenden Demokratie keine Wahl hat, der ist bei der Suche nach Ersatzlösungen nicht wählerisch. Die heile Welt liegt für die meisten jungen Leute auf jeden Fall links von der politischen Mitte. Heute ist nicht einmal mehr jeder zweite deutsche Jungwähler davon überzeugt, daß Kommunismus und Demokratie miteinander unvereinbar sind. Und wenn der Augenschein noch so überzeugend dagegenspricht.

Das kann man ja auch verstehen. Der Marxismus hat sich zwar in der Praxis stets und überall gründlich disqualifiziert. Aber vordergründig ist er natürlich ein sehr gefälliges Modell, weil er unter Ausgrenzung aller Inkompatibilitäten stets schlüssige Lösungen produziert. Er dankt seine Popularität seiner leichten Zugänglichkeit für schlichte, ein- bis zweidimensional orientierte Gemüter, die es nicht gewöhnt sind, vernetzt zu denken. Von den Prognosen, die Karl Marx seiner überwiegend verständnislosen Nachwelt hinterließ, hat sich keine einzige erfüllt. Marx war immer Murks. Der Marxismus hat nie gestimmt, und heute stimmt er noch weniger als zu Marx' Zeiten. Aber er suggeriert Geborgenheit, weil er keine Fragen offenläßt.

Generationskonflikte sind zeitlos und sie sind nicht an Geographien gebunden. Aus babylonischer Zeit ist eine (5000 Jahre alte) Tontafel erhalten, auf der der »heutigen Jugend« vorgeworfen wird, sie sei böse, gottlos und faul und sie (werde) »wohl nie so werden wie die Jugend vorher«. Und seitdem hat sich am grundsätzlichen Verhältnis der Generationen nicht viel geändert.

Doch Mißverständnisse zwischen den Generationen müssen nicht zwangsläufig ihre Ursachen in Vorurteilen haben, nur weil das in der Geschichte häufig der Fall war. Es gibt auch Mißverständnisse, die aus Interessengegensätzen erwachsen. Die Plädoyers der Senioren zugunsten der ungestümen deutschen Verweigerungsjugend, die in Frage stelle, weil sie jung ist, können nicht überzeugen. Die Jugend der letzten zwanzig Jahre hat sich langsamer entwickelt als die Jugend vorangegangener Epochen.

Wozu sollte die Jugend auch bemüht sein, ihre Horizonte neu abzustecken, wenn ihr ständig bestätigt wird, daß ihre Reife in ihrer Irrationalität liegt, daß sie – dank Freud und Gefolgschaft – gar nicht mal schuldfähig ist, weil sie in der Kindheit einen Ödipuskomplex hatte oder nicht genug Taschengeld gekriegt hat.

Der Mainzer Soziologie-Ordinarius Helmut Schoeck hat in seiner 450 Seiten starken Elegie auf die *Zwölf Irrtümer unseres Jahrhunderts* Ursachen und Folgen verkorkster Erziehung in einen sehr gebildeten und durchaus intelligenten Satz gefaßt, der da lautet: »Sie [die Paarung der pädagogischen Ideen von Sigmund Freud und Karl Marx] bescherte uns nicht zuletzt den emanzipatorischen Pädagogismus, dessen Opfer in ihrem Hedonismus und als rollenlose Monaden vielfach unfähig wurden, in der wirklichen Welt einen Sinn zu finden, mit dem man ihre unvermeidlichen gelegentlichen Widrigkeiten durchstehen könnte.« Er will damit sagen: Die linken Pädagogen haben unsere Jugend so versaut, daß sie mit dem Alltag nicht mehr fertig wird.

Der jüngere Teil der Nation fängt sogar an, das Interesse an der eigenen Reproduktion zu verlieren. Die Deutschen leben länger und zeugen weniger als früher. Doch der zeugungsfähige Teil der Nation denkt nicht daran, seinen Generationenvertrag zu erfüllen und die Vergreisung der Nation durch geändertes Paarungsverhalten zu stoppen. Die bundesdeutsche Durchschnittsfrau gebiert ein Kind und Schluß – obwohl es deren zwei bis drei sein müßten, wenn der Status quo gesichert bleiben sollte.

Die Sinndeuter waren schnell mit der Erklärung zur Hand, die Zeugungs- und Gebärunwilligkeit sei die Folge von verantwortungsvollem Mißtrauen in die Zukunft. Doch das ist es nicht. Das generative Fehlverhalten der jungen Leute, wie die Wissenschaft es nennt, hat ganz triviale Ursachen. Die zwei wichtigsten: keine

Lust und die Pille. Sex is fun und weiter nix. Die junge Generation beginnt, sich das Kinderkriegen abzugewöhnen, weil es mit Pflichterfüllung verbunden und daher lästig ist. Sie hat keinen Bock auf Fortpflanzung. Und sie muß ja auch nicht. Denn die moralischen Autoritäten, die sie dazu verpflichten könnten, über die eigene Generation hinaus zu denken, die hat der Zeitgeist gefressen. Zeugen ist Leistung, und Leistung ist doof.

HEIMWEH NACH DER WELT DER VORFAHREN

Die Autorin des Deutschland-Dossiers *Le Vertige allemand* (deutscher Titel: *Die rätselhaften Deutschen*), Brigitte Sauzay, bringt ihre Sicht von der Mentalität der Deutschen auf diesen Dollpunkt: »Der Staat wird nicht mehr vergöttert, sondern verabscheut.« Und zwar konsequenter, als den Sympathisanten des Neonihilismus lieb sein darf. Staat ist für die jungen linken Wilden alles, was etabliert ist, alles, was seine feste Ordnung hat, sogar die Gewerkschaft. Im September 1985 ermittelte der Soziologe Martin Bethge im Auftrag von DGB, Hans-Böckler-Stiftung und Familienministerium, daß die große Mehrheit der Arbeitnehmer im Alter von 19 bis 25 Jahren die Arbeiterbewegung für nichts weiter als einen Haufen von mehr oder minder gutmütigen Dösbatteln halten. Für eine aktive Mitarbeit in der Gewerkschaft konnte sich kaum einer der Befragten erwärmen. Es ist eine eher akademische Frage, ob das System am Sinndefizit der Jugend krankt oder die Jugend am Sinndefizit des Systems. Im Zweifelsfall darf man wohl annehmen, daß sich die Defizite ergänzen.

Professor Bethge konstatierte mit etwas gequälter Euphemie einen »neuen historischen Stand des Arbeitsbewußtseins«. Von Nullbock, so referiert er, könne trotz allem nicht die Rede sein. Die jungen Leute suchten Beschäftigungen, die Geld bringen und Spaß machen. Nun ja, wer sucht das nicht? Doch die Kompatibilitäten sind begrenzt. Wir wissen, Geld, Spaß und Arbeit sind drei Größen, von denen selten mehr als zwei harmonisch miteinander korrelieren. Wenn alle Erwerbstätigen die Arbeit einstellen würden, die sich unterbezahlt fühlen oder die keinen Spaß an ihrem Job haben, dann gäbe es keine Müllabfuhrmänner und keine Katastersachbearbeiter mehr, dann wäre die Nation mit ihrem Sozialprodukt schnell am Ende.

Der große Wertewandel und, damit verbunden, der nationale Frusteinbruch muß sich Ende der siebziger bis Anfang der achtziger Jahre vollzogen haben. Genauer ist er zeitlich nicht zu bestimmen, weil er nicht mit politischen oder gesellschaftlichen Ereignissen von Belang - Krieg, Börsenkräche, Naturkatastrophen - koinzidierte und weil er daher nicht in einen kausalen Zusammenhang zu konkret faßbarem Mißgeschick gebracht werden kann.

Der Verdacht liegt nahe: Die Gegenwartsverdrossenheit ist, soweit sie über den traditionellen deutschen Hang zum Tragischen hinausgeht, einfach Mode in Deutschland. Weit über das Maß der alten, unwahrhaftigen Platitüde hinaus, die die jeweils verflossene oder vorletzte oder auch irgendeine versunkene Epoche - siehe Goethe über Alt-Hellas, Novalis über das Mittelalter, Wagner über Germanien - stets als die gute alte Zeit glorifiziert und ganz gewiß auch die zeitgenössische Gegenwart dermaleinst zur guten alten Zeit befördern wird. Für die alten Dichter und Denker war Gegenwart immer gleich Verfall. Die Schamanen der zeitgenössischen antimodernistischen Linken hat dieses »ständige Heimweh nach der Welt der Vorfahren«, wie es der Historiker Arnold Toynbee nennt, zum philosophischen Fluchtpunkt ihrer Utopie vom irdischen Paradies hochstilisiert.

Negativtugenden wie Angst und Pessimismus sind die neuen gesellschaftlich bestimmenden Grundwerte so wie früher die Tugenden der bürgerlichen Werteordnung: Mut, Fleiß, Pflichtbewußtsein und Vaterlandsliebe. Die weinerliche Generation macht sich, mangels besserer Tugenden, Mut mit ihren Ängsten. Angst und Pessimismus, so sagt der Hamburger Politologe, Vorsteher des Rowohlt Verlags und Büchermacher Michael Naumann, sei bei der Elite »der normale Geisteszustand«.

Auch Macher sind nicht immun gegen das Virus der ahnungsvollen Virulenzen. Der Kanzler Helmut Schmidt, der seine wichtigste Regierungserklärung unter das Motto »Mut zur Zukunft« gestellt hatte, trat 1982 mit einer düsteren Parabel ab, in der er die Ost-West-Lage mit der Situation Europas im August 1914 verglich. Seine längst auf Untergang eingestimmte Partei atmete erleichtert auf: Endlich hat er es auch geschnallt. Zu den historischen Parallelen hat sich Schmidt nicht im einzelnen ausgelassen. Es wäre ihm wohl auch schwergefallen, sie zu benennen. Doch die Seelenwende, so es eine war, konnte der Politiker Schmidt mangels Kanzlerschaft politisch sowieso nicht mehr zum Tragen bringen. Und hinterher als Vortragsredner und Verleger faßte er dann auch schnell wieder Mut. Der Depressionsschub wird wohl nur eine Verneigung vor dem aktuellen Zeitgeist in Volk und Partei gewesen sein.

Früher galt Angst als unerwünschter, je nach Intensität auch ehrenrühriger psychischer Ausnahmezustand, als eine Art seelisches Gebrechen also, über das man lieber nicht sprach. Heute sind die Intellektuellen stolz auf ihre Angst. Im Fernsehen stellen sich – in stolzer Angst – vitale deutsche Männer zur Schau, um öffentlich zu bekennen, sie hätten sich sterilisieren lassen, weil sie sich aus Mißtrauen gegenüber der Zukunft nicht trauten, Kinder in die Welt zu setzen. Der Tübinger Professor und Fünf-Sterne-Rhetoriker Walter Jens wünscht sich gleichwohl noch mehr apokalyptisches Temperament für die Meinungs- und Entscheidungsträger der Republik. Vor allem die Politiker, so befand er, seien in Sachen Angst etwas untermotorisiert.

Walter Jens lehnt sich dabei an die Erkenntnisse des Tierpsychologen Konrad Lorenz an, der mit Hilfe von Elektroschock-Experimenten an Hühnern bewiesen hat, daß Angst im Tierreich eine elementare Schutzfunktion hat. Wo der Verstand nicht reicht, da wird die Kreatur von ihrer Angst daran gehindert, sich in Situationen zu begeben, deren Ausgang sie nicht abzusehen vermag. Bei den Menschen ist das nicht viel anders. »Ohne die genetisch vorprogrammierte Todesangst«, lehrte Hans Mohr, der Leiter des biologischen Instituts an der Universität Freiburg, »wären wir als Art nicht lebensfähig.« Die Weisheit des Körpers, wie die alten Philosophen es nannten, sorgt dafür, daß rechtzeitig die Sicherung durchbrennt, wenn Gefahr droht. Nur ist dabei zu berücksichtigen, daß Menschen es einfacher haben als Hühner, zwischen begründeten und unbegründeten Ängsten zu unterscheiden.

Zur Entlastung der Miesmauschelei soll das Trugbild der hohlen heilen Welt nicht unterschlagen werden, das die ewigen Weltbejaher und Cheerleader kultivieren, auch nicht der rosarote Hoffnungsquark und das bonbonfarbene öffentliche Glück in kommunistischen und faschistischen Diktaturen, die den pathologischen Frohsinn in den Rang einer staatsbürgerlichen Grundpflicht erhoben haben. Merke: Gegenüber Kollektiven, die sich ohne erkennbare Anlässe ständig glückselig gebärden, ist Mißtrauen ebenso angebracht wie gegenüber dem Geist, der immer nur verneint.

Was ist denn Glück?

Die Menschen, so lehrte Sigmund Freud, seien so eingerichtet, daß sie Kontraste, nicht aber Zustände genießen könnten. Und: »Die Glücksmöglichkeiten sind schon durch die Konstitution beschränkt.« Und, so muß hinzugefügt werden, durch die Umgebung, in die ein glückempfindendes Wesen gestellt ist. Über fünfzig Prozent der Japaner, so ermittelte Anfang 1987 eine japanische Volksbefragungsagentur, würden einen Besuch von Disneyland als allerhöchstes Glück empfinden. Hermann Hesse, der Dichter des *Glasperlenspiels*, hat das Glück für sich selbst so definiert: »Gute Geburt, gute Erziehung, gute Karriere, gute Ehe, Gedeihen in Haus und Familie, Ansehen bei den Leuten, voller Beutel, volle Truhen.« Hesse war sich freilich klar darüber, daß seine Glücksdefinition zehn Strich backbord neben dem zeitgenössischen Zeitgeist lag.

Der Glücksbegriff überspannt einen Kosmos von Empfindungsvielfalt, an dem sich Dichter und Denker die Griffel abgewetzt haben. Der Literat Cicero schrieb darüber: »Die Untersuchung des glücklichen Lebens ist der einzige Gegenstand, den sich die

Philosophie zum Zweck und Ziel setzen muß.« Wobei man wissen muß, daß Dichtung und Philosophie damals eine unitarische Disziplin waren. Der moderne Literat Robert Walser sieht das aus der Perspektive des pessimistischen Zeitalters genau andersherum. Er hat geschrieben: »Das Glück ist kein guter Stoff für Dichter. Es ist selbstgenügsam. Es braucht keinen Kommentar. Es kann in sich zusammengerollt schlafen wie ein Igel.« Walser wollte sagen: Glück verkauft sich nicht am Literaturmarkt.

Wer sich mit dem Zeitgeist vermählt, der wird bald Witwer, lehrte Kierkegaard. Selbst wenn die kaputte Welt, von der die Düsterlinge schwärmen, eine realere Grundlage hätte ... sie bieten ja keine echten Lösungen und gangbare Auswege an, sondern immer nur Schuldige. Sie basteln – wenn sie vor lauter Trauerarbeit überhaupt dazu kommen – an pompösen, unrealisierbaren Idealwelten, an einem Gegenzeitalter, beklagen das Sinndefizit hienieden und tun so, als seien nicht sie selbst die Phantasten, sondern die Mitmenschen, die einen Sinn darin sehen, die Welt auf das Ideal von Freiheit, Gesundheit und Wohlstand zubewegen zu helfen.

Und wehe, jemand versucht, ihnen ihre Ängste durch gutes Zureden oder durch die schlichte Darstellung von Realitäten zu verwässern, dann werden sie böse. Was ja auch konsequent ist für jemanden, der eine positive Lebenseinstellung für eine existentielle Form von Pflichtvergessenheit hält. Wer in der Angst seine Erfüllung sucht, muß Zuversicht als Bedrohung empfinden. Das liegt in der Natur der Sache. Apokalyptiker brauchen die Apokalypse, um sich zu finden und zu legitimieren.

Das gilt nicht nur für deutsche Schwarzseher. Andere Völker, andere Zeiten, andere Untergangsneurosen. Der russische Seelendeuter Dostojewski hat im 19. Jahrhundert in seinen *Dämonen* geschrieben: »Der Mensch ist unglücklich, weil er nicht weiß, daß er glücklich ist. Nur deshalb. Das ist alles, alles. Wer das erkennt, der wird gleich glücklich sein, sofort, im selben Augenblick.« Damals freilich steckte der organisierte Pessimismus noch in seinen Kinderschuhen.

Nun war, wie man spätestens seit Werthers Leiden weiß, ein wenig gut orchestrierte Schwermut immer schon recht schick bei der jungen teutschen Intelligenzija. Nach den Prognosen der Untergangsapologeten müßte das gute alte Abendland schon mindestens 200 Jahre perdu sein. Klüger und einsichtiger werde der Mensch werden, aber glücklicher nicht, sagte weiland ganz allgemein Geheimrat und Lebensberater Johann Wolfgang von Goethe. Und in bezug auf die Deutschen im besonderen: Es sei ihr Charakter, »daß sie über allem schwer werden, daß über ihnen alles schwer wird«. Und im ganz besonderen auf die Literaten: »Sie schreiben, als wären sie krank und die ganze Welt ein Lazarett.«

Doch Werther-Vater Goethe selbst war nicht ganz frei vom Werther-Syndrom, wie der friderizianische Büchermacher, Literaturkritiker und Goethe-Gegner Friedrich Nicolai spitzbübelnd nachgewiesen hat. In Goethes Verherrlichung der klassischen griechischen Geisteswelt spiegelt sich eine gehörige Portion zeitgenössischer Gegenwartsverdrossenheit. Goethe mußte sich von Friedrich Nicolai in der *Bibliothek der schönen Wissenschaften und der freien Künste* vorwerfen lassen, er habe der gebildeten jungen Generation einen nekrophilen Floh ins Ohr gesetzt. Denn in den Monaten nach dem Erscheinen der *Leiden des jungen Werther* waren in deutschen Landen auffällig viele jugendliche Selbstmörder mit dem Werther in Wams oder Tornister aufgefunden worden.

Um Goethe zu veräppeln, kam Friedrich Nicolai 1775 mit einer Parodie unter dem Titel *Die Freuden des jungen Werther* heraus, in der sich Werther und Lotte am Schluß auf unerhört banale Weise kriegen. »Wie viele Dichter«, so fragte Nicolai mit deutlicher Bezugnahme auf Goethe, »leben denn in der Welt, über die sie schreiben?« Dem erlauchten Denkerfürsten war das alles viel zu dumm. Er hat den Friedrich Nicolai nie einer Antwort gewürdigt, obwohl man weiß, daß er sich über dessen Sottisen schwarz geärgert hat. Es wäre Goethe auch schwergefallen, den integrierten Widerspruch seines Werther aufzulösen. Es handelt sich hier wohl um einen sehr frühen Fall von gespaltener Künstlernatur.

Die Deutschen waren in der Produktion auch von eingebildetem Unglück den anderen Europäern schon immer um verschiedenerlei Längen voraus. Früher freilich, so notierte Anfang der fünfziger Jahre Friedrich Sieburg, der sensible und überaus gebildete Chronist zweier Zeitalter und zweier Welten, sei die Untergangsstimmung »mit einer phantastischen Steigerung der Sterbevorbereitungen verbunden« gewesen. Heute treibt die Zivilisation mit noch mehr Lamento dem eingebildeten Untergang entgegen.

Der frankophile Hedonist Sieburg schrieb Anfang der sechziger Jahre, also mitten im opulentesten Wirtschaftswunderrausch, den gebildeten deutschen Ständen die inzwischen zeitlosen Sätze ins Stammbuch: »Die Weltuntergangsstimmung durch scharfsinnige Analysen ins allgemeine Bewußtsein zu heben und sie gleichzeitig doch auch zu genießen, gehört zu den Lieblingsbeschäftigungen des Menschen von heute, sei es in Form von Philosophie, im Gespräch oder im Kommentieren von Zeitungsnachrichten. Propheten wollen wir alle sein, und je gelassener wir unseren düsteren Spruch verkünden, um so mehr sind wir des Beifalls sicher.«

Und: »Es ist unglaublich, was man mit einem gut gepflegten Katastrophengefühl alles anfangen kann. Man kann aus ihm viel billige Münze schlagen, die dann als Wechselgeld in allen Bereichen des täglichen Lebens umläuft, bis es schließlich sogar eine ›Krise der deutschen Leichtathletik‹ gibt.« Das ist alles ein Vierteljahrhundert alt. Doch der Mann sollte heute mal, wenn er noch lebte, ein zeitgenössisches Soziologie-Seminar an einer westdeutschen Universität besuchen. Er würde seine *Lust am Untergang* wegen Verharmlosung einstampfen und nochmal ganz neu schreiben. Die Krisenvielfalt, mit der er heutzutage zu ringen hat, macht den kultivierten Menschen einerseits ganz fertig. Aber sie baut ihn und die von ihm geschaffenen Erbauungsinstitutionen andererseits auch auf. Was wäre die Politik ohne ihre Kabinetts- und Führungskrisen oder das deutsche Theater ohne seine Intendantenkrisen?

Nur das Resümee, das Friedrich Sieburg damals aus dem Elend

seiner Zeit zog, ist heute noch unverändert wahr: »Völker können nicht untergehen – wenigstens nicht von heute auf morgen, etwa in einem Weltenbrand oder in einem vulkanischen Ausbruch – sie können bestenfalls verkommen, zurückfallen, sich in Lumpen und Trümmer auflösen und, national gesehen, zu Dreck werden.«

Der hypochondrische Zeitschmerz hat, seit man denken kann, seinen festen Platz im Wesen des deutschen Intellektuellen. Er kam schon im letzten und vorletzten Jahrhundert periodisch über den deutschen Salon wie der Kartoffelkäfer über die deutsche Scholle. Friedrich Hölderlin in memoriam: »Und Völker auch ergreifet die Todeslust, und Heldenstädte sinken.« Der Schmerz hat sich damals wie heute, obschon mit unterschiedlichen Prozentsätzen, stets vorwiegend der Elite als Nährlösung bedient. Schon weil die werktätige Jugend früher nicht die zur Reflexion erforderliche Bildung und – weil sie Geld verdienen mußte – auch keine Zeit für eschatologische Ängste hatte.

Anno null gab es keine Sinnkrisen

Es ist eine der ganz wenigen Platitüden, die erfahrbar wahr sind: Angst und Zivilisationsverdrossenheit stehen in umgekehrt ursächlicher Beziehung zum materiellen Wohlergehen der Gesellschaft. Das heißt: Von einer bestimmten Sozial- oder Zivilisationsstufe an beginnen gehobene Lebensqualität und positive Lebensgefühle einander auszuschließen. Mit den Massenneurosen ist es wie mit dem Herzinfarkt: Sie blühen vorzugsweise im Wohlstand. In Afrika gibt es kein Neurotikerproblem. Auf platt Deutsch: Viele Leute fühlen sich schlecht, weil es ihnen zu gut geht.

Kokolores? Na, dann aber mal fix in der Weltglücksskala nachgesehen, die das berühmte Gallup-Institut im Frühjahr 1986 auf der Grundlage einer multinationalen Befragung in zwanzig Ländern der Erde erstellt hat. Dort ist eindeutig belegt, daß die Deutschen die Weltmeister im Unglücklichsein sind, obwohl sie bis zum Hals in Schlagsahne stecken. Auf die Frage: »Sind Sie glücklich?« antworteten nur zehn Prozent der Bundesdeutschen mit ja. Im Mexiko nach dem großen Erdbeben dagegen waren 35 Prozent, unter den Weißen in der von Rassenhaß und Boykott-neurosen geschüttelten Republik Südafrika gar 36 Prozent glückliche Menschen.

Selbst in den finsteren Bantu-Slums von Oranje und Transvaal fühlten sich zum Zeitpunkt der Umfrage mehr als doppelt so viele Menschen »very happy« wie in der Bundesrepublik. Der Gipfel des Menschenglücks findet sich – laut Mr. Gallup – in Irland, dem neben Portugal ärmsten Staat Westeuropas. 40 Prozent der Iren fühlen sich glücklich, die Nordiren in der Bürgerkriegsprovinz Ulster eingeschlossen.

Auch im Deutschland zwischen den Weltkriegen und im Nachkriegsdeutschland waren Identitätskrisen und Verhaltensstörungen kein ernsthaftes Massenproblem. Es wird sie wohl gegeben haben. Aber sie waren eben nicht epidemisch. Die Deutschen hatten nicht die Zeit, um sich im Seelenschlamm zu suhlen. Obwohl sie reichlich Grund zu Angst und Sorgen hatten, dachte keiner daran, aus dem Jahrhundert auszusteigen.

Die Ärmelaufkrempel-Mentalität von damals wird heute behämelt und belächelt. In der aufgeklärten Geschichtsschreibung figuriert die Nachkriegszeit als eine von nationaler Dümmlichkeit angehauchte Epoche der verpaßten Gelegenheiten. Dabei hat der übriggebliebene Torso der Nation damals nur aus den Ruinen, die Krieg und Diktatur hinterlassen hatten, wieder ein funktionierendes Gemeinwesen schaffen wollen, statt eines nicht funktionierenden Sozialismus oder sonstwelcher pompösen Traumwelten.

Mit der Larmoyanz der traurigen jungen Leute von heute wäre die Trümmergeneration nicht aus den Trümmern herausgekommen. Aber Anno null, bei tausend Kalorien pro Kopf und Tag, gab es keine Sinnkrise, einfach weil es niemandem in den Sinn gekommen wäre, den Wiederaufbau der kaputten Welt – der Städte, des Parlamentarismus, der Kultur – für sinnlos zu erachten. Die Möglichkeit zum risikolosen Ausstieg wurde ja erst durch Überflußgesellschaft und Sozialstaat geschaffen, die es den Verdrossenen erlauben, ihrer bürgerlichen Existenz zu entsagen, ohne auf deren wesentliche Vorzüge verzichten zu müssen. Jeder kann jederzeit zurück – bei vollen Versorgungsansprüchen und bei Zusicherung von vollem Verständnis durch die Gesellschaft, die er verabscheut.

Früher riß man aus, um der häuslichen Enge zu entfliehen und – um den Preis harter Maloche und einer meist unabschätzbaren Zukunft – auf eigenen Beinen zu stehen. Heute ist Freiheit kein Risikogeschäft mehr. Auch Aussteiger haben Anspruch auf staatliche Stütze oder – gegebenenfalls einklagbare – Unterhaltszahlungen von zu Hause. Wenn der schwarze Block von der Hamburger Hafenstraße sich aus eigener Kraft ernähren müßte, wäre das Problem seit Jahren gelöst.

Die Hausse wird immer aus der Baisse geboren und die Baisse immer aus der Hausse. Hochkulturen gehen nicht in Elendszeiten vor die Hunde, sondern in Glanzzeiten. »Was sollten wir machen«, rief Franz Josef Strauß auf dem 81er Parteitag der CSU, »uns weinend auf den Schutthaufen setzen, den lieben Gott um ein baldiges Ende anflehen? Dann wären der Schutt und die Ruinen geblieben.« Horribile dictu: Der Mann hatte recht. Was im Umkehrschluß nicht heißen soll, daß die Glanzzeit der achtziger Jahre automatisch im Abgrund der neunziger enden muß.

OPTIMISMUS BRAUCHT AUGENMASS

Ein wenig nihilistische Dekadenz wäre ja nicht weiter schlimm. Die gab es schon immer. Und damit kann eine Hochzivilisation auch leben, solange die Dosis einen gewissen Grenzwert nicht übersteigt. Aber im Vergleich mit der melancholisch-dekadenten Achtziger-Generation waren die Halbstarken der fünfziger Jahre, die ihre Unlust über die herrschenden Verhältnisse durch fröhliches Zerschlagen von Konzertsaalgestühl artikulierten, lebensbejahende Stimmungsbolzen. Sie waren gegen das Establishment. Aber sie waren wenigstens für sich selbst. Die mißmutige Jugend von heute ist eine Art Gegenestablishment, das sich selbst haßt und in dem ebensoviel spießige Indolenz steckt wie in dem Bürgermuff, den sie verachtet.

Die Apokalypse hat einen hocheffektiven Apparat. Sie reproduziert sich ständig selbst durch die evangelischen Akademien, die studentischen Selbstverwaltungskörperschaften, die Lehrer- und Bürgerinitiativen, den progressiven Teil der Wissenschaft, der vorrevolutionäres Bewußtsein, aber kein Wissen schafft. Die Parteien – Grüne einstweilen noch ausgenommen – haben dabei nicht mehr viel mitzureden. Die herkömmlichen Träger politischer Willensbildung haben sich von einem parolisierenden Verlautbarungsapparat mit fleißigen Mundwerkern an den Hebeln, der von Staat und Kirche üppig alimentiert wird und mit apokalyptischem Temperament unablässig Katastrophenstimmung in politischen Wellenschlag umsetzt, zur Komparserie herabstufen lassen.

Eine der goldenen Regeln des Journalismus lautet: Nur bad news sind news. Die Regel hat ihre Berechtigung aus dem Umstand, daß gute Nachrichten erstens seltener neu und zweitens meist langweiliger sind als schlechte. Das gilt nicht nur für den deutschen News-Raum. Robert Haiman, Top-Manager von Associated Press hat das 1982 in die simple Formel gefaßt, die seitdem in wirklich guten Redaktionsstuben über dem Pult des Chefs vom Dienst hängt: »It's easy to cover the war but hard to cover the peace.«

Die gute Zeitungsnachricht wirkt schon beinahe lachhaft, wenn sie den Leser unvermittelt und plakativ trifft. Selten haben die Leser der *Sunday Times* herzhafter und zugleich hilfloser gelacht als an jenem 12. November, dem Geburtstag des Prince of Wales, als ihnen in großer Aufmachung mitgeteilt wurde, wie viele Jumbos am Vortag in Großbritannien sicher gelandet waren und wie viele Kinder glücklich geboren worden waren. Immerhin sind die Briten noch in der Lage, über ihre eigenen Übellaunigkeiten zu lachen. Ein deutsches Qualitätsblatt hätte sich so einen Scherz nicht leisten dürfen.

Am komischsten klingen positive Nachrichten in der Bundesrepublik – nicht namentlich wegen ihres Gehalts, sondern wegen

48

ihrer Präsentation. Wie zum Beispiel in dem Bericht in der *Bunten* über eine Jugendstudie der Konrad-Adenauer-Stiftung. Dort heißt es: »Da steht eine sympathisch-realistische Generation von Einsteigern statt Aussteigern auf dem Sprungbrett ins Leben.« Sie wollen was leisten, was auf die Beine stellen. Und deshalb wartet auf sie auch »eine heitere bis wolkenlose Zukunft«. Und durch die Köpfe wehe »frischer Wind«. Merke: Optimistische Weltschau braucht ebensoviel Augenmaß wie pessimistische, wenn sie glaubwürdig sein soll. Die Lehre gilt für die *Bunte* wie für Kanzler Helmut Kohl, der bekanntlich auch seine liebe Mühe mit dem Zeitgeist in diesem unseren Land hat.

Der Reader's-Digest-Positivismus der sogenannten lebensbejahenden Meinungsträger ist wesentlich mit schuld daran, daß gute Nachrichten einen so schlechten Ruf haben und daß Optimisten allgemein als ein bißchen doof gelten. Trendsetter – im Positiven wie im Negativen – meinen immer, sie müßten ihre Aussage überdrehen, um die Aussagekraft ihrer Botschaft zu heben. Das aber ist nachweisbar verkehrt.

Das an die Angsttrompeter gerichtete Ersuchen, doch lieber hoffnungsfrohe Töne anzuschlagen, kann nur kontraproduktiv enden, weil die Adressaten nach Maßgabe ihrer Weltschau ja gar nicht anders können, denn das Ersuchen als Aufforderung zur Unwahrhaftigkeit zu begreifen. Der naive Appell Staatssekretär Karl-Dieter Sprangers vom Bonner Innenministerium an die deutschen Fernsehschaffenden, doch gefälligst nicht so viel »Hoffnungslosigkeit, Depression und Angst« unter die Leute zu bringen, löste 1986 eine gewaltige Woge von neuen schrecklichen Enthüllungen aus. Und jedesmal im Vorspann sinngemäß die gleiche Litanei: Dem Herrn Staatssekretär wird es nicht gefallen, weil er die kaputte Welt gern heilleugnen möchte. Wie kaputt sie ist, hier noch einmal ganz ausführlich und in Zeitlupe.

Panik als Hilfsmotor der Politik ist ein ganz alter Hut aus der Klamottenkiste politischer Stimmungsdemokraten. Vergleiche die pragmatische Kasuistik in Kurt Tucholskys Geschichte vom losgelassenen Löwen: »Mitbürger, der Löw' ist los. Wer ist daran schuld? Die Juden. Wählt die Deutsche Volkspartei.« Oder aktueller im 87er SPD-Wahlplakat-Stil: »Kühe, die tot auf der Weide zusammenbrechen, Hühner, die von der Stange fallen, Hunde, die auf der Straße krepieren. Tu was. Mit der SPD.«

Die Angst ist ein unerläßliches Gestaltungsmittel im Wahlkampf. Die Grünen gehen mit der Angst vor Tschernobyl klappern, die Schwarzen mit der Angst vor Chaoten und vor Überfremdung durch Asylanten. Mit Sachlichkeit kann man keine Wahlkämpfe gewinnen. Der weise Joseph Schumpeter hat zum Thema »Volk und Politik« gesagt: »Der typische Bürger ... argumentiert [in der Politik] auf eine Art und Weise, die er innerhalb der Sphäre seiner wirklichen Interessen bereitwillig als infantil anerkennen würde. Er wird zum Primitiven.« Konkret: Er schluckt ungeprüft politische Inhalte, nur weil ihm die Art des Vortrags und die Person des Vortragenden gefällt. Er würde aber nie einen Gebrauchtwagen kaufen, weil er den Verkäufer so sympathisch findet. Das ist politisch unreif, gewiß. Mit Aufklärung ist da jedoch nichts zu machen. Ein Politiker, der das erstmal verinnerlicht hat, der ist auf der Siegerstraße.

Die Opposition braucht im Umgang mit der Panik nicht so vorsichtig zu sein, weil sie ja alle Übel der Regierung in die Schuhe schieben kann, ohne daß sie selbst was besser machen muß. Niemand kann ihr das Recht bestreiten, schlechte Laune im Land zu verbreiten, um ihre chiliastische Mission zu unterstreichen. Wo alles seine gute Ordnung hat, gibt es keinen Grund, sich einen Regierungswechsel zu wünschen. Franz Josef Strauß und die Grünen wären nicht geworden, was sie sind, ohne ihre Krisen und Katastrophen – die echten Krisen und die herbeigeredeten. Konrad Adenauer hätte es kaum zum großen alten Mann der deutschen Nachkriegsgeschichte gebracht, wenn ihm nicht die zielstrebig von der CDU-Werbung geschürte Angst vor den asiatischen Horden und vor der schrecklichen Zoffjetunion – siehe auch: »Alle Wege des Bolschewismus führen nach Moskau« – die Machtplattform gesichert hätte.

Carl Zuckmayer hat in seinen Lebenserinnerungen *Als wär's ein Stück von mir* beschrieben, wie die Nazis die Wiener psychologisch auf den bevorstehenden Einmarsch Adolf Hitlers einstimmten: »Ein geplanter Trick der Umstürzler war das maßlose Anschwellen der Bettlerscharen ... Jetzt bekamen sie, wie man später erfuhr, von der illegalen Partei ein Taschengeld, wenn sie in möglichst jammervollem und zerlumptem Zustand besonders die noble, von Ausländern bevorzugte Innenstadt, den ersten Bezirk zwischen Ring, Kärntner Straße, Stephansplatz, Graben, Kohlmarkt massenweise bevölkerten.« Jedermann sollte sehen: Das Elend ist grenzenlos, ohne Hitler geht es nicht mehr.

Damit keine Irrtümer entstehen: Politisch orchestriertes Wehklagen ist in der westlichen Demokratie ein ganz legitimes Instrument der Politik. Daß ausgerechnet die Atomindustrie so leidenschaftlich vor einer möglichen Klimakatastrophe warnt, hat seine Ordnung. Sie will das Allheilmittel zu ihrer Vermeidung verkaufen – nämlich weniger Fossilbrennstoffe, mehr Atomenergie. Das muß sie dürfen. Man nennt sowas Interessenpolitik.

Daß die Gewerkschaften ständig das soziale Unrecht bejammern, hat gleichfalls seine Ordnung. Knöttern gehört zum syndikalistischen Handwerk. Eine Gewerkschaft, die nicht Unternehmerwillkür und Sozialabbau beklagt, hat keinen Grund, etwas zu fordern. Und eine Gewerkschaft, die nichts fordert, ist im Grunde überflüssig, ebenso wie eine Opposition, die nicht unablässig alles mögliche »unerträglich« findet, was die Regierung tut.

Daß Gewerkschaften stets mehr fordern, als sie realistischerweise für erfüllbar halten können, ist auch in Ordnung. Jeder Häusleverkäufer fordert erstmal für sein Haus mehr, als er letzten Endes erwartet. Das ist fast überall in der Welt so. Eine der wenigen Ausnahmen von der Regel bilden nur die Gewerkschaften in der Schweiz. In der Eidgenossenschaft ist seit mehr als fünfzig Jahren nicht mehr großflächig gestreikt worden. Trotzdem hat die Schweiz mit die höchsten Arbeitnehmereinkommen der Welt und Arbeitslosenquoten von selten mehr als einem Prozent.

Aber die Schweizer beherrschen eben die Kunst, innere Verteilerkämpfe im Vorfeld ihrer Entstehung mit Hilfe von Geld und
Arbeitskraft beizulegen, die sie zuvor von auswärtigen Märkten
abgeschöpft haben.

Ähnliche Regeln wie für die Beziehungen zwischen Arbeitgebern und Gewerkschaften gelten für die Beziehungen des staatlichen Subventionsapparats zum Deutschen Bauernverband, zum
Bundesverband der Deutschen Mischfutterhersteller und zur Vereinigung der Interessengemeinschaften zur Pflege des sächsischen
Genetivs, kurzum für alle Interessengruppen, die der öffentlichen
Hand mehr entnehmen, als sie hineintun. Interessenpolitik hat in
allererster Linie die Aufgabe, den Zustand der Gruppe, deren
Interessen sie vertritt, schwarzzumalen – gemäß der alten Stellmacherweisheit, die da lautet: Das Rad, das am lautesten quietscht,
kriegt auch das meiste Fett. Wer Wert legt auf politisches Augenmaß, muß diese Prämisse im Auge behalten.

Angst setzt die Urteilskraft herab. Sie braucht nicht unbedingt
eine konkrete Bedrohung, um zu greifen. »Die große Angst, die
vor Katastrophen erzeugt wird, die nicht eintreten, die Geschichte
ist voll davon«, schreibt der konservative Allerweltsgrübler Johannes Gross. Im Angesicht realer Gefahren, meint er, hätten die
Leute selten Angst oder sie würden damit fertig. »Sie müssen
handeln, sich wehren; zum Schwätzen und dazu wohlig vor sich
hin Deprimieren gibt es gar keine Zeit.« Es ist eine alte Binsenweisheit: Die Angst kommt immer erst hinterher.

Angst kann aber auch kreativ sein. Oswald Spengler, der gelehrteste Pessimist der ausgehenden Kaiserzeit, hat dazu ausgeführt,
Angst, namentlich die Angst vor dem Tod, habe Sauerteigfunktion für die großen Hochkulturen der Frühgeschichte gehabt. Sie
sei, so schreibt er in seinem *Untergang des Abendlandes*, der
Ursprung des höheren Denkens, von dem die Forschung, die
Religion und die Philosophie ausgingen. Man sieht: Auch die
Angst ist nicht mehr, was sie mal war. Die neuen Ängste schaffen
keine so hohen Werte mehr, sie schaffen nur Fanatismus und
Extremismus.

Heute wie gestern gilt: Angst macht alles, was neu ist, vor allem alles, was man nicht versteht. Dinge und Abläufe, die der eigene Verstand nicht erfassen kann, weil ihm Schulung oder Volumen fehlen oder weil er nicht mit ausreichend Phantasie gepaart ist, verursachen Unbehagen. Der technische Fortschritt mit all seinen Unerklärbarkeiten hat diesem Trend mächtig Auftrieb gegeben. Keine Generation in der Geschichte der Menschheit hat soviel Wandel verkraften müssen wie die gegenwärtige.

Zwischen Gutenbergs Erfindung der beweglichen Drucklettern und Ottmar Mergenthalers Erfindung der Setzmaschine lag fast ein halbes Jahrtausend, vom Automobil bis zum Düsenflugzeug war es nur noch ein halbes Jahrhundert, von der Kugelkopfschreibmaschine bis zum 16-Bit-Schreibcomputer mit on-line-Zugriff auf die Datenbank des »Massachusetts Institute of Technology« nur noch gut ein halbes Jahrzehnt. Amerikanische Chip-Tüftler arbeiten jetzt an einem Bio-Computer von Streichholzdosengröße mit einer Trillion Schaltungen. Beängstigend? Wahr ist: Man kann die technische Entwicklung nicht mehr – im Wortsinn – erfahren, einfach weil der menschliche Geist nicht kraftvoll genug beschleunigt. An die Stelle der Erfahrung, deren Funktion als Impulsgeber für Denken und Handeln dem kalten Grenzwert-Pluralismus nicht gewachsen ist, tritt ahnungsvolle Angst.

Der Hegelianer Ernst Bloch, der die »Philosophie der Hoffnung« erdachte, hat gesagt, Furcht sei die Besorgnis vor etwas Bestimmtem, Angst sei die Besorgnis vor etwas Unbestimmten. Im vergangenen Jahrhundert waren Dampfmaschinen und Webstuhl, heute sind Gen- und Computertechnik solche unbestimmten Größen. In der irrationalen Angst vor dem scheinbar Unerklärlichen steckt ein Gutteil der Erklärung für den Widerstand des naturwissenschaftsfeindlichen Teils der zeitgenössischen Intelligenz gegen den technischen Fortschritt und die Bereitschaft des brachialer veranlagten Teiles der werktätigen Gesellschaft, ihn kurz- und kleinzuschlagen.

Gegen die Angst vor der Technik helfe nur Aufklärung, meint Klaus Knizia, Otto-Hahn-Preisträger und früher Präsident des Nationalen Komitees der Weltenergiekonferenz. Knizia fordert in seinem – im übrigen sehr lesenswerten – Buch *Energie, Ord-*

nung, Menschlichkeit den gezielten Kampf gegen die Unwissenheit, die den »Bürger ... zum Material der Demagogen [macht], zu einer Masse, die aufquillt und gärt wie ein Hefeteig«.

Der Mann hat Illusionen. Wie bekämpft man die irrationalen Ängste einer Bewegung, die den Rationalismus an sich bekämpft, die sich der Emotionalität ergibt, weil sie Geborgenheit darin zu finden hofft? Es fehlt ja auch nicht an Informationen. Im Gegenteil, die ständige Flut von Informationen treibt den Verbraucher in den kognitiven Streß. Der Beflutete, so meint der Düsseldorfer Sozialpsychologe Hans-Christian Röglin, neige dazu, sich auf seine Vorurteile zurückzuziehen. Professor Röglin: »Jetzt bildet er sich seine Meinung nicht mehr aufgrund einer Information, sondern seine Meinung, die er schon hat, entscheidet darüber, was als Information zu werten ist: Nur das ist Information, was seine Meinung bestätigt. Abweichende Informationen sind interessenverdächtige Manipulationen oder werden verdrängt.«

Denken schadet der Illusion

Da, wo Eindrücke eindeutig sind und keine manipulativen Deutungen zulassen, schleift eine innere Umkehrautomatik sie in der Erinnerung paßgerecht ins Schema ein. Amerikanische Psychologieprofessoren bedienten sich früher eines simplen Experiments, um diese These zu belegen. Sie zeigten ihren weißen Studenten ein Bild von zwei finsteren Gesellen, einem schwarzen und einem weißen, letzterer mit einem aufgeklappten Rasiermesser in der Hand. Im folgenden Seminar wurden die Testanten aufgefordert, das Bild zu beschreiben. Das Resultat war fast immer gleich: In der Reproduktion des Eindrucks hatte bei den meisten nicht mehr der Weiße, sondern der Schwarze das Rasiermesser in der Hand – einfach weil nach landläufigem Vorurteil Neger und nicht Weiße potentielle Ripper und Messerstecher waren.

So geht es auch mit den Vorurteilen gegen den technischen Fortschritt. Man kann einem AKW-Gegner noch so überzeugend nachweisen, daß deutsche Kernkraftwerke wegen ihres hohen

Sicherheitsstandards nicht so leicht in die Luft fliegen können wie russische – er wird in einem Atommeiler stets Tschernobyl oder Hiroshima wiedererkennen.

Denken schadet der Illusion, singt die Chansonnette Hildegard Knef. Das ist wahr. Denken schadet aber auch der Angst. Die Solidargemeinschaft der Ängste will daher nicht Aufklärung, sondern die Bestätigung ihrer Ängste. Deshalb sperrt sie sich zum Beispiel so verbissen gegen den Nachweis, daß Chemie vorrangig segensreich und erst in zweiter Linie riskant und zuweilen schädlich ist, daß deutsche Kernreaktoren sicherer sind als sowjetische. Angst ist irrational, und irrationales Denken hat irrationales Handeln zur Folge. Atomkraft und Gen-Technologie bergen in sich Gefahren. Das ist unbestritten. Aber soll man eine grundsätzlich als vorteilhaft erkannte Sache nur deshalb unterlassen, weil sie bei unsachgemäßer Handhabung gefährlich werden kann? Nein, man soll Gefahren sehen, bewerten, gewichten und eindämmen.

Dem militanten Irrationalismus des modernen Gefühlsmenschen sind die Aufklärer vom Schlage Klaus Knizias nicht gewachsen. Denn mit Aufklärung kann man keine Zielgruppe ansprechen, die Gefahren nicht abwägen und gegen korrespondierende Vorzüge abgrenzen kann und will und die mehrheitlich nicht zwischen Wünschbarem und Machbarem zu unterscheiden vermag. Nein, Psychosen kann man nur psychiatrisch bekämpfen.

Die Rigoristen, die die Richtlinien der Anti-Technik-Bewegung bestimmen, sind unablässig dabei, ihre Streitgegenstände mit ihrem »klassischen Vorrat an Leerformeln« zu überschütten, wie das der Kölner Soziologe Helmut Schelsky genannt hat. Sie steigen aus der Logik, die sie nicht verstehen und die sie nicht verstehen wollen, einfach aus. Sie denken immer nur bis zur nächsten Gedankengabelung. Sie denken sich, unter Ausgrenzung aller Widrigkeiten, die Wirklichkeit so zurecht, daß sie zu ihren vorgewählten Wunschvorstellungen paßt. Das ist kein spezifisch linkes oder grünes Verhalten. Es gäbe keine ideologischen Gegensätze auf der Welt, wenn sich die Politiker in Wort und Tat an das halten würden, was ist, und nicht an das, was ihrer Ansicht nach sein sollte.

Was bei dem Prinzip der selektiven Wahrheitsfindung herauskommt, sind logische Ketten von der Qualität wie dieser: In Afrika
wird gehungert, weil der Mais knapp ist. In Holland kippen sie
Tomaten ins Meer. Also muß man das Quotensystem der EG
abschaffen oder, besser noch, den Kapitalismus, der zu viele
Tomaten und zuwenig Mais produziert. Dann werden die Neger
wieder satt. Das leuchtet ein, wenn es einleuchten soll. Aber es ist
nicht schlüssig, sondern kurzschlüssig, weil die Wirklichkeit nicht
so eindimensional strukturiert ist wie die Phantasie der Weltver-
besserer, weil die Wirklichkeit mehr Komponenten hat als die
nach Bedarf aus Gut und Böse zusammengestoppelte binäre
Scheinwelt der Moralisten. Merke: Die Brücke zwischen zwei
oder mehr Unvereinbarkeiten ist der Kompromiß.

Im angesprochenen Fall spielen für die Wechselbeziehung zwischen Hunger und Tomatenüberschuß eben auch noch solche
bedeutenden Nichtigkeiten wie Transportkosten, Haltbarkeitspro-
bleme, Ernährungsgewohnheiten in Afrika und Mindestpreisga-
rantien in Europa eine Rolle.

In seinem *Gewissen der Worte* beklagt der Denker und Schriftsteller Elias Canetti unter Bezugnahme auf die Politik und die
politisch bewußte Öffentlichkeit »das Ausweichen vor dem Kon-
kreten«. Canetti sieht »eine auffallende Tendenz, erst auf das
Fernste loszugehen und alles zu übersehen, woran man sich in
nächster Nähe unaufhörlich stößt«. Zum Beispiel die Logik. Doch
die Logik als Mittel der Wirklichkeitsbewältigung ist bekanntlich
nicht eben eine Domäne der missionarischen Linken. Wo aber
logische Stränge falsch verknüpft werden, erhalten wir Unsinn als
Resultat. Was nicht bedeutet, daß mangelnde Befähigung zu ganz-
heitlichem Denken spezifisch links wäre.

Die dialektische Achse der neomarxistischen Eucharistie, um
die sich bei den Linken alles dreht, ist der infantile Glaube an die
Identität von Vernunft und Moral. These: Wer die Moral auf
seiner Seite hat, der hat immer recht. Oder wie es in der deutschen
Hymne, Ost, heißt: Denn wer kämpft für das Recht, der hat immer

recht – et cetera, et cetera. Gegen diese Überzeugung anzuargumentieren ist so wie der Versuch, einen Pudding an die Wand zu nageln oder ein Nilpferd durch das Geigenspiel zu erfreuen.

Es scheint, als nehme die politische Bildung im umgekehrten Verhältnis zur Vermehrung des Informationsangebots ab. Je breiter die Information, desto irrationaler und unperspektivischer das politische Verhalten der Massen. Doch die Leute tendieren mehr und mehr zu Denkschemata, die ihnen die ganze Welt durch eine einzige Formel erklären.

Ignoranz in der Politik ist seltener Nichtwissen als Nichtwissenwollen. Doch weil sie ein eminent wichtiger politischer Faktor ist, darf man Ignoranz natürlich nicht ignorieren. Man muß sie schon ernst nehmen. Denn Dummheit sei, so sagt der neokonservative französische Philosoph André Glucksmann, »keine simple Schwäche des Verstandes, sie ist aktiv, eifersüchtig, besitzergreifend und ordnet die Welt in Schubladen ein«.

Gesinnung enthebt den Denker der Verpflichtung, zu denken. Da, wo widrige Erkenntnisse im Wege stehen, werden sie dialektisch interpretiert, selektiert und neu geordnet, bis sie ins erwünschte ideologische Raster passen und die erwünschte Aussage belegen. Das Ergebnis sind oft Entscheidungen von ergreifendem Dilettantismus. Aber was soll man tun? Nach Robert Musil tritt jeder Unsinn, den ein Dummkopf sagt, ja irgendwann mal ein.

Wenn schon die exakteren Wissenschaften unwissenschaftlicher Methodik so breiten Raum geben, dann braucht sich eine der Realität von vornherein nicht verpflichtete kulturelle Disziplin wie die Kunst noch viel weniger um Faktizität zu scheren. Von dieser Freiheit macht die deutsche Gesinnungskunst üppig Gebrauch. Die Düsternis, die sie in Schrift, Bild und Lied verbreitet, hat Weltrang. Die linksliberale französische Zeitung *Libération* entsandte im Oktober 1986 anläßlich des deutsch-französischen Kulturgipfels einen Kulturredakteur in eine deutsche Buchhandlung, um den Standort der deutschen Gegenwartsliteratur ermitteln zu lassen. Der Mann kam ganz verstört zurück. Da, wo er leichtfertig Schönes, Wahres und Gutes vermutet hatte, entdeckte er einen »Kult der Angst im Namen entrückter moralischer Ansprüche«. In diesem »Jammertal«, so schrieb er, würden im großen Stil »Mißtrauen und Angst vor den Naturwissenschaften, der Politik und der Zukunft dieses Planeten beschworen«.

Eierkopf Johannes Gross, der gestrenge Kritiker der Kritiker, mißt der Gegenwartsbelletristik eine fatale Katalysatorfunktion für die öffentliche Übellaunigkeit zu, in erster Linie Heinrich Böll, dem geschundenen Siegfried der deutschen Literatur. Gross schreibt in seiner hochgebildeten Sottise über *Unsere letzten Tage:* »Wenn man eine zusammenfassende Vokabel über die bedeutende deutsche Literatur, die ja vereinzelt mit Weltgeltung ausgestattet war, benutzen will, dann die, daß es eine antirealistische Literatur ist, die sich bemüht hat, die Realität eines Wohlstandsstaates wie der Bundesrepublik nicht zu schildern, sondern mißgestimmt zu denunzieren.« Wenn es Heinrich Bölls Lieblingsvokabel »mies« nicht gäbe, meint Gross, dann hätte sie für ihn geschaffen werden müssen.

Aber die Böll-Fans konnten von Bölls nörgeligem Defätismus gar nicht genug kriegen. Die lauwarme rheinische Bürgerhölle der ewig beleidigten kölschen Leberwurst ist als Tummelplatz elitärer Untergangsneurosen aus der zeitgenössischen Literatur nicht mehr wegzudenken. Gross schrieb darüber noch zu Bölls Lebzeiten: »Man erfreut sich des Wohlstandes und liest Heinrich Böll.« Nicht nur die deutsche Literatur, auch der deutsche Misanthropismus hat mit dem Hinscheiden Bölls einen großen Verlust erlitten. Immerhin, Böll war im Gegensatz zu vielen, die ihn kopierten, ein ehrlicher Misanthrop.

Wahrlich, die Bücherleser mögen's mies. »Wer in Deutschland nicht sorgenvoll und gedankenschwer-düster schreibt«, so meint der britische Deutschland-Porträtist John Ardagh *(Germany and the Germans – An Anatomy of Society Today),* habe »keine Chance, als seriöser Schriftsteller und Denker ernstgenommen zu werden.« Kann man sich vorstellen, daß ein deutscher Schreiber, der eine schöne neue Welt beschriebe, eine Welt in Frieden, mit frischer Luft und frohen Menschen, auf die hochmögende Nobelsellerliste des Südwestfunks geriete? Natürlich ist die Welt nicht heil. Aber die heile Welt der Positivisten ist in unseren Breiten von der real existierenden Welt viel, viel weniger weit entfernt als die defekte Welt der linken Literaten. Es werden ja nicht mal mehr schauspielhausfähige Lustspiele geschrieben in Deutschland. Satirisch darf sie sein, die Kunst, aber bloß nicht lustig oder komisch.

RATTENMENSCHEN UND MENSCHENRATTEN

Das fortschrittliche Publikum wünscht sich zu sehen, wie der Dichter Günther Kunert es schildert, als »Rädchen der Megamaschine«, als »verzwergte, entleerte, ausgebalgte, enthäutete, zugerichtete, nutzbar gemachte« Wesen. Mit seiner *Publikumsbeschimpfung* trieb schon in den sechziger Jahren Peter Handke das Flagellantentum des Kulturbetriebs und seiner Klientel gekonnt zur Erektion. Wie er die Sperrsitzabonnenten unter deren Applaus an den Ohren und sonstigen Weichteilen zauste, das war schon virtuos – Kultur in höchster Präpotenz.

Günter Grass und Wolfgang Hildesheimer, zwei führende Apologeten der gehobenen tristesse littéraire, wollten aus gelebtem Verdruß ganz aussteigen aus der Welt der Schriftschaffenden. Sie wollten, wie sie 1983 gemeinsam in einer Fernsehsendung in Wien erklärten, angesichts der drohenden Katastrophe überhaupt nicht mehr schreiben. »Wenn ich nachdenke«, räsonierte Hildesheimer an anderer Stelle, »dann guckt mich das bare Entsetzen an über unsere Zeit und unsere Lage, so daß ich absolut gelähmt bin.«

Ein *Stern*-Leser namens Reiser, der das las, gab dem gelähmten Poeten die passende Antwort: »Was, wenn der Bäcker im schönen, luftigen Graubündener Dorf, in dem Hildesheimer wohnt, still für sich entscheiden würde, kein Brot für Herrn Hildesheimer mehr zu backen? Wie ist es mit den Wasserwerken bestellt? Was, wenn alle plötzlich in Endzeitstimmung machten?« Hildesheimer hat nichts erwidert. Er hat wieder angefangen zu schreiben.

Auch Grass hat seine Ausstiegsdrohung nicht gehalten. Er legte zwei Jahre später seine *Rättin* vor, ein monumentales Endzeit-Potpourri von schaurig-schrecklichen Medusengesängen über Rattenmenschen und Menschenratten, über die Neutronenbombe, die Verquallung der Meere, die Fäulnis menschlicher Charaktere und das unweigerliche Ende der menschlichen Gesellschaft. Moskau, New York, Poebene und Ruhrgebiet, Zürich, Kapstadt und Rio – alles Staub, die Menschheit versaftet. Grass, so schrieb der Rezensent des US-Magazins *New Republic,* geile sich voyeuristisch am eingebildeten Elend der Welt auf. An gedachtem Elend.

Aus jenseitigen Welten schallt noch, artikuliert durch die Rättin, Kassandrens Nach-Ruf: »Euch gab es mal, gewesen seid ihr, erinnert als Wahn ... Ausgeschissen habt ihr. Und zwar restlos.« Dann ist Totenruhe. Wie spricht die steinalte Anna Koljaiczek: »Ach, mecht doch ausjebarmt sein. Ach, mecht doch baldich zuend sein.« Die Kritik hat hämisch gemunkelt, Anna habe das gnädige Ende nicht für der Zeiten Lauf, sondern für das Werk des Literaturschaffenden Grass herbeizuflehen versucht.

Wenn das so ist, dann hat Günter Grass sie prophylaktisch erhört. Er teilte noch vor dem Erscheinen des Buches mit, dies werde sein letzter Roman sein. Er hat ja auch genug gescheffelt über die Jahre. Im übrigen wußte er, daß sein vorgezogener Nachruf auf die Menschheit auf seine Art nicht mehr steigerungsfähig sein würde. Sie war wohl – von Aufbau und Auflage – die bemerkenswerteste – wiewohl nicht mal unprofessionell geschriebene – Kakographie deutscher Nachkriegszunge. Bemerkenswert auch deshalb, weil sie einem Autor entströmt ist, der die Kollegen früher mal davor gewarnt hatte, wehleidige Romane zu schreiben, weil die Wehleidigkeit der Tod der Literatur sei.

Günter Grass begab sich nach Erscheinen der *Rättin* in die indische Horrorpolis Kalkutta, um seinen Ekel und seine Verdrossenheit über das Unrecht, das der Welt Lohn ist, in der Solidarität mit den Verdammten dieser Erde zu ertränken. Aber er blieb nicht lange da. Elend literarisch bekämpfen und Elend praktisch erleben erfordert zweierlei Bewußtseinsstufen. Das literarische und das praktische Elend nämlich sind nur ganz selten identisch, selten auch nur einander ähnlich. Und Grass verfügte nur über die literarische Stufe. Kalkutta hat die Enttäuschung gelassen ertra-

60

gen und ist mithin der westdeutschen Zivilisation um Nasenlängen voraus, die es nicht verwinden kann, von sinnsuchenden deutschen Kulturbeuteln verabscheut zu werden.

ACHT-ZYLINDER-SOZIALISTEN

Noch mehr über das Elend und die deutschen Dichter: Der bayerische Dichter Franz Xaver Kroetz, der sich nach einem Selbstzeugnis als Kommunist und als »Anwalt der geschundenen Kreatur« versteht, hat sein Päckchen zur Realisierung der Realität beigetragen: »Meine Stücke«, so schrieb er, »sind alle ein Resultat der Wirklichkeit, alle Figuren sind die Hoffnungslosen und die Verdammten des Proletariats.« Zum Beispiel die Figuren, die er auf der Bühne abtreiben, onanieren, mit Hunden kopulieren und einander mit Kot beschmieren läßt, auf daß dem Betrachter das Elend der Welt klarwerde.

In der Anthologie *Warum ich Marxist bin* aus dem Kindler-Workshop führt Franz Xaver Kroetz aus, warum er Marxist ist. Nämlich weil unter dem Marxismus »die Erde Frieden bekommt, die Meere nicht verseucht werden, die Wälder bleiben können, die Ebenen nicht betoniert und die Berge nicht eingeebnet« werden. Und er ist für den Sowjetkommunismus unter anderem, weil dieser den Hunger, die Ausbeutung und die Arbeitslosen abgeschafft hat, weshalb, wie er ausführt, zum Beispiel die sowjetischen Juden natürlich auch »nicht einfach davonlaufen dürfen«.

Herausgeber der Anthologie, in der das steht, ist der flinkfingrige Literat und rüstige Porsche-Fahrer Professor Fritz J. Raddatz (ja doch, Porschefahren und das Bekenntnis zum Marxismus haben was miteinander zu tun), der sich wegen seiner spezifischen Art der Auseinandersetzung mit dem politischen Gegner im Bewußtsein seiner Leser und vor allem seiner Exleser als »Professor Unflat« habilitiert hat.

DKP-Mann Kroetz hatte sich nach der Phase der Irrungen, wie er schreibt, mit »einem großen Satz aus dem bürgerlichen und für mich unerträglichen Lager« verabschiedet. Und wo war er gelandet, wo war das Leben für ihn erträglich? Auf seiner 66 000 Quadratmeter großen Latifundie in Bayern mit edlen Vollblütern im Stall und dem Acht-Zylinder-Mercedes in der Garage. Mit dem Daimler begibt er sich zuweilen in sein Stadthaus nach München, um die Botschaft von der beschissenen Welt unter die Leute zu bringen.

Im Herbst 1986 machte Kroetz einen großen Satz zurück. Er brachte – in der Fernsehserie »Kir Royal« – als Klatschreporter Baby Schimmerlos die Botschaft von der unbeschwerten heiteren Welt unter die Leute. Die Blasierten und Etablierten, denen er zwanzig Jahre lang mit Fleiß in die Suppe gespuckt hatte, waren begeistert. Und Kroetz war es auch. Tralala-Fernsehen hin, Tütelütüt-Society her, 2000 Mark Tagesgage, so erzählte er einem *Hörzu*-Reporter, das sei doch »ungleich lukrativer als schreiben«. Nachdem die letzte Folge runtergekurbelt war, fuhr er in seinem 500er Einspritzer wieder zurück auf sein Landgut, um seinen Kampf gegen Elend und Unrecht in der kapitalistischen Raubtiergesellschaft für beendet zu erklären. Es kotze ihn nichts so an wie seine Schreibmaschine, teilte er in einem Fernsehgespräch mit Talk-Schulmeister Günter Gaus mit. Kroetz über Kroetz: »Viele werden sagen, jetzt sitzt er da, der Kroetz, und hat nix zum sogn.« Viele haben aber auch gesagt: Besser so.

Klassenkeile von der Kultur-GmbH

Kroetz ist, soweit es sich übersehen läßt, nur der Gipfel der intellektuellen Heuchelei. Links und rechts an den Steilhängen siedelt pulkweise Bigotterie. Darunter auch Pamphletemacher Wolf Biermann, der Tartüff mit dem ideologischen Sperrdifferential. Biermann singt: »Die Erde wird ein öder Stern / wie andre öde Sterne / Und wenn ich daran denk', Marie, / dann leb' ich nicht mehr gerne.« Was muß der Mann leiden in seiner Villa im feinen Pfeffersäcke-Dorado an der Hamburger Elbe.

Hans-Magnus Enzensberger, einer der redlichen unter den kritischen deutschen Dichtern, schreibt über die Klassenkämpfer im

62

Gucci-Look: »Der Haß auf den Wohlstand gehört zu den Lebenslügen der westdeutschen Intelligenzija; er ist ihr moralisches Alibi.« Nirgendwo sonst wird Egalität so elitär zur Schau getragen wie auf deutschen Schriftstellerkongressen. Die Herren Literaten üben sich in der Negation der nonkonformistischen Negation, tragen Schweinsledernes und fahren Porsche wie der gemeine Geldpöbel – nur eben auf einer weit höheren Bewußtseinsstufe als jener.

Aber das ist ja nichts Neues. Man sagt, daß schon Marx-Brother Friedrich Engels, der Kapitalistensohn aus Wuppertal-Barmen, die Vorzüge des Systems – gute Weine, gute Zigarren, elegante Garderobe –, das er bekämpfte, zeitlebens aufs heftigste genossen habe. Und von dem Prolopoeten Bert Brecht weiß man, daß er beträchtliche Summen für maßgeschneiderte Kleidung ausgab, die abgetragen aussah, und daß er sich mit einer Pinzette Dreck unter die Fingernägel schob, um proletarisch zu wirken.

Und wehe, es schreibt einer über Welt und Wirklichkeit gegen den Strich. Dann setzt es Klassenkeile von der Kultur-GmbH. Im Literaturbetrieb wird gemault und nicht gehudelt. Wer gegen die Betriebsordnung verstößt, kriegt Klassenkeile. Ausnahmen bestätigen die Regel.

Seit Gottfried Benn, der ja auch kein falscher Positivist war – Merke: »Hoffen heißt vom Leben eine falsche Vorstellung haben« – hat das keiner mehr so schmerzlich zu spüren gekriegt wie der Dramatiker Botho Strauß. Der sonst durchaus szenenkonforme Gedichtemacher hatte sich erkeßt, in Versform die Not der deutschen Teilung zu beklagen, ohne sich durch Hinweise auf deutsche Nazivergangenheit und deutsche Schuld rückzuversichern: »Kein Deutschland gekannt zeit meines Lebens, zwei fremde Staaten nur, die mir verboten, je im Namen eines Volkes der Deutsche zu sein.« Und ähnliche Teufeleien. Zweifel an Erbschuld und Endknall wird von der Szene mit verbaler – wie im Dritten Reich Zweifel am Endsieg mit lethaler – Exekution geahndet. Überhaupt, wenn einer schon Strauß heißt ...

Botho Strauß hatte in seinem Werk dem Lindenbaum und dem Dorfbrunnen nachgetrauert, ohne in einer Fußnote darauf zu verweisen, daß in Majdanek Mitmenschen namens Lindenbaum umgebracht worden sind. Das Getrommel der Szene war gnadenlos. Günter Schäble, Literaturredakteur des »Süddeutschen Rundfunks«, erklärte den Kulturkrieg für ausgebrochen. Die kompletten Feuilleton-Abteilungen der Strauß-gewogenen *FAZ* und der *Neuen Zürcher* mußten ins Gewehr treten, um den tolldreisten Wendedichter, wie er geheißen wurde, gegen den Vorwurf in Schutz zu nehmen, er verhalte sich affirmativ.

Wenn der Bürgerschreck zum Narren wird

Kunst muß Tabus brechen. Das ist wahr. Das Elend der deutschen Kunst ist: Mit herkömmlichem Tabubruch, als da sind Gotteslästerung, Publikumsbeschimpfungen und allerlei Obszönitäten, kann man schon lange keine etablierte öffentliche Moral mehr unterlaufen, einfach weil es die Moral im ursprünglichen bürgerlichen Sinne als Verhaltensregulativ nur noch in Rudimenten gibt. Nacktbaden, lila Haare zum Smoking, Lockenwickler in der Oper, der Kanzler als nackter Hampelmann, Papst Wojtyla als Lollipop – alles, was nicht strafrechtlich verfolgt wird, ist gesellschaftlich heute auch erlaubt.

In der Kunst ist noch mehr erlaubt. Künstler dürfen sich im begrenzten Rahmen sogar strafbar machen, ohne bestraft zu werden, wenn es der künstlerische Auftrag zu erfordern scheint. Kein katholischer Stadtrat regt sich mehr auf, wenn auf der Bühne geschmäht und gebumst wird. Kein christlich-demokratischer Kanzler schimpft – wie weiland Ludwig Erhard – die Dichter pauschal »Pinscher«, wenn sie ihm antichristlich vorkommen. Die Kunst kann machen, was sie will, es wird ihr nichts mehr übelgenommen. Nur, Grenzverletzungen verlieren ihren Reiz, wenn die Grenzen nicht mehr erkennbar sind. Wo die permanente Regelverletzung zur Regel wird, da müssen der Kunst irgendwann die Tabus ausgehen. Und Kunst, was dann?

Das deutsche Kabarett hat sich von seinem eigenen Tabu-Ödem in die Existenzkrise drängen lassen. Die Münchner Lach-

und Schießgesellschaft ist auf Distanz zu ihrem Lach- und Schieß-
mandat gegangen und hilft statt dessen, Ängste zu vertiefen. Sie
hat die triste Botschaft auf den kabarettistischen Punkt gebracht:
Die Vergangenheit im Arsch, die Zukunft beschissen, wir müssen,
was wir tun, und wir tun, was wir müssen.

»Wenn der Bürger nicht mehr zu erschrecken ist«, schrieb
Ulrich Greiner in der *Zeit,* »dann wird der Bürgerschreck ein
Narr.« Und darin, so meint Greiner mit einem Anflug von Hoffnung und Ekel, liege die Chance für eine neue positive Kunst.
Aber positiv schreiben ist schwer, weil die Werbung das Lobvoka-
bular komplett für sich requiriert hat. Wie lobt man gekonnt, ohne
stilistisch in die Nähe von Young and Rubicam oder – wenn es sich
um Literaturkritik handelt – des *Buchreports* zu geraten. Lob ist
von vornherein immer trivial besetzt.

Auch die Trivialsachliteratur hat sich dem Trend zum Tragischen und zum Bedeutungsvollen nicht widersetzen können. Früher schrieb der Hamburger Bäckermeister und Nebenerwerbs-
abenteurer Rüdiger Nehberg spannende Geschichten über seine
Erlebnisse in der wilden weiten Welt. Heute drehen sich seine
Geschichten – obwohl sie genauso trivial sind wie früher – um
bedrohte Tiere und Völker. Er trampelt nicht im Tretboot über
den Atlantik, um groß rauszukommen, sondern um die Welt auf
das Schicksal der angeblich in ihrer Existenz bedrohten Yano-
mami-Indianer aufmerksam zu machen.

Sogar das biedere *Neue Universum,* das seinen Aufstieg in die
Gunst der schmökernden Jugend mit Weite-Welt-Thrill, techno-
logischem Utopismus und Pfadfinder-Romantik geschafft hat,
bedient heute sensible junge Durchhänger mit dem Karthago-
Syndrom. Auszug aus dem Inhaltsverzeichnis Anno 1984: »Gift-
cocktail über der Landschaft«, »Itaipu – umstrittenes Monument
der Wasserkraft«, »Sterben unsere Wälder?« – Letztes immerhin
mit Fragezeichen, was für die deutsche Literaturszene ein Zeichen von geradezu verwegenem Umgang mit dem Zeitgeist ist.

Selbst die Schnulze kultiviert die Lust am Untergang. Johannes Mario Simmel, der gediegenste und erfolgreichste (65 Millionen Weltauflage) Interpret dieses Genres, hat mit seinen progressiven Schicksalsschmankerln die Herzen von sonst eher kulturell gefestigten Großzielgruppen in die Simmel-Gemeinschaft eingemeindet. In seinen Dünndruck-Romanen fließen Rührseligkeit und politisch zeitgemäße Aussage zu leicht verdaulichem Ballaststoff zusammen, den sich die Leserin des Trivialromans ebenso gern zu Gemüte führt wie der Buchverbraucher der höheren Bewußtseinsstufe. Simmel hat auch Freunde, wo seichte Schreibe sonst verachtet wird. Zuweilen wird er sogar von der Literaturkritik ernst genommen. Sein Geheimnis: Er schreibt schlecht, aber er tut dies auf einer akzeptablen Bewußtseinsstufe.

Simmel-Helden kämpfen, je nach Stimmungslage der Nation, gegen junge Kommunisten oder alte Nazis. Sie weisen – wie in *Bitte, laßt die Blumen leben* – Umweltlümmel in die Schranken, die aus Daffke den Städtern ihr bißchen Grün nicht gönnen, oder sie sehen – wie in *Die im Dunkeln sieht man nicht* – »unserer schlimmen Wirklichkeit ins Gesicht und kämpfen mit allen Mitteln gegen die letzte und größte Katastrophe« (so die Einführungswerbung).

Simmel-Romane sind schon deshalb progressiv, weil sie kein Happy-End haben. Seine Leser haben immer neue aktuelle Ängste. Sie erfahren heute schon von den Schrecknissen der Seuchen und Kriege von morgen. AIDS, SDI, Gen-Manipulationen hatte der maliziöse Märchenerzähler erzählerisch schon aufgearbeitet, bevor die zuständigen Fachschaften auch nur mit der Begriffsdefinition fertig waren. Nicht ohne Respekt schrieb die *FAZ* anläßlich der Veröffentlichung seines Gen-Thrillers *Doch mit den Clowns kamen die Tränen* über den Meister der schönen Betrüblichkeiten, er sei »immer etwas schneller, böser und schärfer als das öffentliche Bewußtsein«.

Was Simmel bei seinen Lesern so beliebt macht: Er läßt sie mit ihren Ängsten nicht allein. Er bietet auch Lösungen an. Gegebenenfalls Selbstmord wie in *Die im Dunkeln sieht man nicht.* Seine Leser machen geltend, daß Simmel schon vom persönlichen Naturell her zu pessimistischer Weltschau neigt und daß er Schwermut als Mittel der Dramaturgie schon verwendete, als sie noch nicht so populär war. Doch Ulrich Greiner, der Kulturchef und Tabuverächter von der *Zeit* nimmt ihm das nicht ab. Er schrieb in seiner Rezension über die *Clowns:* »Für wahrscheinlicher halte ich, daß all diese katastrophalen Visionen lediglich einem masochistischen Kitzel dienen und die neueste Stimmung im Westen verstärken, diese Mischung aus Fatalismus und Hedonismus, aus Untergangsfurcht und fröhlichem Weiterwursteln.« Exakt.

Es soll ja füglich eingeräumt sein: Glück und Literatur waren, wo sie sich liierten, meistens Mesalliancen – nicht erst seit Grass, Böll und Simmel. In der griechischen Tragödie wäre jeder Lichtblick deplaziert. Dante wurde mit Recht unsterblich durch sein »Inferno«, nicht durch sein »Paradiso«. Ein Faust, der nicht zur Hölle führe, wäre nicht literaturfähig. Und was wären schließlich Macbeth und Nibelungenlied ohne den Horror im Finale. Literatur und darstellende Kunst müssen wohl trostlos sein, um ernst genommen zu werden – inklusive der eher leichteren Musen. Vom frühen deutschen Lustspiel – zum Beispiel Minna von Barnhelm – ist bekannt, daß es sich drei, vier Akte lang bedeckt zu halten hatte und sich erst im letzten Akt als solches offenbaren durfte.

Auch die Kinogänger sollen sich nicht freuen. Die zeitgenössische Leinwand bordet über von Drei-D-Filmen, wie sie im Kritiker-Jargon heißen – »Drei-D« für »death, disaster, destruction«. Kriegs-, Brand- und Naturkatastrophen, mörderische Saurier, Haifische, Killer-Ameisen, Mördervögel, alles verschlingende Erdbeben, Flutdesaster, »radioactive dreams« und massakrierlustige US-Generäle, King Kong I, King Kong II, King Kong III – was Übles über Menschen kommen kann, hat Hollywood alles schon ein paarmal auf Breitwand durchgenudelt.

Oder die bildenden Künste. Herrjeh, Kunst muß nicht schön sein. »Schön ist häßlich, häßlich ist schön«, heißt es bei Shakespeare. Auch ugly beauties haben ihre Reize. Doch die künstlerische Umsetzung von Häßlichkeit und die Verarbeitung ungewöhnlicher materieller und immaterieller Werkstoffe – Quietschen, Rülpsen, tote Maus auf Leinwand – setzen Können voraus. Und daran hapert es bei der zeitgenössischen deutschen Kunstzunft. Nirgendwo sind die schönen Künste auf breiter Front so weit jenseits von schön und häßlich wie im deutschen Kulturraum. So, wie die bundesdeutsche Kunstnorm am Ende des zwanzigsten Jahrhunderts steht, würde es Caspar David Friedrich – der ja auch kein Weichzeichner war – hier höchstens zum Pflastermaler bringen.

Beuys mit dem Hut war auch nicht gut. Aber er war wenigstens pfiffig. Er hat in den letzten zehn Jahren seines künstlerischen Schaffens nichts zustande gebracht, was nicht jeder Banause ohne jedes artistische Empfinden aus dem Stand hätte nachmachen können. Aber er beherrschte die Kunst, seine Fett- und Filz- und Hut- und Lehmhaufen-Creationen mit Hilfe begleitender Pseudophilosophien und unter Ausnutzung elitärer Verschrobenheiten vermarktbar zu machen. Er erzielte die besten Preise am sogenannten Kunstmarkt, weil er es so virtuos verstand, die Unsicherheiten seiner Klientel für sich auszuschlachten. Er bescherte einer saturierten und leistungsfeindlichen Schickeria eine Kunst, die zu ihr paßte, weil sie – anders als etwa die virtuose Alltagskunst des Pop-Art-Masters Andy Warhol – keine Virtuosität und keine Leistung erfordert. Das war seine Kunst.

Wie sprach der große Beuys auf der »documenta« 1982 anläßlich der Präsentation einer von ihm höchstselbst mit Fett beschmierten Tischecke? »Eine Fettecke ist ja nicht deswegen gemacht, um einen Tisch mit Fett zu beschmieren, sondern eine Fettecke ist deswegen gemacht, um als Fettecke im Gegensatz zu stehen zu anderen Prozessen, die ein solches plastisches, anfälliges Material macht, in Raum und Zeit, also gerade die Sachen

68

mit Fett erheben einen großen Anspruch auf Theorie.« Der Vernissagenpöbel applaudierte ergriffen.

Joseph Beuys hat es sein Lebtag souverän verstanden, die von ihm produzierte Analkunst durch die Beigabe von verbaler Pseudoerhabenheit zu adeln. Seine Kunst war auch politisch. Er wollte mit seinen Lehmhaufen »die Kapitalverhältnisse ändern«, wie er sagte. Zumindest für sich selbst hat er das glänzend geschafft. Seine Kunstwerke waren die bestbezahlten der deutschen Nachkriegszeit. Er hat den vermögenden Masochisten den Eindruck vermittelt, Umstrittenheit sei bereits eine ästhetische Empfehlung, und ihnen mit diesem Irrtum Millionen aus den Taschen gezogen. In Frau Gabriele Henkels Salon und seinen vielen, vielen Filialen überall auf der deutschen Kunstszene gibt es keine Akzeptanzprobleme. Merke: Nicht die Maler, die diesen Blech malen, sind naiv, sondern die verklemmten Ästheten, die ihn noch feiern und kaufen.

Die Mehrheit der Antikünstler, deren Kunst aus der Ästhetik der Abfalltonne lebt, hat nicht einmal die Legitimation der verarschenden Absicht, die man bei Beuys wohl auch unterstellen durfte. Die Definition von Kunst an sich wird von ihnen schon als Versuch der Repression empfunden. Der Verfasser leistet sich trotzdem ein Postulat: Kunst darf polemisch, häßlich, negativ, zum Kotzen sein. Aber sie muß musisch oder kreativ sein, sonst ist es keine Kunst. Die deutsche Gegenwartskunst ist auf weiten Strecken Farbferkelei, Fäkalkitsch, Zufallsmist.

FLUCHT VOR DEM SCHÖNEN

Die Furcht, als Banause entlarvt zu werden, treibt dem deutschen Kunstfreund alles rein. In der Düsseldorfer Galerie Spoerry war vor Jahren Kunst in Gestalt von Schokoladenabgüssen eines abgetriebenen Embryos aus Italien zu besichtigen. Die ganz avantgardistischen überführen ihre Exponate direkt und unbearbeitet vom Müll auf den Kunstschauplatz – und haben Erfolg damit – niederschmetternden Erfolg. Der italienische Konzeptkünstler Piero

Manzoni, nach Meyers Lexikon »bedeutender Anreger der Kunst der sechziger und siebziger Jahre«, der seine eigene Scheiße – ja, buchstäblich Scheiße – in Konservendosen auf den Kunstmarkt brachte, hatte in Westdeutschland seine größten Erfolge. Triumph des dialektischen Dilettantismus, der nur triumphieren kann, weil sich ein auf totalen Trübsinn eingestimmtes Volk hat einreden lassen, daß Schönheit unmoralisch und Dekadenz schön ist.

Die morbide Masche, die das alles prägte, swingt auch durch die höhere Tonkunst. Eine nach Gemütslage und handwerklicher Potenz kakophon eingestimmte Pseudo-Avantgarde von Musikanten hat die Anforderungen für Musik auf die schlichte Abfolge von mehr oder weniger beliebigen Geräuschen reduziert. Der Tonkünstler Karlheinz Stockhausen hat überliefert, wie er seine Komposition »Mikrophonie I« (für Tamtam, zwei Mikrophone, zwei Filter und Regler) zelebrierte. Den Urton fand er vermittels Kratzen mit einem Stein sowie mit diversen Küchengerätschaften auf einem alten Gong. Ein Tontechniker half ihm, den schrammigen Belcanto durch fachgerechten Einsatz von Stereomikrophonen zur Weltgeltung zu bringen. Für sowas mußte nun die Hifi-Technik erfunden werden. Das Publikum hat den Künstler für seine Schrammenmusik noch gefeiert und hoch bezahlt.

Der Musikmacher Rolf Liebermann hat das Phänomen am Beispiel des notorisch zornigen Musikanten Pierre Boulez und seines Publikums zu erklären versucht. »Seine schneidenden Bemerkungen«, so sagte er, »imponieren den jungen Leuten.« Und: »Dennoch lebt er ganz angenehm im warmen Nest der Gesellschaft, die er am liebsten zerstören würde. Die Schizophrenie, die ihn einerseits zu dem Ausspruch veranlaßt, alle Opernhäuser sollten in die Luft gesprengt werden, ihn andererseits aber nicht hindert, für Spitzenhonorare in Bayreuth zu dirigieren, sichert ihm weiterhin Zulauf aus beiden Lagern.« Wer das erstmal klar sieht – von Verstehen ist hier keine Rede –, den können die Widersprüche der deutschen Kunst, den kann die »Flucht vor dem Schönen«, wie es der Soziologe Helmut Schoeck benennt, nicht mehr aus der Fasson bringen.

Ein wichtiges Verdienst aber ist den Interpreten all dieser unschönen Künste nicht zu nehmen: Sie haben nachgewiesen, daß Kunst nicht definierbar ist. Ganze Kohorten von Feuilletonredakteuren und Kulturdezernenten haben sich die Federn daran wundgescheuert. Aber bis heute kann keiner begründen, warum Beuys Müll (oder kein Müll) und warum Stockhausen Lärm (oder nicht nur Lärm) ist. Nur soviel kann man schlüssig sagen: Die Kunst von Beuys und Stockhausen und ihren Plagiatoren (wenn es denn wirklich Kunst ist) ist keine Kunst, die Freude macht.

Freude ist in der Kunst kein schöner Götterfunke mehr. Auch die freisinnigen und frohsinnigen Kleinkünste sind auf weiten Strecken schon von der Tristesse untertunnelt. Das geht bis hin zur Schaustellerei. Humor muß immerzu Denkanstöße geben. Sonst ist er platt. Papas Tätärätä-Zirkus ist tot. Die lustfeindliche, rührselige Avantgarde läuft heute zu Roncalli und läßt sich von Clown Pic den Trauermarsch blasen. Heiterkeit darf sich nur erlauben, wer sie mit Wehmut paart. Keine Frage, daß die Gaukler bei Roncalli mehr circensisches Niveau haben als bei Sarrasani. Und auf seine Art ist Pic ein As. Aber ist ein Clown, der kaum lacht und der keinen zum Lachen bringt, ein Clown? Ist er ein Spaßmacher, obwohl er keinen Spaß – im Wortsinn – macht? Philosophen haben wir schließlich genug.

Die Einschaltquoten des Fernseh-Entertainers Rudi Carrell zeigen ganz deutlich, worüber die meisten Leute am liebsten lachen, wenn sie sich unbeobachtet fühlen. Politiker, die die Treppe runterfallen, in der Nase bohren oder zu lustiger Musik dämlich dreinschauen – Carrell ist nichts zu blöd für seine »Tagesshow«. Er hat Mut zur Albernheit. Der Erfolg gibt ihm recht. In einem *Spiegel*-Interview hat er erläutert, wie er das Nonplusultra an unterhaltendem TV-Humor sieht. In einer holländischen Fernsehshow, so sagte er, hätte er einen Sketch mit einem Bauern gesehen, der zum Amüsement der Zuschauer unter 25 Kühen seine eigenen fünf Kühe herausfinden mußte. »25 Rotbunte, die alle pissen und kacken, der Showmaster in Stiefeln. Die haben Ideen. Toll!« Die Kulturkritik kriegte fast Pickel vor Ekel. Doch wie befand ganz ohne Abscheu weiland der Doktor Sigmund Freud: »Der Humor ist die genügsamste unter den Arten des Komischen.«

Was haben die etablierten Amüsierbetriebswirte gewütet, als der schneidige CDU-Präside Heiner Geißler dem Rudi vor der Fernsehkamera eine Sahnetorte ins Gesicht warf: Klimbim, Klamauk, Kulturschande. Aber das Fernsehvolk fand es unheimlich gut. 20 Millionen Glotzen waren eingeschaltet. Komik, so lehrt Carrell, besteht im wesentlichen aus Schadenfreude. Und schließlich hat doch die Torte im Gesicht des Antihelden mal zu den bedeutendsten Requisiten von Opas Kino gehört, das bei den jungen Cinephilen heute wieder in so hohem Ansehen steht. Damals war Humor noch primär mit Lachen verbunden. Und die Humoristen empfanden Humor noch nicht als kulturellen Auftrag. Heute läuft ohne Hintersinn oder Tiefsinn oder das, was die ewigen Sinngeber dafür halten, fast gar nichts mehr.

Humor und gesellschaftliches Bewußtsein sind in Deutschland ganz offenbar inkompatible Größen. Juden machen die besten Judenwitze, Ostfriesen können über Ostfriesenwitze lachen. Aber hat man je erlebt, daß eine aktive Feministin über einen Witz lacht, in dem das Weib oder das Weibliche auf die Schippe genommen wird. Ob dieser Unfähigkeit zum Frohsinn herrscht in deutschen Frauenkneipen ja auch eine Stimmung wie in einer Leprakolonie.

Wesentlich mitschuld am Elend der deutschen Humorkultur sind die Österreicher. Wieder mal Österreicher. Die achtersinnlastige Wiener Brettelszene hat mit ihrer hämisch-hausmeisterhaften Unart, Unterhaltungsnotdurft zu verrichten, ihren Teil dazu beigetragen, den deutschen Humor zu pejorisieren – was freilich mit verschlechtern oder verschlimmern nicht schlimm genug übersetzt ist. Georg Danzer, André Heller, Ludwig Hirsch, Wolfgang Ambros – das mögen ja verdiente Kulturträger sein, aber als Humoristen sind sie so gut zu gebrauchen wie eine Dame ohne Unterleib für die Striptease-Show. Aber das wird sie, wie man sie kennt, nicht weiter genieren.

Oder nehmen wir den deutschen Schlager. Die Liebe wird verboten, es ist fünf vor zwölf, mein Freund, der Baum, ist tot, trallala, trallala. Reinhard Mey hat ganze Disc-Alben mit seinem Gegenwartsschmerz vollgesoßt. Er trägt heute noch schwer daran, daß er vor seiner Erleuchtung – in »Über den Wolken...« – Hohelieder auf die Technik gesungen und der Poesie des Benzinflecks in einer Wasserpfütze zu so hochtönender Prominenz verholfen hat.

ANGST FÖRDERT GEWALT

Nun ist wieder mal Widerstand angesagt. Anno 1933, als Widerstand noch möglich war, als es darauf angekommen wäre, sich zu verweigern, als die Nation schöpferische Querulanz gebraucht hätte, da stand sie mit unwürdig großer Mehrheit hinter einer Sache, deren unmoralische Substanz schon im Entstehungsstadium erkennbar war und von der sich mit hoher Wahrscheinlichkeit voraussagen ließ, daß sie in Erbschande und Katastrophe enden würde.

Ausgerechnet am ersten wirklich demokratischen Staat deutscher Nation müssen deutsche Demokraten ihren Widerstandswillen kühlen. So wie eine unartige Pennälerklasse, die dem ersten antiautoritären Lehrer all die Hiebe heimzahlt, die sie von autoritären Paukern auf die Finger gekriegt hat. Die Attitüde war schon mal da. Die biedere Weimarer Republik ist auch daran eingegangen, daß die intellektuelle Linke nur Schimpf und Spott für sie übrig hatte, vorneweg Kurt Tucholsky, der Mann mit der eisernen Schnauze und virtuose Richtkanonier der linken Gegenrepublikaner. Die demokratischen Kritiker skandalisierten die Republik zielstrebig in die Gosse, bis sie sie da hatten, wo ihre undemokratischen Gegner sie hinhaben wollten.

Angst legitimiert angeblich Gewalt, das »Recht auf Widerstand«, wie es im Rotwelsch der Panikeure heißt. Die Frauenliste der Hamburger Grün-Alternativen brachte es bei der Bürgerschaftswahl im November 1986 mit dem von ihren Exponentinnen vorgetragenen Bekenntnis zum qualifizierten Faustrecht auf 10,4 Prozent der Stimmen.

»Wir müssen lernen«, so stand es 1984 in einem nordrhein-westfälischen Lehrbuch für Gemeinschaftskunde, daß es »Situationen gab/gibt . . .«, in denen zur Sicherung demokratischer Verhältnisse »formaldemokratische Rechte und Spielregeln« vorübergehend außer Kraft gesetzt werden müßten. Wobei selbstverständlich immer nur die Rechte des Andersdenkenden formaldemokratisch sein können.

Merke: Demokratische Ordnung, die sich an Mehrheitsentscheidungen orientiert, ist akzeptabel, solange sie sich mit den Vorstellungen der intellektuellen Elite deckt. Ansonsten ist sie was fürs dumme Volk. Der demokratische Kompromiß ist immer »faul«. Dieser Elite muß es daher erlaubt sein, zugunsten einer höheren Ordnung auch Mittel einzusetzen, deren Legitimität sich vorwiegend nach der Zweckdienlichkeit richtet und die sich nicht der »Diktatur der Mehrheit« unterwirft, wie es im Gründeutsch heißt. Wie lehren die zwei grünen Hamburger Fundis Thomas Ebermann und Rainer Trampert in ihrem Bekennerwerk *Die Zukunft der Grünen*: »Parlamentsarbeit [ist] zwar wichtig, gesellschaftliche Umwälzungen aber sind durch parlamentarische Beschlußfassungen nun wirklich nicht zu bewerkstelligen.« Voilà, niemand soll hinterher sagen, er hätte von nichts gewußt.

Ja natürlich, die Grün-Alternativen haben anästhesiertes gesellschaftliches Bewußtsein erweckt, aber darüber hinaus auch irrationale Ängste, die den Blick auf das Notwendige verstellen. Die Bilanz ist negativ, daran gibt es nichts zu deuten. Daß sie auf weiten Strecken politikunfähig sind – im Geißler-Deutsch: zu allem fähig, aber zu nichts zu gebrauchen –, kann man einer Gruppe, die sich offen zum programmatischen Surrealismus, zur kultischen Verweigerung, zur Gegenkultur der Panik bekennt, wohl nicht einmal übelnehmen. Sie verstehen sich, sofern man ihre Absichten überhaupt so kollektiv beurteilen kann, als Opposition an sich, die keinen Bezug zur Realität benötigt, um sich zu legitimieren. Das dümmliche ganzheitliche Ziegenhirten-Paradies, das sie propagieren, ist nicht von dieser Welt. Und das ahnen sie auch.

Sigmund Freud brachte – ohne die Grünen zu kennen – das Phänomen schon vor hundert Jahren auf diese Formel: »Eine besondere Bedeutung beansprucht der Fall, daß eine größere Anzahl von Menschen gemeinsam den Versuch unternimmt, sich Glücksversicherung und Leidensschutz durch wahnhafte Umbildung der Wirklichkeit zu schaffen.«

Ist die grüne Partei eine reine Verdrängungsgemeinschaft zur Verarbeitung von Weltangst, ist ihr politisches Credo die Fortsetzung der Pubertät mit anderen Mitteln? Nein, so harmlos ist sie nicht. Die französische Deutschland-Kennerin Brigitte Sauzay sucht – wie die CDU, nur in weniger eigennütziger Absicht – in *Le Vertige allemand* die Erklärung für das grüne Phänomen im Nationalsozialismus. Sie meint, in den grünen Heilserwartungen und ihren Neoromantizismen, in der Begeisterung für den westdeutschen Ökopazifismus die gleichen Komponenten wie in der Begeisterung für den Nationalsozialismus geortet zu haben. Nur daß die Komponenten des letzteren zu anderen Schlüssen geführt hätten. Franzosen dürfen sowas ungestraft meinen.

Es stimmt ja auch, die Lobgesänge auf das einfache, natürliche Leben und auf das kuhwarme Glück unter der Dorflinde, die Abneigung gegen den Parlamentarismus, die Intoleranz gegenüber Andersdenkenden, der aggressive Verbalvandalismus, das zwanghaft elitäre Sendungsbewußtsein, der Glaube an die Legitimität von Gewaltanwendung zur Durchsetzung legitimer, weil ethisch hochwertiger Ansprüche, das ist alles schon mal dagewesen – viel gewalttätiger natürlich, aber prinzipiell und konzeptionell sehr ähnlich. Wie sprach der emeritierte 68er-Clown und Bürgerschreck Rainer Langhans? »Es geht uns um den totalen Krieg. Da können wir von Bruder Hitler noch etwas lernen.« Jawoll.

Nein, der linke Mode-Seelendoktor Horst-Eberhard Richter hat nicht recht, wenn er die Grünen mit dem Argument in Schutz nimmt, sie hätten »ein anderes Verhältnis zur Schwäche, zu Außenseitern, Frauen und Ausländern, [weil sie] Solidarität mit den

Unterprivilegierten fordern«. Die unterdrückten Außenseiter, die sie protegieren, sind überwiegend gar nicht so schwach, wie sie tun. Die lärmenden Latzhosen-Brigaden aus den Frauenkneipen wird Richter ja wohl nicht als Teil einer unterdrückten Spezies begreifen.

Es fügt sich harmonisch ins Bild, daß der aggressive Feminismus, dessen Exegetinnen das ganze Weltgeschehen aus der Uterus-Perspektive sehen, bei den Grünen seine politische Heimat gefunden hat. Die borniert Weinerlichkeit und die beinahe rassistische Intoleranz, die sich der Frauenflügel der Grünen beim Umgang mit Andersdenkenden und Andersgearteten – im allgemeinen mit Männern – leistet, ist ohne Beispiel im demokratischen Pluralismus.

Feministinnen nehmen den Männern nicht irgendein geschlechtsspezifisches Verhalten übel, sondern ihre Existenz an sich. Und die Männer finden das zum Teil auch noch großartig. »Männer, verpißt euch, keine vermißt euch«, stand zwei Jahre lang zwölf Meter breit auf einer Wand in der Kleinen Reichenstraße in Hamburg – bis endlich einer kam und ganz klein in Plaka darunterpinselte: »Die Menschheit zerfällt in zwei Teile – einen männlichen, der nicht denken will, und einen weiblichen, der nicht denken kann – Tucholsky.«

Die chauvinistischen Weiber tragen den wesentlichsten Teil der Verantwortung für die räterepublikanischen und totalitären Anachronismen in der grünen Denke. Sie setzen sich mit ihren Quotenregelungen souverän über das demokratische Mehrheitsprinzip hinweg, fordern Femejustiz für Sexualstraftäter und Straffreiheit für politisch motivierte Gewaltverbrecher der eigenen Couleur. Alles im Namen der Menschlichkeit und der Gerechtigkeit.

Es darf auch daran erinnert werden, daß Adolf Hitler in Nürnberg Rassengesetze hat machen und Pol Pot in Kambodscha Schädeltürme hat wachsen lassen, mit der proklamierten Absicht, Geknechtete zu erlösen. Jede Heilsutopie hat einen totalitären Kern. Und staatlicher Terror und Totalitarismus werden immer gemeinnützig garniert. Nein, dies sind überhaupt keine perfiden Parabeln. Dies ist das Resümee aus Erfahrungen, die hierzulande und anderswo mit der Proklamation hochwertiger Absichten zur Bemäntelung niederer politischer Handlungsweise gemacht worden sind. »Die Idee, den Himmel auf Erden zu schaffen«, so lehrte der britische Philosoph Karl Popper, habe »stets dazu geführt, eine Hölle auf Erden zu etablieren.« Aber es gibt immer wieder welche, die es trotzdem versuchen.

Die in den liberalen Salons zu filigran geführte Diskussion über die Fragwürdigkeit des staatlichen Gewaltmonopols hat gezeigt, daß sich die Bereitschaft, Probleme mit Zaunlatten und Pflastersteinen zu lösen, nicht auf die Kreise beschränkt, die landläufig als radikal gelten. Auch Steine könnten Argumente sein, sagte die Hamburger GAL-Chefin Christina Kukielka Anfang Mai 1987 in einer Fernsehdebatte zur Hamburg-Wahl. Die grüne Basis hat dazu begeistert geklatscht. Der Rechtsstaat arrangiert sich. Bloß keine Eskalation. Hanns Martin Schleyer mußte noch geopfert werden, damit die RAF-Terroristen sahen, daß die Gemeinschaft der Demokraten nicht erpreßbar ist.

In den Vertikos der saturierten 68er liegen noch die nostalgischen Pflastersteine, die an die große Zeit der Barrikaden und der verpaßten historischen Gelegenheiten erinnern. »Was wäre aus der Bundesrepublik geworden, hätte es nicht Radikale und Extremisten gegeben, die nicht auf persönliche Bereicherung, sondern auf Veränderung der bestehenden Verhältnisse aus waren?« fragte Heinrich Böll später rhetorisch in seiner Streitschrift »Radikalität und Hoffnung«. Und gemeint waren sicher nicht nur gedankliche, sondern auch aktionistische Extremitäten. Aber wenn einer Heinrich Böll einen Sympathisanten nannte, dann fühlte er sich diffamiert.

Sechs gegen sechzig Millionen? Nichts da. Die grüne Theologin und Bundestagsabgeordnete Antje Vollmer hat in einem von der *Zeit* veröffentlichten Brief an Wolf Biermann klargestellt, daß Baader und Meinhof keine Solitäre waren. Sie schrieb: »Die RAF-Leute haben nur getan, was in vielen von unseren Köpfen als notwendige Radikalisierung während des Vietnam-Krieges gedacht worden ist.«

Schwer zu sagen, was in der Wolle gefärbte Republikaner wie Heinrich Böll dazu bringen konnte, sich für diejenigen so sehr ins Geschirr zu hängen, die die deutsche Demokratie durch eine rosarote Wolkenkuckucksrepublik ersetzen wollten. Unterschwellig spielt wohl auch der Verdruß über die Farblosigkeit des parlamentarischen Betriebs und über den Mangel an szenischem Schick eine Rolle, der bei deutschen Republikanern das Bedürfnis beflügelt, Politik zum Straßentheater zu machen. Die Intellektuellen wollen mehr Remmidemmi in der Politik.

Die um sich greifende Vorstellung von Politik als Freizeitspektakel hat skurrile Prioritäten geschaffen. Auf dem Höhepunkt des Börsenkrachs, der im Oktober 1987 die Weltwirtschaft erschütterte, war das Interesse der deutschen Demokratie auf die sogenannte politische Kultur in Schleswig-Holstein fokussiert.

CHE SCHLÄGT ALBERT SCHWEITZER

Streng psychotypologisch gesehen, hat die kritische junge Generation die gleichen Helden wie ihre Großväter. Benefiz-Heroen wie Albert Schweitzer hatten in Deutschland nie eine Chance, sich als Vorbild der Jugend gegen charismatisch verklärte Schlagetots wie Ho Tschi-minh und Che Guevara durchzusetzen. Denn die progressive Jugend von heute verehrt ebenso wie die von gestern und vorgestern nicht die stille feine Philanthropie, sondern die laute Gewalt. Man muß sie ihr nur mit Hilfe von zeitgeistgemäßem ideologischem Schmus schmackhaft machen.

Der trendbewußte Links-Yuppie begreift die Welt als Arena, in

78

der die Kräfte des Lichts und der Dunkelheit im Wettstreit miteinander liegen. Für Grautöne ist da kein Platz. Denn das, was die anderen denken, kann nur bösartig oder verblendet sein. Wenn die Deutschen auch nur einen Bruchteil ihres Oppositionsgeistes gegen die Entmündigung durch die Nazis aufgebracht hätten wie gegen demokratisch legitimierte Unpäßlichkeiten, etwa die Volkszählung und den maschinenlesbaren Personalausweis, dann wäre ihnen – und nicht nur ihnen – viel Ärger und Aufregung erspart geblieben.

Mag sein, daß das Realismusdefizit der Nachwachsenden eine Folge ihres Erlebnis- und Erfahrungsdefizits ist. In vierzig Jahren Frieden kann ein Volk als ganzes vergessen, was Krieg bedeutet. Der einzelne, der ihn mitgemacht hat, kann das dagegen nicht. Leid muß erfahren werden. Und die erfahrende Instanz ist das Individuum. Hunger kann man nicht beschreiben. Hunger kann sich nur jemand vorstellen, der selbst mal gehungert hat. Doch der Abstand zum erfahrbaren Leid wird immer größer. Seit Mitte der siebziger Jahre unterrichten Lehrer an den deutschen Schulen, die selbst noch kein Elend erfahren haben, die Hunger nur als historische Facette oder aus Reisebeschreibungen aus der Dritten Welt kennen.

Der Geschichtsunterricht ist besser geworden, seitdem die Frühschicht der Pädagogen abgetreten ist, die die Vergangenheit durch Verdrängung zu bewältigen suchte. Deutsche Schulkinder erfahren heute alles über den Nationalsozialismus, seine Ursachen und Folgen. Sie erfahren auch, wie der Alltag unter den Nazis war. Es wäre gut, wenn sie nun auch erführen, wie es war, als ihre Eltern und Großeltern nach dem großen Steineerweichen aus einem großen Haufen Trümmer und einem Berg irrationaler Hoffnungen ein achtbares Gemeinwesen bauten. Wir brauchen keine Trümmerfrauen als Lesebuch-Heldinnen wie in der DDR. Wir brauchen nur einen etwas realistischeren und weniger selbstquälerischen Geschichtsunterricht.

Es ist ja wahr, daß sich aus Pleiten mehr lernen läßt als aus Erfolgen. Aber deshalb bräuchte die Erwähnung positiver Geschichtsabläufe nicht gleich als reaktionär und volkspädagogisch dubios zu gelten. Carlo Schmid, einer der letzten sozialdemokratischen Patrioten der Bonner Republik, durfte sich leisten, das Lied auf das »Heldentum der Frauen und Männer des Widerstandes« zu singen. Heute wird der 20. Juli in den Schulen kaum noch begangen – nicht etwa, weil die Lernenden, was ja stimmt, den Eindruck gewinnen könnten, daß Stauffenberg und Companie auch keine Musterdemokraten waren, sondern weil die Lehrer fürchten, das Gedenken an den 20. Juli könne die Schrecknisse des Dritten Reichs mit falschem Trost verwässern.

DIE SCHWERE LAST DER FREIHEIT

Die Deutschen haben in fast vier Jahrzehnten Umgang mit der Demokratie erfahren, daß der Staat, in dem sie leben, über das gebotene Maß von gesundem staatsbürgerlichem Mißtrauen hinaus ein gewisses Vertrauen verdient. Sie haben erfahren, daß zwar nicht alle kapitalistischen Länder demokratisch, daß aber alle demokratischen Länder kapitalistisch sind. Und sie haben erfahren, daß die klassischen deutschen Tugenden – spießig hin, spießig her – die Grundlagen für das wirtschaftliche Wohlergehen gelegt haben, ohne das kein geistiges und seelisches Wohlergehen möglich ist. Aber die deutschen Intellektuellen können sich nicht dazu durchringen, Erfahrungen in Denkansätze umzuwandeln. Der Geist wehrt sich gegen diese Erkenntnisse, weil sie nicht zeitgeistgemäß sind.

Des bundesdeutschen Zeitgeschehens Langzeitanalyse deckt sich weitgehend mit den Erkenntnissen der mittel- und kurzfristigen Demoskopie, die gleichfalls belegt, daß Angst nicht in erster Linie der Erfahrung folgt. Drei zeitlich um ein Jahr versetzte Umfragen des »Atlantic Institute« in fünf westlichen Ländern veranschaulichen das aufs denkwürdigste. Die Interviewer befragten einmal im März, dann im Oktober 1983, dann wieder im April 1984 insgesamt 9000 Bürger in Großbritannien, Frankreich, Japan, den Vereinigten Staaten und der Bundesrepublik nach ihren aktuellen Ängsten. Vor allem die deutschen Ergebnisse zeigten ganz merkwürdige Kompressions- und Dekompressionsschübe, die in keinerlei Zusammenhang mit aktuellen Ereignissen – also Erfahrungen – zu setzen waren.

Ausgerechnet im Oktober 1983, kurz nach dem Abschuß des koreanischen Jumbos über Sowjet-Sachalin und kurz vor dem voraussehbaren Kollaps der Genfer Raketenverhandlungen machten sich die Bundesbürger weniger Sorgen über Atomraketen als ein halbes Jahr zuvor. Während die Angst vor der Arbeitslosigkeit in den anderen Ländern in groben Zügen der Entwicklung auf dem Arbeitsmarkt folgte, war das Resultat in der Bundesrepublik genau umgekehrt: deutlich weniger soziale Sorgen bei steigender Erwerbslosigkeit.

Seit Konrad Adenauer zum erstenmal verkündete, die Lage sei noch nie so ernst gewesen, menetekeln bundesdeutsche Politiker am Wohlergehen und an der Zukunft der Deutschen herum. Nur, die Zukunft von gestern ist, wie sich gezeigt hat, fast nie die Gegenwart von heute. Die Erfahrung lehrt das Gegenteil von dem, was die Apokalyptiker lehren. Aber Erfahrung zählt selten in der Politik. Es kommt nie vor, daß mal einer widerruft, daß ein Politiker hinterher sagt: »Tut mir leid, ich habe mich geirrt, die Lage war gar nicht so ernst, wie ich dachte.«

Ja, gewiß, Deutschland ist ein Land voll Merkwürdigkeiten. Aber andere haben auch ihr Päckchen zu tragen und versinken deshalb nicht in Tristesse. Charles de Gaulle hat, unter Bezugnahme auf die Unerklärlichkeiten der französischen Politik und des französischen Volkscharakters, auf die Schwierigkeit hingewiesen, eine Nation regieren zu müssen, die über mehrere hundert Käsesorten verfüge. Und die, die dabei waren, versichern, er habe es ernst gemeint. Warum hat dann eigentlich noch keiner die Brücke zwischen den 875 Wurstsorten der Deutschen (Zählung vom Sommer 1987) und den Undurchschaubarkeiten des deutschen Volkscharakters geschlagen?

Mag sein, daß die Deutschen ein so gestörtes Verhältnis zu ihren bürgerlichen Freiheiten und ihren sozialen Errungenschaften haben, weil sie sie überwiegend nicht unter Schmerzen erringen mußten. 500 Jahre Geschichte ohne einen einzigen geköpften

Souverän oder Potentaten von Rang, das ist ohne Beispiel in der Geschichte der Kulturnationen.

Nicht, daß Freiheit mit Blut gedüngt werden müsse, wie Lenin behauptete. Aber die Arbeiterrevolutionäre des 17. Juni wissen mit Sicherheit besser, was Freiheit bedeutet, als die freudomarxistischen Schwadroneure der totalitären 68er-Bewegung. Merkwürdig aber wahr: Den freien Deutschen ist die Freiheit auch im vierten Jahrzehnt der freiheitlich-demokratischen Grundordnung, der »Efdegeoh«, wie die Saturierten sie hämisch nennen, eine Last, an der sie schwer tragen.

SIND KLEINE LEUTE ANSTÄNDIGER?

So schnöd und so oft, wie der deutsche Staat das Vertrauen seiner Staatsbürger mißbraucht hat, ist es gut, daß wache Demokraten nicht müde werden, die totale Kontrolle über die staatlichen Apparate zu fordern. Es ist dagegen nicht gut, daß dieselben Demokraten die Kontrolle des einzelnen nicht mal im demokratisch kontrollierten Rahmen tolerieren wollen.

»Ein Staat, der überall Subversion, Unterwanderung, Bereitschaft zu Gewalt und Terror wittert und alles daran setzt, jede mögliche Gefährdung der ›freiheitlichen Ordnung‹ schon im Keim zu ersticken«, so doziert Johano Strasser von der sogenannten SPD-Grundwertekommission, »vernichtet als erstes die Freiheit selbst.« Ja, das mag wohl sein. Aber Bürger, die bei allem, was der Staat tut, Subversion, Unterwanderung, Bereitschaft zu Gewalt und Terror wittern, sind gleichfalls keine guten Garanten für die freiheitliche Ordnung, die der Seminarist Strasser schnöseligerweise in Tüttelchen setzt, weil er sie für eine schrullige Marotte hält.

Nun darf sich der mündige Bürger, gestützt auf demokratische Erfahrungen, gewiß ein gesundes Maß an Verdrossenheit über die Regierenden leisten. Die Abgeordneten greifen ins Volle, während sie den Rentnern nicht mal den vollen Inflationsausgleich gönnen. Die Parteien – Grüne nicht ausgeschlossen – machen Reibach mit den Wahlen. Flick junior brüstete sich öffentlich damit, daß er mit Geld Politik gemacht habe und es – über alle geistig-moralischen Wenden hinweg – auch forthin zu tun gedächte. Macht und Freiräume werden, wo sie nicht der strengen Kontrolle demokratischer Instanzen unterworfen sind, mißbraucht – so, als wäre es ein Naturgesetz.

Doch das Gesetz gilt überall und uneingeschränkt und ohne jegliche Sozialbindung. Die Parteispendenaffäre war ganz und gar nicht der Gipfel der öffentlichen Verworfenheit in der Bundesrepublik, wie die damit befaßten Medien mehrheitlich suggerierten. Denn die Schatzmeister der großen Parteien haben nicht in die eigenen Taschen gewirtschaftet, sondern – was eines gewissen Gemeinnutzes nicht entbehrt – in die Parteischatullen. Der bundesdeutsche Durchschnittssteuerhinterzieher kann diesen mildernden Umstand nicht für sich beanspruchen.

Es ist ein frommes Vorurteil, daß kleine Leute anständiger seien als große. Wahr ist: Auf den unteren Sozialetagen wird nicht weniger gestohlen als auf den oberen, häufig zum Nachteil derjenigen, die dort die schwächsten Positionen haben. In der Bundesrepublik klauen vorwiegend Unterprivilegierte vorwiegend Unterprivilegierten jedes Jahr 500 000 Fahrräder.

Wer die Macht dazu hat, neigt dazu, in die eigene Tasche zu wirtschaften. Das macht den kleinen Mann verdrossen. Nur wird man den Verdacht nicht los, daß Moral und Neid hier ineinanderfließen. Daß kleine Leute anständiger seien als große, namentlich als die Politiker, die sie regieren, das glauben nur ganz orthodoxe Marxisten (und vielleicht orthodoxe Wertchristen), die da lehren, der Mensch – namentlich der unterbemittelte Mensch – sei von Grund auf gut und nur durch den verderblichen Einfluß von System und Erziehung zum Unmenschen degeneriert.

Die Kommentatoren räsonnieren ständig über politische Kultur und über die Bedeutung von Moral und Glaubwürdigkeit in der Politik und daß deren Abwesenheit zur allgemeinen Staatsverdrossenheit führe. Gewiß, es ist ja richtig, daß die kleinen Leute hohe ethische Wertmaßstäbe an ihre Mandatsträger legen. Aber diese Maßstäbe sind weit höher angesetzt als die Maßstäbe, die sie an sich selbst anlegen.

Von dem Politiker Otto Graf Lambsdorff verlangte die Bonner Moral-GmbH (GmbH für »Gesellschaft mit beschränkter Haftung« – der Verfasser) nach seiner Verurteilung wegen Steuerhinterziehung politische Enthaltsamkeit für den Rest seines Lebens. Warum denn dann nicht gleich ein ganz allgemeines Berufsverbot für Steuerhinterzieher?

Fazit?

Kein Fazit. Lieber noch ein Dichterwort. Johann Wolfgang von Goethe über den Fatalismus: »Niemals darf ein Mensch, ein Volk wähnen, das Ende sei gekommen. Güterverlust läßt sich ersetzen; über andern Verlust tröstet die Zeit; nur ein Übel ist unheilbar: wenn ein Volk sich selbst aufgibt.« Doch das Elend mit dem Volke ist: Statt auf seine Dichter, hört es lieber auf seine Literaten.

Hundert Jahre bis zum Weltuntergang?

MITLEID IN DIE SCHEUERN GEFAHREN

»Seit Sie vor Ihrem Fernsehapparat sitzen, vielleicht mit einem kühlen Bier und ein paar Salzmandeln vor sich«, sagte mit dumpfer Stimme der sympathische Panorama-Conférencier Peter Gatter, »seit zweieinhalb Minuten, sind in Afrika schon wieder 67 Kinder verhungert ... bis morgen abend zur Sportschau werden es 50 000 sein.« Schnitt. Der Norddeutsche Rundfunk proklamierte »die größte Katastrophe des Jahrhunderts ..., die alle bisherigen Dimensionen sprengt [so NDR-Programmdirektor Rolf Seelmann-Eggebert]«. 150 Millionen Menschen seien in Afrika vom Hungertod bedroht.

Es dauerte keine vier Wochen, dann stand fest: Die konzertierte Karfreitagsaktion war der größte Flop des Sendejahres. Die Katastrophe gab es nicht. Nur, das konnten die Zuschauer natürlich nicht wissen. Sie spendeten, bis der Topf überlief. Bis Mitte Juli 1984 gingen auf dem Afrika-Spendenkonto der ARD 47 Millionen Mark ein. Das Bonner Entwicklungshilfeministerium tat noch einmal fünfzig Millionen zusätzlich in die Kollekte. Dann kam das peinliche Erwachen. Die Spendenmillionen waren weitgehend unanbringbar. Am 13. Juli 1984 zog Seelmann in einer zweiten Sondersendung Bilanz. »Wir haben gelernt«, so sagte er, »daß statistische Daten nicht immer zuverlässig sind.« Dabei hätte er nur das Material ein wenig kritischer ansehen müssen, das seine eigenen Reporter zur Dokumentation aus den Dürregebieten im südlichen und westlichen Afrika mitgebracht hatten. Die Filme zeigten zum Teil deprimierendes Elend, aber keinen Hunger.

Nun hapert es auch bei der ARD nicht am nötigen Sachver-

stand. Nur, niemand machte Gebrauch davon, als es drauf angekommen wäre. ARD-Westafrika-Korrespondent Gerd Meuer, der
beste Kenner der Materie in der ganzen Anstalt, ging hinterher
hart mit den Verantwortlichen ins Gericht. Im hausinternen *Funk-
report* machte er den Kampagnenführern zum Vorwurf, daß sie
»den PR-Leuten einiger UNO-Unterorganisationen auf den Leim
gegangen« seien.

Meuer meinte eine Statistik der Welternährungsorganisation
(FAO), einer mehrtausendköpfigen Behörde der Vereinten Natio-
nen, die von Rom aus das Elend der Welt observiert. Edouard
Saouma, der libanesische FAO-Direktor, hatte im November des
Vorjahres für 22, später 24 schwarzafrikanische Länder eine ver-
heerende Hungersnot vorausgesagt für den Fall, daß die westliche
Welt nicht sofort Entsatz leiste. Das römische Menetekel wurde
zwar umgehend von der »Organisation Afrikanischer Staaten«
(OAU) dementiert, und auch die britische Hilfsorganisation Ox-
fam erklärte, daß nicht 24, sondern schlimmstenfalls fünf Staaten
von den Folgen der Trockenheit betroffen seien. Doch die karita-
tive Wucht der Kampagne war nicht mehr aufzuhalten. Die Hun-
gerhilfe war eine fabelhafte Zugnummer für das ARD-Oster-
programm. Darin waren sich die Intendanten, Chefredakteure
und Programmdirektoren einig. Das wog schwerer als aller Augenschein, der gegen die Aktion sprach. Das Ende war der totale
Flop.

Was lehrt uns dies?

Mitleid und guter Wille sind für die Katz, solange sie sich nicht
mit Sachverstand paaren. Man muß, wie der große britische Nationalökonom Alfred Marshall gesagt hat, »einen kühlen Kopf in den
Dienst der warmen Herzen stellen«. Blindwütiges Katastrophen-
getrommel erreicht bisweilen sogar das Gegenteil von dem, was
mit ihm beabsichtigt ist. Blindwütige Hilfsbereitschaft hat zum
Beispiel die seit der Entführung der Lufthansa-Boeing nach Mogadischu von den Westdeutschen bevorzugt alimentierte ostafri-
kanische Nomadenrepublik Somalia an den Tropf gebracht. Fast
die Hälfte des Sechs-Millionen-Volkes der Somalis lebt direkt
oder indirekt seit Jahren von Entwicklungshilfe. »Um den größten

Mitleidseffekt in die Scheuern zu fahren«, so sagte 1984 Rupert Neudeck, der Chef des »Deutschen Komitees Notärzte für Somalia«, jongliere die Regierung in Mogadischu mit abenteuerlichen Zahlen.

Doch wer traut sich schon, das offen auszusprechen und sich damit dem Verdacht des blanken Zynismus auszusetzen. Sie wurschteln lieber alle weiter, ohne nach dem Sinn zu fragen. Weil sie unter permanentem Aktionsdruck stünden, so hat Samir Basta vom UNO-Kinderhilfswerk gesagt, müßten Hilfsorganisationen ihre Spenden schneller umschlagen, als es die Not erfordere. Basta: »Sie müßten daheim mit Gezeter und Empörung rechnen, wenn sie zurückkehrten und mitteilten: ›Sorry, Leute, der Hunger ist vorbei.‹«

Der Hamburger Presse-Ordinarius Wolf Schneider, ein unerbittlicher Kritiker der Kritikaster, der auch vor der Düpierung des eigenen Beritts nicht zurückschreckt, berichtet in seinem Pressescheltwerk *Unsere tägliche Desinformation* über ein unerhörtes Phänomen, das ihm im Sommer 1984 bei der Lektüre einer *Spiegel*-Reportage über die afrikanische Dürre auffiel: »Es ist eine Sensation eigener Art, wenn auf einem klassischen Feld der Katastrophenberichterstattung ausnahmsweise einmal die gewohnte Situation auf den Kopf gestellt, die Proportionen zurechtgerückt, das Monopol des Negativen zerbrochen wird.«

Gegenstand von Schneiders Begeisterung war nichts als die nüchterne Augenscheinsdarstellung des *Spiegel*-Redakteurs Wolf-Dieter Steinbauer jener vom ARD-Fernsehen zum Armageddon aufgeblasenen Versorgungsengpässe im Sahelgebiet. Steinbauer hatte nach einem Besuch im Sahel wahrheitsgemäß berichtet, er habe keine Hungersnot wahrnehmen können. Das war alles. Eine Sensation?

Wolf Schneider konstatiert in seinem Buch pointiert: »Die Massenmedien selektieren aus der Realität das Negative, servieren Positives so negativ wie möglich, provozieren also Kritik, bieten den Kritikern ein Forum und leisten damit einen Beitrag zur Veränderung – des Negativen wie auch jenes Positiven, dem die Medienreife fehlt, weil es so bewährt und so langweilig ist.«

Aber schuld sind nicht in erster Linie die Medien, sondern die Empfänger, die ihre Bedürftigkeit nach unsachgerechten Kriterien definieren. In Burkina Faso, so berichtete die Zürcher *Weltwoche,* sei jahrelang der Fehlbedarf an Getreide nach der Jahreszahl ermittelt worden, also 982 000 Tonnen im Jahr 1982 und 983 000 Tonnen im Jahr 1983. In zweiter Linie schuld an der Unmöglichkeit, zuverlässige Informationen über die Ernährungslage in der Dritten Welt zu erhalten, sind die Verlautbarungsapparate internationaler Körperschaften, deren Existenzberechtigung eng mit der Existenz von Elend verknüpft ist. In bezug auf die FAO heißt das platt und polemisch: Wenn es weniger Hunger auf der Welt gibt, braucht die FAO auch keine 7000 Mitarbeiter, dann braucht »FAO-Kaiser Saouma«, wie die Londoner *Times* ihn nennt, auch keinen Privatlift und keine Motorradeskorte.

Eine Organisation, deren einzige Aufgabe die Bekämpfung von Notständen ist, hat ein natürliches Interesse daran, Not zumindest optisch zu konservieren, um schlechte Stimmung zu erzeugen. Ein professioneller Klageführer ist stets geneigt, sich, wenn er keine hat, Gründe zum Klagen zu beschaffen, um sich zu legitimieren. »Das Auftreten von Hunger«, so hat der Harvard-Politologe Nick Eberstadt gesagt, werde oft »von gutbezahlten und wohlmeinenden Funktionären übertrieben«. Eberstadt rechnete vor, daß die FAO 1981 in ihren Hungerberichten um mehrere hundert Prozent neben der Realität lag. Alle Untergangsbestseller liegen mit ihren Prognosen schief, weil sie diese schiefen Ziffern ungeprüft als Basisfaktoren akzeptieren.

In Sachen FAO ist ferner zu berücksichtigen, daß die Stellung des bei den westlichen Ländern hoch umstrittenen FAO-Direktors von der Rückendeckung vor allem durch die kleinen und armen UNO-Mitglieder abhängt. Diese Abhängigkeiten stellen nicht die FAO in Frage, sondern die Zuverlässigkeit der von ihr produzierten Prognosen und Lageberichte. Das heißt: FAO-Gutachten sind als Grundlage für die Korrektur wirtschaftlicher Fehlentwicklungen nur bedingt verwendbar. Das hat die ARD-Führung bei ihrem

Spendenaufruf nicht bedacht. Und deshalb haben Millionen Spender ihre Afrika-Spende in den Sand gesetzt.

Aber es traf ja keine Armen. Tragisch war bloß: Die Millionen wären anderswo dringend gebraucht worden. Während ARD-Emissäre zwischen Sahara und Sambesi vergebens nach Abnehmern im Sinne der Spendenstatuten suchten, vollzog sich in Äthiopien eine echte Jahrhundertkatastrophe – die zweite in diesem Jahrhundert. Der Chef der amerikanischen Entwicklungshilfe »US Aid« sagte nach einer Besichtigungsfahrt durch die Provinzen Tigre und Wollo: »Ich habe in zwanzig Jahren viel Elend gesehen. Aber dies hier übertrifft alles.« Hunderttausende Menschen irrten auf der Suche nach Nahrung durch die verkarstete Mondlandschaft im zentraläthiopischen Hochland. Allein im Sammellager Korem, 400 Kilometer nördlich von Addis Abeba, wurden jeden Tag 50 bis 100 Hungertote gezählt.

Und niemand hat es kommen sehen? Aber gewiß doch. Westliche Diplomaten – von den östlichen ganz zu schweigen – wußten Bescheid. Aber sie schwiegen mit Rücksicht auf die Empfindlichkeiten der äthiopischen Regierung, die sich gerade anschickte, mit viel Pomp den zehnten Jahrestag der Revolution zu feiern. Niemand wollte dem roten Soldatenkaiser Mengistu Haile Mariam mit einer Samariteraktion die Parade vermasseln. Es war genauso wie elf Jahre vorher, als Kaiser Haile Selassie in Sorge um die Reputation seiner bankrotten Monarchie der Welt die katastrophale Versorgungslage in Wollo verschwieg. Die kaiserliche Profilneurose kostete damals mindestens hunderttausend Menschen das Leben.

1984 starben in Äthiopien mehr als dreimal so viele Menschen. Die regierenden Marxisten ließen die Hungergebiete monatelang abriegeln, weil sie die rufschädigende Publizität von Hilfsmaßnahmen fürchteten. Die Blockade wurde erst durch die Ausstrahlung einer Filmdokumentation der britischen Fernsehgesellschaft BBC in Westeuropa und den Vereinigten Staaten beendet. Nun hatte auch die ARD ihre Original-Elendsbilder.

Das Interesse der äthiopischen Sozialisten an Entsatz aus dem kapitalistischen Ausland hielt sich in Grenzen. Die »Royal Air

Force« konnte erst nach tagelangem Feilschen um Landerechte mit Hilfsgütern nach Addis Abeba starten, weil der regierende Revolutionsrat den Flughafen für die Privat-Jets der zur afrikanischen Gipfelkonferenz erschienenen Staatschefs gesperrt hatte. Im Hafen Assab blieben 50 000 Tonnen Lebensmittel wochenlang liegen, weil der Frachtraum für 500 000 Flaschen Whisky und für Baumaterial zur Renovierung von Regierungsgebäuden benötigt wurde.

Die französischen »Médecins sans frontières« berichteten nach ihrem von Mengistu zwangsweise beendeten Einsatz in Äthiopien, das Elend werde zielstrebig bagatellisiert, das Regime deportiere die Bevölkerung ganzer Landstriche und hintertreibe mit bürokratischen Schikanen Lieferungen nach Tigre und Eritrea, in dem Bemühen, die dort operierenden Rebellenbewegungen auszuhungern. Der Berliner Äthiopien-Kenner Pastor Gunnar Hasselblatt beschuldigte Mengistu, er habe den Tod von Hunderttausenden bewußt einkalkuliert, um seinen sozialistischen Einheitsstaat zu konsolidieren. Kurz darauf ging bei Hasselblatt eine Bombe hoch. Schönen Gruß von Mengistu.

Ist Big Mac schuld am amazonischen Kahlschlag?

Weil sich das Wetter hielt, erlebte die afrikanische Landwirtschaft in den Jahren nach dem äthiopischen Desaster einen mächtigen Boom. Doch die Hilfslieferungen gingen weiter. Im Sahel ließen Bauern ihre Felder unbebaut, weil es an Lagerhäusern für Überschüsse fehlte und weil der geschenkte Weizen die Preise kaputtgemacht hatte.

Ein Vierteljahrhundert Entwicklungshilfe hat gezeigt, daß Kapitaltransfer ohne Gegenleistung außer in Notzeiten fast immer kontraproduktiv ist – Schokolade für Zuckerkranke sozusagen. Trotzdem propagieren drittweltorientierte Egalitaristen die globale Umverteilung materieller Werte als Lösung für das Elend der Entwicklungsländer. Sie sehen als Ursache für die Armut der Dritten Welt in erster Linie den Reichtum der Ersten, der westlichen Welt. Papst Johannes Paul II. zog im September 1984 donnernden Applaus aus der linken Ecke auf sich, als er beim Besuch in Kanada verkündete: »Die armen Völker ... beraubt nicht nur der Nahrung, sondern auch der Menschenrechte, werden jene Völker richten, die ihnen diese Güter genommen haben, indem sie sich das imperialistische Monopol der Wirtschaft und die politische Vorherrschaft auf Kosten anderer aneigneten.«

So haben auch die Gottlosen den Pontifex gern, die dem Heiligen Stuhl ansonsten gern vorwerfen, er fördere mit seinem Pillenverbot die sogenannte Verheuschreckung des Menschen – obwohl nur ein Zehntel der Menschheit Drittweltkatholiken sind und obwohl im katholischen Lateinamerika die Explosion längst nicht so heftig ist wie im gemischtkonfessionellen Afrika.

Herrn Wojtylas Philippika gegen die Reichen entspricht genau dem Postulatekatalog und den Schuldprojektionen, die die Linken ständig predigen: Die Industrienationen müssen abspecken, damit die Armen zulegen können. Die Propaganda der Umverteiler bedient sich gern des Hamburger-Exempels, um das Schema der von ihnen unterstellten Kausalitäten zwischen der darbenden Dritten Welt und der Prasserei der Ersten aufzuzeigen. These: MacDonald mordet Kinder in der Dritten Welt. Um das Fleisch anzusetzen, das für die Herstellung eines Big Mac benötigt wird, müsse ein Rind zwei Pfund Weizen- oder Sojamehl fressen, Getreide aus Entwicklungsländern, in denen Lebensmittel knapp sind.

Nach der Kausalkette, die das sogenannte Grüne Kreuz ergänzend dazu geschmiedet hat, wäre damit sogar das Waldsterben am Amazonas aufzuhalten – weil dann die Brasilianer keine Bäume mehr abhacken müßten, um Ackerland für den Anbau von Sojabohnen zu gewinnen. »Weltweit« nämlich würden, so will das Ökomagazin *Natur* ermittelt haben, »Millionen Hektar Urwald abgeholzt, um Rinder für das ›Hackfleisch-Imperium‹ des Mac-Donalds-Konzerns zu züchten.«

Lauter einfältige Syllogismen von beträchtlicher Faktenferne. Sojaschrot und Getreide, das die Hackepeter-Tiere fressen, kommen nicht aus Hungerländern. MacDonald Deutschland etwa verarbeitet nur Fleisch vom Rind aus deutschen Landen. Ebenso, wie MacDonald USA Beef made in USA verarbeitet. Soja wird nur in kleinen Dosen als Zusatzfutter verabreicht – vorzugsweise Soja aus den USA. Die Vereinigten Staaten produzieren fünfzigmal soviel Sojaschrot wie Brasilien.

Und selbst wenn das nicht so wäre, gäbe es keinen Grund, die Ausbeutung des sogenannten armen Südens durch den reichen Norden zu beklagen. Denn auf der Erde wird viel mehr Getreide geerntet, als Mensch und Tier vertilgen können. Seit dem Ende des Zweiten Weltkriegs ist die Nahrungsmittelproduktion auf der Erde per saldo ständig schneller gestiegen als die Erdbevölkerung. Selbst Indien und Saudi-Arabien produzieren heute dank der sogenannten Grünen Revolution Getreideüberschüsse. Der Vorschlag des hochangesehenen Harvard-Professors und späteren US-Botschafters in Neu-Delhi, John Kenneth Galbraith, über der gebärwütigen indischen Nation empfängnisverhütende Substanzen aus Hubschraubern zu verstäuben, muß nicht weiter erörtert werden.

DIE ZAHL DER HUNGERNDEN NIMMT AB

Fernsehprofessor Heinz Haber kultiviert in deutschen Illustrierten die These, daß das Gewicht der gerade noch vertretbaren Menge Mensch auf der Erde ein Tausendstel der verfügbaren Menge Flora nicht übersteigen dürfe. Also: ein Gramm Menschenmasse pro Kilo pflanzliche Biomasse. Nach dieser Rechnung dürfte die Erde gefahrlos nur mit einer Milliarde Menschen belastet werden. Tatsächlich aber ist sie seit Mitte 1987 mit fünf Milliarden belastet. Das heißt, daß das laut Haber zulässige Gesamtgewicht der Erdbevölkerung schon um 400 Prozent überschritten ist. Trotzdem nimmt die Zahl der Hungernden weltweit beharrlich ab und nicht zu.

Nur in Afrika sind die landwirtschaftlichen Erzeugerquoten weiterhin rückläufig, während das Bevölkerungswachstum weiter zunimmt. Bei Fortschreibung des gegenwärtigen Babybooms wird sich die afrikanische Bevölkerung in gut zwanzig Jahren verdoppeln. Gute Aussichten, in Würde zu überleben, haben mehrheitlich nur die Bewohner jener Länder im Bereich des real existierenden Materialismus, die ihre landwirtschaftliche Produktpalette auf die Bedürfnisse ihrer Handelspartner in der industrialisierten Welt ausgerichtet haben: Kenia, Malawi, die Elfenbeinküste. Die Länder, die am stärksten in den Welthandel eingebunden sind, haben nie ernsthafte Versorgungsprobleme gehabt. Ob das ihrer kulturellen Identität zu- oder abträglich, ob es gerecht oder ungerecht ist, steht hier nicht zur Debatte. Es reicht, daß es stimmt. Erst kommt das Fressen, und dann kommt die kulturelle Identität.

Die Advokaten der von ihnen so genannten neuen Weltwirtschaftsordnung, die die Lösung aller Probleme, abseits von allen realen Vollzugsaussichten, im Umschichten und in der Erfüllung westlicher Tributpflicht sehen, halten dies für einen schrecklichen Irrweg. Nur, die Erfahrungen beweisen, daß der Weg richtig ist. Natürlich könnte man auf dem Werksgelände von VW Nigeria oder auf den Ananas-Plantagen von Del Monte in Kenia Maniok und Mais anbauen. Aber was macht das für einen Sinn? Afrika ist ja überhaupt nicht knapp an Ackerboden.

Nach den Entwicklungsberichten der Weltbank von Anfang der achtziger Jahre könnten Gabun das Hundertfache, der Kongo und die Zentralafrikanische Republik jeweils das Zwanzigfache ihrer Bevölkerung ernähren. In Afrika könnten fünf- bis zehnmal so viele Menschen satt werden wie heute, wenn die Afrikaner Landwirtschaft so effizient betreiben würden wie beispielsweise die Bauern auf Java. In Ghana konnten Bauern 1986 ihre Sorghum-Ernte durch den Einsatz von Vorzugsdünger und präpariertem Saatgut in einem Jahr verachtfachen. Es ist nicht einzusehen, warum das nicht anderswo in Afrika auch gehen sollte.

Der britische Pfarrer und Weltökonom Robert Malthus lehrte vor fast 200 Jahren, »die Bevölkerung eines Landes [könne] nur in dem Maße wachsen, wie sie in der Lage ist, die Produktion von Nahrungsmitteln zu steigern«. Andernfalls werde »die Korrektur des Menschheitsüberschusses« über Hunger, Seuchen und Krieg erfolgen. Die globale Vernetzung der Volkswirtschaften erlaubt es der Menschheit heute, das Malthus-Gesetz entspannter zu sehen. Nur in Afrika muß mit dem Schlimmsten gerechnet werden, solange die vorhandenen landwirtschaftlichen Ressourcen nicht ökonomischer genutzt werden und solange afrikanische Regierungen die Aufforderung zur Geburtenkontrolle als neokolonialistische Ranküne begreifen.

BRINGT WACHSTUM VORTEIL?

Doch man kann den Afrikanern nicht Mangel an Einsichtsbefähigung vorwerfen, wenn ihnen von Verbrüderungsadvokaten im Westen andauernd gepredigt wird, die Europäer und Amerikaner seien an allem Elend Afrikas schuld. Die neue Schule der Entwicklungstheorie lehrt, daß sich schon alles richten würde, wenn man die Schwarzen nur in Frieden ihren Kohl anbauen ließe. Entwicklungshilfe, so schreibt der linke Entwicklungshilfe-Kritiker Randolph Braumann, Autor des Werkes »Afrika wird totgefüttert«, sei »Abbau von amerikanischen und europäischen Agrarüberschüssen, vor allem aber Hilfe für die Firmen der Geberländer«. Und: »Nur dort, wo keine Intervention durch europäische oder amerikanische Nahrungsmittelhilfe stattgefunden hat, sind Gemeinschaftsleben und Umwelt noch intakt. Nur dort wird auch genügend Nahrung produziert, damit die eigene Bevölkerung ausreichend ernährt werden kann.« Braumann zieht auch in Zweifel, daß die Völker der Dritten Welt »irgendeinen Vorteil von wirtschaftlichem Wachstum« haben könnten.

Daß einer solchen groben Unfug schreibt, der Afrika seit einem Vierteljahrhundert aus dem Eff-eff kennt und es besser wissen müßte, das ist nicht schlimm. Daß sowas gedruckt wird, ist auch noch nicht so schlimm. Daß Funktionäre der staatlichen Entwicklungshilfe, die über mächtige Etats entscheiden, sich von diesem naturtrüben Stuß in kostspielige Selbstzweifel stürzen lassen, die schließlich das Geld des Steuerzahlers kosten, das ist schlimm.

Nein, die chronische Unterversorgung der Afrikaner ist keine Folge von neokolonialistischer Konspiration und gewiß auch nicht

94

schicksalhaft wie in der vorkolonialen Epoche, als Mißernten noch nicht durch Lebensmittelhilfe ausgeglichen wurden. Natürliche Katastrophen – Trockenheit, Überschwemmungen, Bodenerosion, Heuschrecken – spielen als Katastrophenursachen in Afrika nur eine ganz marginale Rolle. Die afrikanischen Hungersnöte der letzten dreißig Jahre sind alle von Menschen verursacht worden – durch Kriege, Aufstände, Diktaturen, Blockadeaktionen und zielstrebiges Verschleiern von Krisensignalen.

Steht die Menschheit nunmehr also vor den »Hungerrevolutionen im großen Ausmaß«, wie der Göttinger Ökonomieprofessor Hans Wilbrandt schon in den sechziger Jahren voraussagte? Wird der Hunger eine »Welle von Kriegen und Haß« produzieren, wie der sowjetische Nobelpreisträger Andrej Sacharow menetekelte, bevor er in die Verbannung ging?

Ganz sicher nicht. Seit dem Ende des Zweiten Weltkriegs hat niemand einen Krieg angefangen, um sich oder sein Volk sattzumachen. Kriegführende Parteien wollen strafen, sich bereichern, echtes oder vermeintliches Unrecht rächen, günstigstenfalls der Freiheit oder der Gerechtigkeit eine Lanze brechen. Aber sie schlagen sich nicht, weil sie Hunger haben. Das tun nur Individuen oder einzelne soziale Gruppen. Hunger ist häufig Folge, niemals Ursache kriegerischer Auseinandersetzungen. Man kann Individualverhalten nicht so geradlinig und in planetarischen Dimensionen auf Kollektive übertragen, wie die Futurologen es in ihren Studierstuben tun.

Sir Julian Huxley, der ehemalige Generaldirektor der UNESCO, hat gewiß recht mit seiner Vermutung, daß die Übervölkerung die ernsthafteste Bedrohung der Erde sei. Denn die globale Parallelität von Bevölkerungswachstum und agrarwirtschaftlichem Produktionswachstum läßt sich nicht ad infinitum fortschreiben. Aber es sieht auch nicht so aus, als würde das nötig werden. Die Menschheit hat – Afrikaner ausgenommen – im letzten Vierteljahrhundert eine Menge dazugelernt. Und der Lernprozeß ist noch nicht abgeschlossen.

Die Biogenetik, die den Schlüssel zur Ernährung künftiger Generationen liefert, steht erst am Anfang. Sie kann schon Pflanzen mit genetisch eingebautem Insektenschutzfaktor anbauen, die zwei verschiedene Arten von Feldfrüchten tragen, sogenannte Tomoffeln, die unter der Erde Kartoffeln, über der Erde Tomaten ansetzen. Man könnte auch, wenn die politischen Umweltbedingungen stimmen würden, in der Sahara Weizen fast ohne Bewässerung anbauen. In der biogenetischen Architektur ist die eierlegende Wollmilchsau so gut wie fertig. Ob der mit abendländischer Ethik und Ästhetik ausgestattete Mitteleuropäer das alles will, ist eine andere Frage. Die Menschen in der Dritten Welt dagegen haben langfristig gar keine Wahl.

Hundert Jahre Galgenfrist?

Natürlich ist es mit der Bereitstellung von ausreichend Essen und Trinken allein nicht getan. Zum guten Gedeihen der Menschheit müssen noch ein paar weitere Daseinskomponenten gesichert sein – verträgliche Umweltbedingungen beispielsweise und die Bereitschaft künftiger Generationen, Konflikte ohne Gewaltanwendung auszutragen. In dieser Hinsicht kann die Welt von den Europäern lernen. Arroganter Eurozentrismus? Keine Spur. Von Europa ist – wenn man die Sowjetunion ausklammert – fast ein halbes Jahrhundert ursächlich kein Krieg mehr ausgegangen. Die westeuropäische Wirtschaft macht immer weniger Dreck, obwohl sie ständig mehr materielle Werte produziert.

Claus Jacobi, Chefredakteur der *Welt am Sonntag* und dilettierender Futurologe, hat in seinem Buch »Uns bleiben noch hundert Jahre« die Prognose gestellt, daß die Erdbevölkerung an der Schwelle zum 22. Jahrhundert eine kritische Größe erreichen wird. Bis dahin sind nach Auffassung der Weltbank die Ernährung und die Rohstoffversorgung der Menschheit weitgehend gesichert. Wenn die menschliche Spezies dann allerdings im gehabten Tempo weiterwuchert, geht's ans Eingemachte.

Wenn sich die Kurve aber neigt, wie die Demographen errechnet haben, dann wird die Galgenfrist von gut hundert Jahren reichen. Dann wird das Menschheitswachstum kurz nach dem

Jahre 2100 verebben, wenn die Erde von über zehn Milliarden Menschen bevölkert sein wird. Es wird dann ein bißchen eng werden in einigen Weltgegenden. Aber die Erde wird deshalb nicht aus den Fugen gehen. Sie hat noch reichlich Stauraum. In Ägypten kommen, wenn man die unbewohnbaren Wüstengebiete abzieht, fast 1300 Menschen auf den Quadratkilometer Nutzfläche, also sechsmal so viele wie in der Bundesrepublik. Das bringt schon heute viel Gedränge. Aber Ägypten ist kein Hungerland – ebensowenig wie die bis zum Überschwappen bevölkerten Stadtstaaten Hongkong und Singapur.

Es hängt alles davon ab, wie ökonomisch – und natürlich auch wie ökologisch – der verfügbare Boden genutzt wird, wie die Koexistenz der Bevölkerung, die darauf lebt, organisiert und wie ihre Volkswirtschaft in das System der weltweiten Arbeitsteilung integriert wird. Mit den Autarkiemodellen der Utopisten jedenfalls ist die Welt nicht mal vorübergehend satt zu kriegen.

Hans Jürgens, Anthropologie-Professor an der Universität Kiel, hat die Relativität des Bevölkerungsdrucks am Beispiel von Nordamerika deutlich gemacht. Er hat vorgerechnet, daß das Gebiet der Vereinigten Staaten vor der Ankunft des weißen Mannes mit 15 Millionen Jägern und Sammlern fast übervölkert war, weil die Wirtschaftsform Jagd den verfügbaren Lebensraum erschöpfte, daß dagegen heute derselbe Lebensraum mit über einer Viertelmilliarde in einer arbeitsteiligen Wirtschaftsform eingebundenen Menschen noch reichlich Raumreserven hat – einfach weil er ökonomischer genutzt wird.

Claus Jacobi prophezeit: »Die Menschheit wird untergehen wie die Saurier oder nie gekannte Ufer erreichen.« Weder noch, antwortet der Chronist. Es wird vermutlich alles viel trivialer kommen. Wenn ihr nichts Kosmisches dazwischenkommt, dann wird die menschliche Rasse nicht zu tragischer und nicht zu glorreicher Größe auflaufen. Sie wird sich einfach durchwursteln. Und das ist auch nicht die schlechteste Lösung. Die Menschheit hat zwar heute ein paar mehr Probleme zu bewältigen als in früheren Generationen. Aber sie hat auch ein paar mehr Möglichkeiten der Problembewältigung als früher.

Die Erfahrung lehrt: Zukunftsforschung und Kaffeesatzlesen wachsen an einem Stamm. Nach dem Ende des Zweiten Weltkriegs legten alliierte Wirtschaftsexperten Gutachten vor, in denen detailliert ausgeführt wurde, warum es Jahrzehnte dauern würde, bis man aus den Trümmern des Deutschen Reiches die ersten Konjunkturfunken würde schlagen können. In den Jahren danach durchbrach die Konjunktur in Westdeutschland alle Rekordmauern.

CLUB DER SCHAUMSCHLÄGER

Auch die düsteren Voraussagen der sechziger und siebziger Jahre haben sich in Schall und Rauch aufgelöst oder sogar ins Gegenteil verkehrt. In Jean-Jacques Servan-Schreibers frenetisch beklatschter »Amerikanischer Herausforderung« war Westeuropa 1968 schon eine präsumtive Wirtschaftskolonie der Yankees, in den Prognosen der Eingeweidedeuter aus den Futurologieseminaren figurierten die Westeuropäer ein paar Jahre später als hilflose Kreaturen in den Fängen gieriger nahöstlicher Erdöl-Potentaten. Das hochreputierliche »Hudson Institute« belegte 1973 zahlen- und kurvenreich, warum Frankreichs Vorstoß an die Spitze der Weltwirtschaft unaufhaltsam sei.

Nichts von allem hat gestimmt. Im Gegenteil. Frankreich hat heute Mühe, sich überhaupt als Industrienation zu qualifizieren. Seit der Dollar so sündhaft billig ist, kaufen viel mehr europäische und japanische Anleger amerikanische Industrieanteile als umgekehrt. Das grausame OPEC-Ungeheuer liegt bewegungsunfähig an der Kette seiner eigenen Unersättlichkeit. Die OPEC-Rohölförderung fiel bis 1985 auf die Hälfte des Niveaus von 1979. Der Barrel-Preis lag Ende 1987 ungefähr so hoch wie 1974 vor Beginn der Ölkrise. Und die Überflußgesellschaften leben in noch mehr Überfluß als vor der Krise. »Der Marktmechanismus, der schnöde«, kommentierte der *Spiegel* 1986, »hat auf den Ölmärkten stets so gewütet, daß niemals irgendeine Preis-Prognose richtig gewesen ist.« Merke: Voraussagen sind schwierig, vor allem, wenn sie sich auf die Zukunft beziehen.

98

Fossile Energie kann nach menschlichem Ermessen ganz generell – also unter Einschluß von Kohle, Braunkohle und Ölsänden – in den nächsten paar hundert Jahren nicht knapp werden. Nach pessimistischen Kalkulationen reichen selbst die Welterdölvorräte noch bis zum Jahr 2030. Aber seit es Lagerstättenberechnungen gibt, müssen sie ständig nach oben korrigiert werden. Und wenn das Öl wirklich mal alle ist, dann hat die Menschheit nochmal für rund tausend Jahre Kohle, die sie nach Bedarf verfeuern oder in verflüssigter Form durch die Vergaser jagen kann.

Weitaus üppiger noch als die Erdölseen und Kohleflöze sind die Erzlagerstätten. Nach aktuellen Berechnungen reichen die Reserven aller wichtigen Metalle bis an die Schwelle des 4. Jahrtausends und darüber hinaus. Dabei sind die nur unter großem Kostenaufwand zu erschließenden riesigen Mengen von Buntmetallen in der Erdkruste nicht einmal berücksichtigt. Es ist auf jeden Fall ein Vielfaches der Mengen, die der »Club of Rome« Mitte der siebziger Jahre kalkulierte. »Die Verfügbarkeit von Naturschätzen ist keine Frage der Erschöpfung von Vorräten, sondern der Gewinnungskosten«, lehrt der amerikanische Nationalökonom Professor Henry C. Wallich. »Glaubt denn jemand wirklich, das Industriezeitalter wäre nicht gekommen, wenn Gott kein Kupfer geschaffen hätte.«

Auf dem Friedhof der falschen Voraussagen sind viele illustre Leichen bestattet. Der »Club of Rome«, auch »Club of Foam« (»Foam« für »Schaum«), wie er in Fachkreisen wegen seiner schaumigen Selbstpräsentation genannt wird, hat die berühmtesten produziert. Der »Club« hat mit seiner visionären Dokumentation über die »Grenzen des Wachstums« einem breiten Publikum den Einstieg in die phantastische Welt der Zukunftsängste geebnet. Er sagte in seiner Offenbarung die nahe Erschöpfung der irdischen Ressourcen voraus und predigte Produktionsdrosselung und Nullwachstum. als einzige Überlebenschance der Menschheit. Alles sollte kleiner und überschaubarer werden. Das war ganz nach dem Zeitgeschmack. Small is beautiful, juchhe. In Wahrheit war es nichts als Opium für die Verdummten dieser Erde.

Nullwachstum bei wachsender Weltbevölkerung – das ist entweder Deppen-Kameralistik oder vorsätzliche Faktenpanscherei. Tertium non datur. Mehr Konsumenten benötigen zum Existieren eine größere Masse von Gütern. Doch Masse kann man nur vermehren, indem man neue Masse hinzufügt, nicht aber indem man sie umschichtet oder indem man ihre Maßeinheiten umbenennt. Natürlich lebt ein Teil der Menschheit im Überfluß. Das ist auch gut so. Denn Überfluß und nicht schon die Befriedigung von Elementarbedürfnissen birgt Lebensqualität. Wahre Philanthropen wollen Überfluß für alle. Überfluß soll nicht nur satt machen, sondern auch frei und froh. Deshalb braucht man Wachstum.

Die *New York Times* klassifizierte »Die Grenzen des Wachstums« seinerzeit als »hohles und irreführendes Werk«. Der Ex-*Zeit*-Mitherausgeber und ehemalige Bonner Regierungssprecher Diether Stolze legte noch ein Pfund drauf und zog frech die Parallele zu den Prognosen britischer Sozialwissenschaftler von Mitte des 19. Jahrhunderts, nach denen London bei weiter zunehmendem Verkehr im Pferdemist ersticken werde. Der britische Nationalökonom Professor Wilfred Beckerman brachte seine Verachtung für die kybernetische Methodik, die den »Grenzen des Wachstums« zugrunde liegt, auf den schlichten Nenner: »Mist rein, Mist raus.« Das heißt: Wer einen Computer falsch füttert, kann keine richtigen Ergebnisse erwarten.

Club-Gründer Aurelio Peccei hat unter dem Druck der weltweiten Kritik später auch zugegeben, die vom Club vorgelegte Dokumentation sei nur als Schocktherapie zu verstehen gewesen. Auch die Mitglieder seien sich darüber im klaren gewesen, daß »Nullwachstum weder möglich noch erwünscht« sei. Die Club-Herren räumten auch ein, daß sie bei ihrer computergesteuerten Bestandsaufnahme der Weltrohstoffreserven den weitaus wichtigsten Rohstoff, die menschliche Innovationsbefähigung, ganz unterschlagen hatten. Doch die in die Apokalypse verliebten Club-Fans saugen immer noch an den ausgelutschten Kamellen aus der Gründerzeit des Clubs. Die potemkinschen Katastrophen sind immer noch Grundlage von bedeutungsvollen wissenschaftlichen Arbeiten.

Es ist ein schöner Traum – ein Computerprogramm, mit dem sich die Zukunft bestimmen läßt. Dies Programm ist sicher denkbar, aber nicht machbar. Denn es würde nie fertig werden, weil immer neue Daten eingefügt werden müßten. Und bis heute gibt es auch noch keinen Rechner, der potent und schnell genug wäre, um alle zukunftsbestimmenden Daten auch nur eines einzelnen Individuums in einer vernünftigen Zeitspanne zu verarbeiten. Computer-Prognosen können höchstens die Entwicklung natürlicher und berechenbarer Rahmenbedingungen erfassen.

Wozu überhaupt Prognosen, wenn sie sowieso nie stimmen, wenn ein einziger neurotischer Anstreicher, der in einer nationalen Ausnahmesituation beschließt, Politiker zu werden, alles über den Haufen werfen kann? Herrje, der Mensch ist von Natur ein Träumer. Er blickt seit Jahrtausenden in die Glaskugel, sieht Trugbilder – und tut es trotzdem immer wieder. Für Professor Helmut Schoeck, den ewig grantigen Mainzer Gebrauchssoziologen und Kulturpessimisten, ist der ganze Prophezeiungsqualm nichts als »Märchenersatz [in einem] aufgeklärten progressivistischen Jahrhundert«. Nur, daß die Märchen nicht anfangen mit »es war einmal«, sondern mit »es wird so kommen«.

Wie sollen auch erdumspannende gesellschaftswissenschaftliche Prognosen greifen können, wenn die hehre Naturwissenschaft nicht einmal voraussagen kann, was nächste Woche, nächstes Jahr Ostern oder im Jahr 2010 sein wird, solange sich die Meteorologen, die es ausschließlich mit exakt meßbaren physikalischen Zusammenhängen zu tun haben, selbst beim Wetter von morgen ständig so penetrant vergreifen?

Wie schwer auch eine – zumindest theoretisch – so exakte Wissenschaft wie die Geophysik prognostisch zu handhaben ist, das zeigt der wissenschaftliche Disput über das sogenannte Ozon-Loch. Das Phänomen ist wahrhaftig schon einen großen Eimer Forscherschweiß wert. Denn die daran geknüpfte These ist erschrecklich: Bis zum Jahr 2040, so sagen die Geopessimisten, muß die Erde mit einem gigantischen Klima-GAU rechnen, weil in der Stratosphäre, 15 bis 50 Kilometer oberhalb der Erdoberfläche, die Luft immer dicker wird. Der zunehmende Einfluß des wachsenden Treibhauseffekts treibt weltweit die Temperaturen in die Höhe. Der Klima-GAU bringt die Polkappen zum Schmelzen, das Schmelzwasser überflutet die Küstenländer, dörrt fruchtbare Landstriche aus und stürzt die Menschheit in Hunger und Elend.

Was stimmt, ist dies: Die synthetisch erzeugten Fluorchlorkohlenwasserstoffe (FCKW) aus Industrieanlagen und Spraydosen durchsetzen die Ozonschicht über der Erde, die das Sonnenlicht auf ein für Menschen, Tiere und Pflanzen zuträgliches Maß herunterfiltert. Mehr und intensivere UV-Bestrahlung verursacht Hautkrebs, heizt die Erde auf und läßt die Ozeane schwellen. Der Effekt wird verstärkt durch den steigenden Anteil von Kohlendioxid (CO_2) in der Atmosphäre, das beim Verheizen fossiler Brennstoffe entsteht. Der Mensch greift massiv in das komplizierte System von Regelkreisen ein, das Jahrmillionen gebraucht hat, um sich auf das derzeit vorherrschende Idealstatut einzupendeln.

Wenn der Meeresspiegel um fünf Meter steigt, dann kriegen die Hamburger und New Yorker nasse Füße. Auch das Ozonloch in der Größe der Vereinigten Staaten am Himmel über der Antarktis ist keine Fata Morgana. Trotzdem fließen in den wissenschaftlichen Gutachten Science und Fiction ineinander. Das antarktische Ozon-Loch geht nämlich ständig auf und zu. Mal ist das Loch größer, mal ist es kleiner, in den letzten Jahren wieder größer. Professorin Karin Labitzke von der Freien Universität Berlin meint, daß das Loch nicht ursächlich mit dem Spraydosen-Gas zu tun hat, sondern daß es von den Schwebstoffen verursacht wurde, die nach den Ausbrüchen der Vulkane Mount St. Helens im Jahr 1980 und Chichon im Jahr 1982 in die Stratosphäre gelangten.

Nach einer 1975 von der US-Raumfahrtbehörde NASA erarbeiteten Studie sollten 1985 die ersten drastischen Folgen der Fluorchlorkohlenwasserstoff- und der Kohlendioxid-Emission sichtbar werden. Doch das von der NASA vorausgesagte weltweite Algensterben als Folge der vorausgesagten verstärkten UV-Bestrahlung trat nicht ein. Im Gegenteil, die Algen wuchern heute üppiger als früher. Die Hautkrebsrate ist fast überall auf der Welt zurückgegangen. Es gibt Klimatologen, die die Ansicht vertreten, daß eine Reihe von industriellen Abgasen sogar zur Anreicherung der Ozonschicht beitragen.

AM ANFANG KNALL, AM ENDE KNALL

Es fällt schwer zu glauben, daß es zwischen der Luftverschmutzung und der Entwicklung des Klimas keine Zusammenhänge gibt. Tatsache ist: Der Kohlendioxid-Pegel lag Mitte der achtziger Jahre 12 Prozent höher als Anfang der Vierziger. Im letzten halben Jahrhundert ist die Erddurchschnittstemperatur aber nicht gestiegen, sondern um fast ein halbes Grad Celsius gefallen, obwohl im klimatischen Gezeitenplan der Erdentwicklungsgeschichte gerade wieder mal eine Wärmephase angesagt ist. In den achtziger Jahren wurden in Europa zwar vier besonders warme Sommer mit Temperaturen von 0,6 bis 0,7 Grad über dem langjährigen Durchschnitt registriert. Daß dadurch aber ein Trend belegt werden kann, ist sehr zweifelhaft. Es ist ebenso unklar, ob Spraydosen mit FCKW so schädlich sind, wie die Pessimisten unter den Klimatologen glauben. Klar ist aber, daß der Verzicht auf Spraydosen mit Sicherheit unschädlich wäre. Warum also nicht präventiv eine potentielle Schadensquelle stillegen, wenn's nicht viel kostet?

Durchaus realistisch ist die Annahme, daß der Meeresspiegel langfristig um einen halben Meter steigen wird, nachdem er in den letzten hundert Jahren um ganze zehn Zentimeter gestiegen ist. Deshalb müssen unsere Kinder aber nicht in die Berge umziehen. Niemand wird absaufen, wenn der Wasserstand einen halben Meter steigt. Gegen Wasser gibt's nämlich Schleusen und Dämme. Amsterdam liegt bis zu fünf Meter unter dem Meeresspiegel und säuft nicht ab.

Es steht geschrieben: »Solange die Erde steht, soll nicht aufhören Saat und Ernte, Frost und Hitze, Sommer und Winter, Tag und Nacht.« Und davon braucht der Herrgott nichts zurückzunehmen, auch nicht, wenn der CO_2-Gehalt in der Atmosphäre um ein paar Prozent steigt.

Die bekannt altkluge *Frankfurter Allgemeine Zeitung* hat zur Problematik der Prognose ausgeführt: »Extrapolierte Trajektorien werden mittels des statistischen Inferenz-Algorithmus derart modifiziert, daß ein konsistenter Zustand hergestellt wird.« Man sieht schon an der Wortauswahl: Das Futurum ist ein spröder Werkstoff. Von sowas läßt man besser die Finger, wenn man kann.

Arthur Schopenhauer hat – sinngemäß – geschrieben, der Zweck unseres Daseins sei die Erkenntnis, daß wir besser nicht da wären. Die menschliche Historie, so lehrt analog dazu der Münsteraner Geschichtsphilosoph Ulrich Horstmann, sei »anthropofugal«. Sie zeichne sich aus durch das fortwährende Bemühen der Menschheit, ihre eigene Existenz – vor allem durch den Einsatz immer perfekterer Waffen – wieder zurückzunehmen. Also: Am Anfang Knall, am Ende Knall, die Menschheit nur ein Zwischenfall. Das klingt klüger, als es ist. Richtig ist vielmehr: Teile der Menschheit haben versucht, die Existenz anderer Teile zurückzunehmen. Die Spezies als solche hat noch nie versucht, sich selbst auszurotten. Und auch heute, da sie die Mittel dazu hat, zeigt sie keine Neigung dazu.

Doch das bücherlesende Segment der Spezies kann nicht genug von jenem grauen Schrifttum bekommen, das ihm Pein und tausend Nöte prophezeit. Der internationale Sellermarkt nimmt jede neue Untergangsphantasmagorie begierig in sich auf. »The Great Depression of 1990«, »Apocalypse 2000«, sogar die skurrilen Menetekeleien des deutschen Happening-Bankiers Johann Philipp Freiherr von Bethmann wurden begeistert aufgenommen. Merke: Doom is boom.

Ein Rigorosum über die Angst wäre nicht vollständig ohne die kritische Würdigung des Werkes von Hoimar von Ditfurth, dem hochgebildeten Doyen der bundesdeutschen Endzeit-Seller. Ditfurth hat 1985 den Großen Katechismus der deutschen Untergangsneurosen vorgelegt. Sein Buch beginnt mit dem Satz »Es steht nicht gut um uns« und es endet mit dem lutherischen Zweisatz, dem auch der Titel entlehnt ist: »So laßt uns denn ein Apfelbäumchen pflanzen. Es ist so weit.« Dazwischen liegen dreieinhalbmal hundert Seiten voll Panik, Apokalypse und Tristesse, die nur den Schluß zulassen, daß Professor von Ditfurth es mit dem Apfelbäumchen unmöglich so gemeint haben kann, wie die Titelzeile suggeriert.

Ditfurths Untergangsthriller gibt, weil er gescheiter und in sich schlüssiger geschrieben ist als die Achtmarkfünfzig-Wegwerf-Jeremiaden aus den linken Trendverlagen, besonders verläßliche Aufschlüsse über die Methodik der gewerbsmäßigen Eschatologie. Der Autor schildert voyeuristisch die Schrecken des Atomkriegs und beklagt sodann resümierend und resignierend das Phlegma der Leute, die den Horror nicht zur Kenntnis nehmen wollen, und, in Verbindung damit, das Leid der Wissenden, die einsam und unverstanden mit der fürchterlichen Wahrheit leben müssen.

Die moderne Gesellschaft, so schreibt der Autor, gleiche einem Menschen, der durch ein Minenfeld irre und sich dabei um seine Altersrente Sorgen mache. Deshalb müsse er in der Folge »die Art und das Ausmaß der unser Überleben heute in Frage stellenden Gefahren eingehend ... schildern«. Und dann geht's los mit Megatod und Overkill.

KEINE EILE MIT DEM APFELBÄUMCHEN

Es ist ganz unbestreitbar, daß ein totaler Atomkrieg die größte Katastrophe in der Menschheitsgeschichte wäre. Durchaus strittig dagegen ist die Frage, ob Teile der Menschheit und wenn ja, welche Teile das Inferno unter welchen Bedingungen überleben können.

Gleichfalls strittig ist die Frage, ob dem Frieden durch einseitiges Demutsverhalten gedient werden kann oder eher durch die demonstrative Bereitschaft, gewalttätige Friedensbrüche mit eigenen Gewaltakten zu ahnden.

Als absolut untauglich haben sich alle Arten von pauschalen öffentlichen Appellen an die allgemeine Vernunft erwiesen. Die Friedens- und Konfliktforscher tun so, als sei die Menschheit ein ansprechbares, ganzheitliches Wesen. Richtig ist, daß sie zwar aus mehr oder minder vernünftigen Wesen besteht, daß jedoch die Summe der Vernünftigen noch lange kein vernünftiges Kollektiv ergibt. Denn für einen Teil der Menschheit – zum Beispiel den östlichen – kann etwas ganz anderes vernünftig sein als für einen anderen – zum Beispiel den westlichen. Keiner will Krieg. Alle wollen bloß ihre eigenen Vorteile beziehungsweise ihre Vorstellungen von einer besseren Welt durchsetzen, gegebenenfalls auch zum Nachteil von Dritten, aber ohne das Risiko gewalttätiger Auseinandersetzungen und der damit verbundenen katastrophalen Folgen. Früher, als Kriege – gemessen am Umfang der Vernichtung und an der Zahl der Todesopfer – in der Regel noch nicht so katastrophale Folgen hatten, war die Konfliktbereitschaft viel größer. Wo auf der Welt Kriegführen nicht mit der Gefahr ernster Schädigung bis hin zu totalen Vernichtung beider Seiten verknüpft ist, da werden Interessengegensätze auch gewaltsam ausgefochten.

Die verantwortlichen Hoheitsträger der westlichen Demokratien praktizieren seit der Havarie der Chamberlain-Doktrin mit gutem Erfolg die Doktrin der Harmonie von Diplomatie und dickem Knüppel. John F. Kennedy hat 1962 in der Kuba-Krise bewiesen, daß das aggressivere von zwei dominierenden Weltsystemen von dem freiheitlicheren mit dem dicken Knüppel leidlich in Schach zu halten ist. Glasnost und Perestroika haben den Mechanismus nicht verändert. Auch der Vorsitzende Michail Gorbatschow hat dem Wunsch nach Weltherrschaft des Kommunismus nicht abgeschworen. Das Washingtoner Mittelstrecken-Abkommen vom 8. Dezember 1987 wäre ohne das beharrliche Bekenntnis des Westens zur Politik des dicken Knüppels nicht zustande gekommen.

Nein, Pazifismus ist keine Lösung. Die Supermächte halten sich an die Philosophie der Spruchweisheit, die der große porletarische Sprüchemacher Bertolt Brecht den Friedensfreunden ins Stammbuch geschrieben hat. Diese lautet: Stellt euch vor, es ist Krieg und keiner geht hin. Er wollte damit sagen: Wenn ihr nicht zum Krieg geht, dann kommt der Krieg zu euch. Also geht besser hin. Das gilt für Individuen und für Völker gleichermaßen. Wobei

Brecht selbstverständlich nur die gerechten sozialistischen Kriege gemeint hat.

Die Pazifisten haben die Spruchweisheit in einen pazifistischen Gassenhauer umgeschmiedet. Sie haben daraus gemacht: Wenn es Krieg gibt, geh nicht hin; wenn keiner mitmacht, kann es auch keinen Krieg geben. Doch wahrlich, so hat Brecht das nicht gemeint. Brecht war in Bezug auf die Belehrbarkeit des Menschengeschlechts ein realistischer Literat.

Hoimar von Ditfurth erläutert in seinem *Apfelbäumchen* über viele Buchseiten hinweg, warum er für die pazifistische Option votiert. Die Moral seiner Geschichte: Kehrt um, das Ende ist nahe. Alles muß anders werden. Vielleicht, so meint er, genüge die Aussicht auf den bevorstehenden biosphärischen Totalkollaps, um die Menschheit zur Einkehr zu bringen. Doch ehe der Leser die Hoffnung festhalten kann, zieht der Autor sie schnell wieder zurück. Er schreibt: »Wir werden also sterben, so hatten wir aus dem gefolgert, was in diesem Buch bis dahin zusammengetragen wurde.«

Tatsache ist: Nichts dergleichen ist zu folgern. Die von Ditfurth gelieferten Kausalitäten sind nicht schlüssig. Gestorben wird auf diesem biederen Planeten bis auf weiteres nach den Regeln, die die Natur dafür vorgesehen hat. Menschen sterben, aber die Menschheit hat sehr gute Überlebensaussichten. Davon darf man beim gegenwärtigen Stand des Bewußtseins in jenen Kreisen ausgehen, die es in der Hand hätten, die Regel zu durchbrechen.

Der Mechanismus der Zwangsläufigkeiten, die zum künstlichen Weltuntergang führen könnten, ist leidlich unter Kontrolle. Und der Aufwärtstrend am Weltentspannungsmarkt läßt darauf schließen, daß die Aussichten für die nahe und die mittlere Zukunft zumindest nicht schlechter sind. Es hat noch Zeit mit dem Apfelbäumchen.

Diese Angabe ist ohne Gewähr.

Das Geschäft mit der Vergiftungsangst

Für den leidensbefähigten Teil der Nation war es der Schocker des Monats. »Glykol-Skandal, 2. Teil: Gift auch im Tabak.« Eine von *Natur,* dem Zentralorgan für marktorientierte Katastrophenängste, in Auftrag gegebene Untersuchung des Bremer Umweltlabors hatte es an den Tag gebracht: Diäthylenglykol, der unglückselige Süßmacher, der die österreichische Weinwirtschaft an den Rand des Ruins getrieben hatte, war als Frischhaltezusatz auch im deutschen Tabak geortet worden. Ein Grabkreuz aus rauchumflorten Glimmstengeln und Tabakpäckchen auf der Titelseite unterstrich bildhaft die schreckliche Wahrheit: Rauchen ist gesundheitsschädlich.

Journalismus als Fortsetzung der Satire mit anderen Mitteln? Nein, es war ein famoses Beispiel für die hypochondrische Psychopathologie der Neuzeit, die dermaßen in Ängste, Hysterien, Grenzwerte und Bio-Quacksalbereien verstrickt ist, daß sie reale Gefahren nicht mehr sieht. Die *Natur*-Story las sich so, als wolle die Redaktion ihren Lesern allen Ernstes die These verkaufen, der bekanntermaßen schlimmste Killer der Nation, der jedes Jahr eine Viertelmillion Opfer fordert, sei durch den Versatz mit dem berüchtigten Frostschutzmittel erst richtig tückisch geworden.

Aber in der deutschen Ökoszene ist keine Meldung albern genug, um nicht ernsthafter Erörterung gewürdigt zu werden. Nur die notorisch unernste Berliner *Tageszeitung* forderte »reines Gift für alle« – und mußte sich prompt vom Umwelt-Kommentator des Norddeutschen Rundfunks rügen lassen, daß sie ein ernstes Problem in unziemlicher Weise verniedlicht habe.

Die angesprochene Tabakwarenindustrie nahm die *Natur*-Stil-blüte so ernst, wie die Redaktion es erwartet hatte. Der Pfeifen-tabakshersteller Martin Brinkmann erklärte nicht ohne Erregung, die von ihm zugesetzten Glykoldosen hätten sich stets im Rah-men der gesetzlichen Höchstmengenregelung bewegt. Der »Ver-band der Cigarettenindustrie« kannte Dyäthylenglykol angeblich überhaupt nur aus der Zeitung. Ein Tabakwarenhändler in Köln trieb die Einfaltspinselei zum Exzeß mit dem Schaufensterhin-weis: »Hier werden nur reine Tabake ohne chemische Zusätze verkauft.« Aber was heißt schon Exzeß? Die Zigarettenindustrie preist ihre Genußgifte ja auch gern als »naturrein« an. Verdum-mung ist ein festes Element der Tabakwerbung.

Die Enthüllungen über den Glykol-Tabak gingen so reißend weg, daß *Natur* gleich noch einen zweiten Reißer gleicher Machart aus demselben Workshop nachschob. In der Nummer darauf – Titelgeschichte: »Mampfend geht die Welt zugrunde – wie durch den Hackfleisch-Hamburger die Umwelt zerstört wird« – wurde berichtet, die Bremer Umweltlaboranten hätten in den meisten der von ihnen untersuchten Zigaretten Spuren von Cadmium, Nitrat und DDT gefunden.

So what, fragt sich ratlos der Betrachter. Daß Nikotin der Ge-sundheit schadet, das bestreitet ja nicht mal die Tabakindustrie. Daß DDT, Cadmium und Nitrat, die in vielen Nährmitteln enthal-ten sind, ungefährlich sind, solange sich ihr Anteil unter den gesetzlichen Grenzwerten hält, das darf auch als erwiesen gelten. Wo also ist der Knackpunkt? Immerhin war der Redaktion inzwi-schen ob der unfreiwilligen Komik des Alarms wohl etwas mul-mig geworden. Teil zwei der Burleske trug den Untertitel: »Ziga-retten noch gefährlicher als angenommen.«

In der Bundesrepublik sterben jedes Jahr 140000 Menschen den Rauchertod. Weitere 100000 Raucher werden jährlich durch die 7000 im Tabak enthaltenen chemischen Substanzen, darunter mehr als vierzig krebserregende Stoffe, zu Frühinvaliden. Zigaret-tenrauch ist um ein Vielfaches schädlicher als die schlimmste Luftverschmutzung im Ruhrgebiet. Rauchen, so sagt der Mann-heimer Onkologe Ferdinand Schmidt, sei nicht nur zur »wichtigsten Krebsursache, sondern zur Krankheits- und Todesursache Nummer eins in den hochentwickelten Industriestaaten geworden«. Und im deutschen Ökokral wird Tamtam gemacht, weil diesem Gift eine Substanz beigemischt ist, durch die noch niemand nachweislich Schaden genommen hat.

Toxifax und Ökolopoly

Der von *Natur* in Szene gesetzte Tabak-Skandal war bis zur Drucklegung dieses Buches der vorläufige Gipfel der pathologischen Vergiftungsängste, die das deutsche Volksempfinden umgekrempelt haben, die immer neue Metastasen treiben und dabei ständig an Vitalität zulegen. Doch er wird seine Spitzenposition nicht behalten. Der Ökozirkus hat noch viele tolle Nummern in petto. Die Bio- und Öko-Industrie, das Kassandra-Geschäft, wie es der Rhetoriker Walter Jens in anderem Zusammenhang nennt, braucht immer frische Ängste, um den Schub nicht zu verlieren.

Beispiel: die Werbung für die September-Nummer 1985 von *Natur*. Das Inserat reißt mit großer anklägerischer Routine die vier tragenden Geschichten an:

1. »Das Paradies im toten Wald. Einige Tierarten profitieren vorerst vom Waldsterben.«

2. »Küche sauber, Hausfrau krank. Formaldehyd, die stark gesundheitsgefährdende Chemikalie, ist auch in vielen gängigen Haushaltsmitteln enthalten.«

3. »Der Wahnsinns-Fortschritt. *Natur* ... stellt die Milliardengräber technischer Großprojekte vor.«

4. »Gehaßt und gehätschelt. *Natur* erzählt die interessante Geschichte der Ratte.«

Kurzum, Horror nur vom Feinsten. Und eben die Enthüllungsgeschichte über den Glykol-Tabak. Ein ganzes Heft voll Angst und kaputter Welt. Die Kulturgeschichte der Ratte ist darin noch das Positivste. Wenn schon was Positives im Blatt steht, dann muß der Titelheld wenigstens ein Antipathieträger sein. Der Mensch figuriert in *Natur* namentlich als Waldkiller, Luftverpester, Lärm-

und Abfallerzeuger, günstigstenfalls als »Schädiger seiner selbst«, wie ihn Herbert Gruhl, der emeritierte Hohepriester der Alles-geht-vor-die-Hunde-Bewegung genannt hat. Der Leser darf sich merken: Unter ökonomischem Interessendruck bei der Erörterung ökologischer Themen stehen nicht nur die Bösen, also die Exponenten des unter Anklage stehenden Systems, sondern auch die Guten, also die Interpreten der ökologischen Wiedergeburt.

Nicht, daß *Natur* prinzipiell unselbstkritisch wäre. Man muß die Selbstkritik nur rauskitzeln. Nachdem ihr vier deutsche Brauer nachgewiesen hatten, daß sie eine Titelgeschichte über die Gefahren im deutschen Bier (*Natur,* 10/87) mit gepanschten Testergebnissen versetzt hatte, und darob der Redaktion auf den Pelz rückten, hielt diese alsbald strenge Selbstprüfung. Sie bestand sie natürlich mit Auszeichnung. Chefredakteur Manfred Bissinger schrieb in einem Editorial erläuternd zur Sache: »So haben wir es immer wieder abgelehnt, uns zum Beispiel am Rennen um den ›Schadstoff der Woche‹ zu beteiligen. In unseren Augen stumpfen die ständigen Horrormeldungen die Betroffenen eher ab.« Und: »Schließlich wollen wir die Konsumenten nicht irreführen, sondern aufklären.« Ach so.

Wo soviel Sahne fließt, da möchten natürlich auch noch andere buttern. Anfang 1987 legte der Hamburger Heinrich Bauer Verlag ein umweltorientiertes Good-news-Blatt unter dem Titel *Chancen* vor, ein auf Positivmasche gestricktes Wir-kriegen-das-schon-hin-Magazin. Doch der deutsche Leid-Hammel nahm das Produkt nicht an. Das »neue Magazin, das anders ist«, war kein Ruhmesblatt, die Auflage war nicht überzeugend. Negatives verkauft sich im Umweltbereich bedeutend besser. Von solchen Trendzwängen können sich nicht einmal die gelben Schnulzenblätter freimachen. Soraya und Caroline von Monaco stehen ein bißchen dumm da, seit die *Aktuelle* und ihre Mitbewerber der »schrecklichen Angst vor giftigen Zahnplomben« (*Aktuelle* vom 15. April 1985) und ähnlichen Inkommoditäten den Vorrang vor den Schrecknissen und Fährnissen des Lebens in der Glamour-Gesellschaft einräumen.

Die Glaubwürdigkeit der Botschaft hat wenig zu tun mit der

Machart des transportierenden Mediums. *Chancen* veröffentlichte im Oktober 1987, ganz ohne Häme, ein Dossier über die Umweltverträglichkeit deutscher Print-Medien. Maßstab war der Zellstoffgehalt im Druckpapier. Zur Herstellung von Zellstoff werden nämlich Holzfasern mit Chemikalien stundenlang in heißem Dampf gekocht. Dabei fallen große Mengen Abwässer an, die mit zum Teil hochgiftigen und nur schwer abbaubaren Substanzen angereichert sind.

Der Test ist nicht weltbewegend. Doch das Ergebnis sagt viel über das Verhältnis deutscher Umweltschutz-Journalisten zum Umweltschutz. Danach besteht das Papier, auf dem *Chancen* gedruckt wird, zu etwa einem Drittel aus umweltschädlichem Sulfatzellstoff. *Ökotest* und *Natur und Umwelt,* das Organ der Ökoorganisation »BUND«, werden auf Recycling-Papier gedruckt. Die *Zeit,* 50-Pfennig-BILD und die alternative *taz* enthalten ziemlich einheitlich zehn Prozent Zellstoff. Die umweltverträglichste ist die *Süddeutsche Zeitung* mit zwei Prozent. Und dann die zwei Hämmer: Auf rund hundert Prozent Zellstoff bringen es *Natur* und das betont umweltbewußte Weite-Welt-Bilder-Magazin *Geo.* Wünscht jemand dazu das Wort?

Die Freizeitindustrie hat sich dem Trend ebenso vehement an die Brust geschmissen. Anfang 1987 wurden in der Bundesrepublik über hundert sogenannte Ökospiele angeboten, die spielerisch dem Konsumenten Umweltbewußtsein vermitteln sollen. *Ökolopoly, Toxifax, Ene mene Müll* und *Verhindern wir das Atomkraftwerk* – Panik et circenses. Das Feindbild stammt aus derselben Klamottenkiste wie die Schurken vom Öko-Boulevard. Das Szenario: verseuchtes Grundwasser, Giftmüll im Wald, eine Strahlenkatastrophe, die nur die Reichen im Luxusbunker überleben. In *Wehe, wenn der Bagger kommt* müssen Hausbesetzer einen gewissenlosen Polizeispitzel entlarven, um den Abriß des liebgewordenen Vorstadtbahnhofs zu verhindern. Der Glykolskandal war noch kein Vierteljahr alt, da war auch das erste Giftwein-Spiel auf dem Markt.

Soviel ist unbestritten: Was damals in deutschen Kellereien mit deutschem Wein geschah, war ein übles Stück Kulturgeschichte.

Bundeskanzler Helmut Kohl hat seinerzeit sogar zu der Angelegenheit gesagt, Wein mit Glykol zu mischen, sei kein Kavaliersdelikt, sondern ein Verbrechen. Als Pfälzer Weinfreund muß er so denken dürfen. Aber der Fachmann denkt darüber anders, sofern er sich von seinem Fachwissen und nicht von Stimmungen leiten läßt.

KÜHLWASSER BITTE NUR GLYKOLFREI

Glykol im Wein ist gewiß eine Sauerei, aber keine gefährliche. Professor Karl Pfleger vom Institut für Klinische Toxikologie der Universität des Saarlandes hat nach ausführlichen Recherchen mitgeteilt, es sei ihm im Zusammenhang mit dem Weinskandal kein Bericht über Vergiftungen bekanntgeworden. Und wenn nicht ihm, wem dann sonst? Pfleger wörtlich: »Unter der Voraussetzung, daß nur reines Diäthylenglykol und kein Äthylenglykol oder Propylenglykol zugesetzt wurde, besteht keine Gefahr, daß jemand geschädigt wurde.« Sensationell, aber die Sensation kam nicht über die *FAZ*-Leserbriefseite hinaus.

Selbst in den ganz schlimm manipulierten Weinsorten konnten nicht mehr als zwei, in Einzelfällen vier Prozent Diäthylenglykol festgestellt werden. Solche Mengen bergen kein höheres Gesundheitsrisiko als der Fußschweiß des Winzers, der beim Keltern alter Art im Faß zurückbleibt. Ein 75 Kilo schwerer erwachsener Mann würde mit zwei Litern schwer gepanschtem Frostschutzwein etwa ein Tausendstel der Menge Glykol in sich aufnehmen, die – aber auch nur, wenn sie dem Körper unverdünnt und ohne Beimengung von Alkohol zugeführt wird – als tödlich angesehen wird.

Die Suffmeisen werden die wissenschaftliche Erklärung gern hören: Dyäthylenglykol wird, wenn es zusammen mit Alkohol eingenommen wird, von dem zuständigen Enzym abgestoßen und über die Nieren wieder ausgeschieden. Deshalb ist auch im Verlaufe des ins Gigantische aufgeblasenen Skandals – und Skandal steht hier aus guten Gründen nicht in Gänsefüßchen – nicht ein einziger durch Glykol verursachter Krankheitsfall bekanntgeworden. Es soll nicht der Verfälschung des Kulturträgers Wein das Wort geredet werden. Wein muß Wein bleiben. Aber die Glykol-Hysterie war schlicht lächerlich. Eher saufen sich tausend am Alkohol tot als einer an Diäthylenglykol.

Doch der deutsche Konsument ist es nicht gewohnt, sein Konsumverhalten an kognitive Erfahrungen aus zweiter Hand zu koppeln. Es gab Autofahrer, die füllten sich im Winter danach Zuckerwasser in den Kühler, weil sie fürchteten, ihr Automobil könne das glykolhaltige Frostschutzmittel von der Tankstelle nicht vertragen.

Der weitaus schlimmere italienische Panschskandal im Frühjahr 1986 hatte dagegen alle Mühe, sich im Bewußtsein der weintrinkenden Öffentlichkeit durchzusetzen, obwohl er so viele Todesopfer forderte wie ein mittlerer Flugzeugabsturz. Der zur Sache geprägte Kalauer trifft den Tatbestand genau zwischen die Augen: Glykolwein war frostsicher, Italo-Methanol-Wein war todsicher. Doch die Echauffierfähigkeit der Konsumenten war hier offensichtlich überfordert, das Empörungspotential war aufgebraucht. Die Leute wollen sich gelegentlich auch mal über was Neues aufregen. Und Weinskandal war nun mal nicht mehr en vogue.

Der Mode-Psychotherapeut Wolfgang Schmidbauer hat, wohl wider besseres Fühlen, in *Natur* die öffentliche Panik als Korrektiv amtlicher Beschwichtigungsroutine gepriesen. Wir lesen aus gleichem Anlaß dazu im DTV-Lexikon: »Panik [zu Pan], die, Massenangst, sinnlose Verwirrung, die ... oft zu zweckwidrigen, daher erst recht gefährdenden Verhaltensweisen führt.«

»GUT GERECHTES TRANK GESOTTEN«

Es ist nicht so, daß die Körner- und Kräuterseppel nicht ihre Verdienste um die Volksgesundheit erworben hätten. Sie haben durch ihre verbissene Aufklärungsarbeit dazu beigetragen, die Gesundheit des Verbrauchers in den Rang eines produktionsbestimmenden Faktors zu erheben. Auch ohne Penicillin, moderne Meßtechniken und Pockenschutzimpfung hätte sich die durchschnittliche Lebenserwartung im Mittelalter leicht um zehn Jahre steigern lassen, wenn damals die Lebensmittelgesetze nicht so schlapp gewesen wären.

Der Vinologe Gerhard Wellner aus Buchholz in der Nordheide ist beim Umgraben der Wein-Historie auf Panschsitten gestoßen, die selbst einem hartgesottenen Burgenländer den kalten Schauer über die Leber treiben. Vor der französischen Revolution, so hat Wellner ermittelt, setzten Winzer an Loire und Rhône ihren Grands Crus Hobelspäne, Bleiweiß, rote Bete und gestoßenen Marmor zu, um sie schmackhafter zu machen. Verständlich, daß da eine Revolution fällig war.

Die Deutschen und ihr Bier waren lange Zeit auch nicht besser. Zwar sollte, wie es in der Württembergischen Bierordnung von 1709 hieß, »zu dem Brauen neben Hopffen und Wasser anderst nichts als Gersten zur Malsung gebraucht und darvon gut gerechtes Trank und Bier gesotten werden«. Doch »Pierbrauer und Pierschencken« mußten immer wieder unter der Aufsicht gestrenger Stadtknechte »ihr eigenes elendes Pier selber trincken«, weil sie ihrem Gebräu verbotene Geschmackszusätze beimischten.

Als Gütetest für den Malzgehalt diente im süddeutschen Raum die Lederhosenprobe. Der Prüfer goß einen halben Krug Bier auf einen hölzernen Schemel mit konkav gewölbter Sitzfläche und setzte sich mit der Lederhose drauf. Wenn er sich nach zwei Stunden erhob, mußte der Hocker an der Hose kleben.

Toxische Erkrankungen wie Blei- oder Mutterkornvergiftung, Tuberkulose durch verseuchte Milch wie auch Trichinose, die noch Ende des letzten Jahrhunderts in Mitteleuropa weit verbreitet waren, sind heute aus der Krankheitsstatistik verschwunden. Noch 1877 hatte der *Kölner Stadtanzeiger* einen gegebenen Anlaß, folgenden Stoßseufzer abzudrucken: »Wer nie sein Brot mit Gipsmehl aß, wer nie bei schwerspatvollen Klößen und kreideschweren Nudeln saß, vor dem will ich mein Haupt entblößen.« Gute alte Zeit?

Die deutschen Brauer haben jahrelang eine Apokalypse nach der anderen vom Himmel beschworen, um dem deutschen Verbraucher das aus dem Jahre 1516 stammende Reinheitsgebot für deutsches Bier und sich selbst das Markt-Oligopol zu erhalten. Trotzdem entschied der Europäische Gerichtshof in Luxemburg im März 1987 rechtskräftig, daß ausländischen Anbietern die deutschen Märkte zu öffnen seien. Seitdem darf die edle Brühe nicht nur aus Hopfen, Malz, Wasser und Hefe bestehen, sondern auch andere Substanzen enthalten, sofern sie nicht gesundheitsschädlich sind.

Warum auch nicht? Niemand ist gezwungen, Bier aus Reis oder Mais zu trinken, wenn ihm Bier aus Gerste besser schmeckt. Das Luxemburger Urteil verbietet nicht Herstellung und Genuß von herkömmlichem Bier. Es läßt dem Biertrinker die Wahl, ob er seinen persönlichen Reinheitsbegriff an einem fast 500 Jahre alten Gesetz ausrichtet oder an den generellen Richtlinien des deutschen Lebensmittelgesetzes. Ausländische Biere enthalten ja auch keine giftigen Ingredienzen, sondern nur Zusätze, die ganz legal auch in deutschen Nahrungsmitteln enthalten sind. Aber die deutschen Bierbrauer und ihre Lobby wollten mit der Mobilisierung latenter Vergiftungsängste natürlich gar nicht die Volksgesundheit gegen die Einflüsse von alkoholisierter Chemielimonade, sondern ihre Marktvorteile gegen lästige ausländische Konkurrenz schützen.

Gegen Lebensmittelvergiftung gibt es heute Gewerbeaufsichtsämter und Höchstmengenverordnungen. Ihre Effizienz zeigt sich vor allem an der Nichtigkeit eines Großteils der sogenannten Lebensmittelskandale, die die westdeutsche Zivilisation periodisch zum Erbeben bringen. Tatsache ist: Die Chance, mit dem Auto tödlich zu verunglücken, ist mindestens zehnmal so hoch, die Chance für einen Säufer, am Suff zu sterben, wohl fünfzigmal so hoch und die Chance für Raucher, sich mit Nikotin ums Leben zu bringen, sicher um mindestens zwei Nullstellen höher als die Chance, durch vergiftete Lebensmittel ums Leben zu kommen. Die sogenannten Umweltkontaminanten spielen bei der Vergiftungsgefahr keine große Rolle, wie der »Bund für Lebensmittelrecht und Lebensmittelkontrolle« in einer Expertise zur Sache festgestellt hat. Auch Zusatzstoffe sind nach derselben Studie

116

keine ernsthafte Gefahr für die Gesundheit. Der größte Risikofaktor steckt immer noch im schlamperten Umgang der deutschen Hausfrau mit der häuslichen Hygiene.

Wer im eigenen Kühlschrank ebenso strikt Hygienekontrolle und Kontaminationsüberwachung treibt wie die Gewerbeaufsichtsämter in Gaststätten und Einzelhandelsgeschäften, hat nahezu null Aussicht auf einen frühen Vergiftungstod. Wie die Ernährungsberichte des Bundesgesundheitsministeriums belegen, sind Lebensmittelvergiftungen weit mehrheitlich die Folge des Genusses von daheim überlagerten und daher vergammelten Speisen.

FETT, SCHLEIM, JAUCHESTOFFE

Trotzdem haben – nach einer Studie aus dem Jahre 1983 – gut fünfzig Prozent der Bundesbürger Angst vor Gift in serienmäßig gefertigten und verpackten Nahrungsmitteln. Nur im Urlaub lassen sie alle fünf gerade sein. Zu Hause rufen sie nach strengeren Hygienekontrollen. In der Bodega von Torremolinos essen sie die Paella auch dann noch mit Genuß, wenn sie aus der Küche gleich neben dem Plumpsklosett kommt. In Torremolinos ist Dreck nicht Dreck, sondern Folklore.

Aufklärung nützt nichts. Die Leute fürchten sich nur vor Schädlingen, die dem Klischee ihrer Vorurteile entsprechen. Beim Essen ist der Mensch sich häufig selbst der schlimmste Feind. Viele Deutsche fressen, als hätten sie gerade zehn Jahre Straflager in Workuta hinter sich. Sie haben den Zeitgeist ja auf ihrer Seite. Bei den »Anonymen Eßsüchtigen« kriegt jeder jederzeit Dispens. Er lernt dort, daß Freßsucht kein Zeichen von Charakterschwäche ist, sondern eine Krankheit, die gerechterweise auf Kosten der Krankenkasse zu behandeln wäre. Verantwortungsbewußtsein und Selbstdisziplin sind keine Vokabeln aus dem therapeutischen Wörterbuch der sogenannten Ernährungspsychologie, die jede menschliche Schwäche gnädig maladisiert.

Wer streng nach den allgemein zugänglichen Erkenntnissen der

Ernährungswissenschaft lebt, wer also nicht raucht, wer mit Maßen ißt und trinkt, ohne sich unzumutbaren Zwang anzutun, der kann seine theoretische Lebenserwartung leicht und ohne Sorgen um Lebensmittel- oder Umweltgifte um ein Dutzend Jahre steigern. Noch einfacher: Er braucht nur so zu leben wie die Deutschen während des letzten Weltkriegs.

Soviel ist sicher: Die deutsche Nation war nie so gesund wie in den mageren Kriegsjahren, als es ihr besonders dreckig ging. Herzinfarkt, Rheuma, Verkalkung, Bluthochdruck, lauter Krankheiten und Gebrechen, die dank der erzwungenen Massenaskese damals nahezu unbekannt waren. Es gab wenig Zucker, wenig Fett, wenig Fleisch, natürlich auch wenig Alkohol und Tabak.

Nach den Hungerjahren kam die Währungsreform und damit die Freßwelle. Die Deutschen stürzten sich auf alles, was krank macht, namentlich auf Schweinefleisch-Produkte. Das Schwein, so meint der Baden-Badener Arzt und Ernährungswissenschaftler Hans Heinrich Reckeweg, sei wesentlich schuld an der Verschlechterung der Gesundheitslage der Nation, vor allem der rapiden Ausbreitung von Krebs und Herzerkrankungen gewesen.

Wie sprach vordem des Volkes Mund: Das Innere der Worscht ist gänzlich unerforscht. Doch damit kann sich heute keiner mehr rausreden. Nach Reckeweg sind Schweinefleischprodukte haupt- oder wesentlich mitverantwortlich für ein breites Leidenssortiment, von Furunkeln, Mitessern und Virusgrippe bis hin zu Magenkrebs, Elephantiasis, »walzenförmiger Entwicklung des Oberkörpers« und diversen »jauchigen Krankheiten«. Mäuse verfallen, wie sich in Reihenversuchen zeigte, unter der Einwirkung von Schweinefleisch dem Kannibalismus. Forellenzuchten kann man, so Reckeweg, »durch die Darreichung von zerkleinertem Schweinefleisch vernichten«. Als wenn da ein paar Hormon- oder Psychopharmarückstände zusätzlich noch was ausmachen würden.

Es ergeht die dringende Mahnung des Forschers an den Verbraucher: »Denken Sie stets daran, daß das gesamte Schwein aus minderwertigem, aufgeschwemmtem Material, aus Fett, Schleim, Jauchestoffen, Entzündungsstoffen ... besteht, wobei sich alles in dem menschlichen Darm rasch in Jauche zersetzt.«

Und die deutschen Schlachter wehren sich mit dem Reinheitsargument gegen eine Erweiterung der EG-Schlachtviehordnung, die den Zusatz von geringen Mengen Sojamehl zum Schweinefleisch in der deutschen Wurst ermöglichen würde. Übertriebene Panikmache? Mohammed, der Prophet mit dem Faible fürs Praktische, wußte genau, was er tat, als er das Schwein für unrein erklärte.

Doktor Reckewegs Ausführungen über das Unheil, das mit Wurst, Schinken und Sülzkoteletts über die Menschheit gekommen ist, legen die Frage nahe, warum noch niemand für den Transport so gefährlicher Güter vorausfahrende Begleitfahrzeuge mit Sirenen und Blaulicht gefordert hat. Ein Waggon Schweineschnitzel ist – gemessen an den Gesundheitsschäden, die mit dem Genuß von Schnitzeln verbunden sind – mindestens tausendmal so gefährlich wie ein Waggon radioaktive Molke. Eine drastische Höchstmengenverordnung wäre dann wohl das Mindeste, wozu die Regierung der Volksgesundheit verpflichtet wäre. Aber merkwürdigerweise hat fast niemand Angst vor Schweinefleisch. Entweder haben die Schweinemetzger eine magnifizente Lobby in Parlamenten und Lebensmittelkontrollbehörden oder das Volk verdrängt Gefahren, die es nicht realisieren will.

MÜSLI-FETISCHISMUS MACHT KRANK

Donald Ahrens und Elisabeth Thurmaier, die Autoren der Provokationsschrift *Biobetrug?*, sehen die Ursachen für den deutschen Schizokonsumismus vorwiegend in den Grauzonen des zeitgenössischen Merkantilismus, in einem von gewissen Erzeugerkreisen inszenierten »hochtourig laufenden Betrug am Konsumenten«. Fürs Bio-Busineß gilt die Regel: Angst bringt Reibach. Ahrens/Thurmaier führen dazu im einzelnen aus:»Ganze Bevölkerungsteile werden systematisch psychisch krank gemacht . . . Ängste der Eltern übertragen sich auf die Kinder, die dann mit Ängsten heranwachsen und die falschen Bilder imaginärer Bedrohungen bis zu Wahnideen und Geistesverwirrungen ausbauen können.«

Der Müsli-Fetischismus macht nicht nur psychisch, sondern auch physisch krank. Dem biodynamisch ausgelutschten Körnerfraß fehlt es an Eiweiß, Kochsalz, blutbildenden Vitaminen. Der britische Ernährungswissenschaftler Vincent Marks von der Universität Surrey hat in Reihenuntersuchungen nachgewiesen, daß Kinder von Diätfanatikern besonders häufig an Untergewicht und Wachstumsmängeln leiden, weil die ewige Gesundfutterei das physiologische Gleichgewicht beeinträchtigt. Obst, Haferflocken und angekeimte Leguminosen allein liefern eben nicht die Aufbaustoffe, die Kinder zum Wachstum brauchen. Professor Marks' Rat: Weg mit dem ganzen lakto-vegetabilen Vollwert-Tinnef. Die Pommes-und-Cola-Generation soll – mit Maßen – essen und trinken, was ihr schmeckt – wenn es nicht anders geht, auch Pommes und Cola.

Oder Hamburger mit Ketchup und Mayo. Der schlechte Ruf als uneleganter Dickmacher von niederem Nährwert, den der Hamburger im deutschen Schischi-Kulturraum genießt, ist ernährungsphysiologisch auch gar nicht begründbar. Im Gegenteil. Das Institut für Humanernährung an der Universität Kiel hat reihenweise Whoppers, Big Macs, Cheeseburgers und Doubledecker Leckerschmeckers getestet und ist zu dem Schluß gekommen, daß sogenanntes Junk Food aus dem übel beleumundeten neonbunten City-Imbiß kein Müllfutter ist, wie der Name suggeriert, sondern mineralien- und vitaminreiche Spitzennahrung. Was man von den reindeutschen Erzeugnissen der Bratwurst- und Frikadellen-Manufakturen so pauschal wahrlich nicht sagen kann.

Ja, gewiß, Schwarzbrot mit Hüttenkäse zum Abendbrot ist auch sehr hochwertig. Aber die Franzosen essen als Beilage fast nur Weißbrot und fast gar kein Schwarzbrot, sie schlagen sich abends den Bauch satt voll und sind trotzdem nicht nachweisbar weniger fit als der deutsche Normvertilger, der abends der angeblich besseren Nachtverträglichkeit wegen nur Butterbrote zu sich nimmt. Im Gegenteil: Die Westdeutschen dürfen sich im Durchschnitt doppelt so hoher Pro-Kopf-Gesundheitskosten und einer beinahe doppelt so langen Verweildauer in Krankenhäusern rühmen wie ihre Baguette-essenden Nachbarn von jenseits des Rheins. Die

Auswahl der Brotsorten kann also wohl nicht zu den schicksalhaften Lebenskomponenten gehören.

Man möcht' fast meinen, die Deutschen wären ein einzig' Volk von Hypochondern.

Hypochondrie, so lehrt das DTV-Lexikon, ist »übersteigertes Beschäftigen mit dem Gesundheitszustand des eigenen Körpers«. Sie sei jedoch nur als Krankheit zu bewerten, »wenn sie beherrschend hervortritt«. Das ist bei einer großen Zahl der Bundesbürger der Fall. Sie gehen ständig irgendwie seelisch am Stock. Für Angehörige einer Nation, die den Doktor Eisenbart, die Langemarck-Brigaden und die Trümmerfrauen hervorgebracht hat, sind die zeitgenössischen Deutschen auch in Gesundheitsdingen ein ziemlich weinerlicher Haufen. Die teilweise schon absurde Überversorgung im deutschen Krankenversicherungswesen empfinden die Nachbarn mit Recht als Ausfluß kollektiver deutscher Hypochondrie. Eine Sechs-Wochen-Kur auf Kosten der Ortskrankenkasse für die Ausheilung von Handinnenflächen-Akne – sowas gibt es sonst nirgendwo auf der Welt. Das Heilbäderwesen ist eine gestandene Milliarden-Industrie aus der Zeit, als die Bürgerlichen zum Schlafen noch Zipfelmützen aufsetzten.

Nein, es ist nicht nur die Grapschigkeit der Ärzte, die die Krankenkassenbeiträge in die Höhe treibt. Die Neurosen der Patienten und eingebildeten Kranken sind noch viel kostentreibender. Nur, die krankhafte Gesundsucht in sich ist im begrenzten Umfang kontraproduktiv: Je kranker sich einer fühlt, desto kranker wird er auch. Gerade die »pathogene Jagd nach Gesundheit«, so schreibt der Kulturkritiker Ivan Illich, gefährde die Gesundheit. Den Berufsmorbiden geht es wie Ödipus, dem Traurigen, der der Erfüllung des Orakels, gemäß der Auslegung durch den Philosophen Karl Popper, Vorschub leistet, indem er ihr zu entgehen versucht. Dieses Syndrom ist aus allen wesentlichen Bereichen der westlichen, besonders der westdeutschen Zivilisation bekannt.

Wenn der Unsinn konsequent betrieben würde, könnte er wenigstens nicht schaden. Aber für viele Biokonsumenten sind Müsli und Weizenkleie Alibikost, mit der sie ihre Ernährungssünden zu kompensieren trachten. Sie ruinieren mit Messer und Gabel, mit Alkohol, Fett, Nikotin und karzionogentriefenden Grill-Schweinswürstel ihre Gesundheit und versuchen dann, sich mit Yoga und Yoghurt wieder zurechtzutrimmen.

Wie gut, daß die Pharma-, Nahrungs- und Genußmittelindustrie für beinahe jedes Gift ein Gegengift hat. Ganz wichtig: Vitamine, Vitamine, Vitamine. Der *Spiegel* weiß von einem Friseur, der täglich sechzig Mineralien- und Vitaminpillen schluckt, um fit zu bleiben. Merke: Viel hilft viel. Dabei weiß die Medizin, daß der moderne Mensch, selbst wenn er sich lange Zeit von Junk Food ernährt, fast nie an Vitaminmangel leidet. »Wenn Sie schon nicht auf das Rauchen verzichten wollen«, so empfiehlt salvatorisch-suggestiv die Molkereiwerbung, »dann trinken Sie wenigstens Milch.« Kaum, daß deutsche Gesundheitsämter in Kindergärten Anzeichen von Verkalkung und erhöhte Cholesterinspiegel aufgrund übertriebenen Verzehrs von Süßigkeiten festgestellt hatten, waren die Zuckerbäcker auch schon mit Bioschokolade und Biobonbons auf dem Markt. Marktwirtschaft for ever.

Der Terminus »biologisch« ist in der Bundesrepublik kein gesetzlich geschütztes Prädikat – weil er sachlich unsinnig ist. Landwirtschaft ist immer biologisch. Das Präfix »Bio« sagt nichts, aber auch gar nichts über die Qualität der Ware aus. Schon denkbar, daß frei pickende Hühner glücklicher sind als Hühner aus Legebatterien – mal unterstellt, daß das seelische Wohlergehen von Federvieh eine meßbare und koordinatenverwendungsfähige Größe darstellt. Der von »Animal's Lib« unterstellte Kausalkonnex zwischen Hühnerglück und Eierqualität freilich ist nicht nachzuweisen. Die sogenannten Freilaufeier sind den gleichen Primär-Umwelteinflüssen ausgesetzt wie industriell erzeugte Eier von KZ-Hühnern, wie sie die Ökomorphologen mit der ihnen eigenen geschmacklosen Treffsicherheit nennen. Das sogenannte Fabrikei hat vollen Dispens auch von der Stiftung Warentest. Im Zweifelsfall darf man wohl auch davon ausgehen, daß die genormten, abgepackten und standardisierten Lebensmittel aus dem Supermarktregal gesünder sind als Bio-Artikel – einfach weil sie strengeren Qualitätskontrollen unterworfen sind. Ausnahmen bestätigen die Regel.

1983 legten Agrarwissenschaftler von landwirtschaftlichen Instituten in München, Speyer und Oldenburg das Ergebnis von 39 000 Einzelanalysen eines dreijährigen Großversuchs vor, bei dem kaum ein Bioklischee heil blieb. Die Agrarinspektoren wiesen nach, daß »zwischen den Nahrungsmitteln aus modernem und alternativem Angebot keine wesentlichen Qualitätsunterschiede nachweisbar« waren. Unabhängig davon, ob sie mit Hilfe von Natur- oder Mineraldünger erzeugt worden waren.

Der Gehalt an Schad- und an Nährstoffen war nahezu identisch. Nur in fünf von 3764 Tests wurde eine Überschreitung zulässiger Höchstmengen ermittelt – dreimal bei herkömmlichen, zweimal bei alternativen Produkten. Der Quecksilber- und Bleigehalt war in beiden Produktgruppen bedeutungslos, der Cadmium-Anteil freilich nicht ganz so unerheblich. Die roten Bete aus alternativer Zucht wiesen einen fünfmal so hohen Nitratgehalt auf wie die aus der normalen Produktion.

Auch im Geschmack zeigten sich keine Unterschiede. Und was entlarvend war, auch nicht im Gehalt an Insektizidrückständen. Das legt den Verdacht nahe, daß die Alternativprodukte ebenso gespritzt waren wie die herkömmlichen. In den Bio-Produkten fanden sich sogar Spuren von Aldrin und Dieldrin, Pflanzenschutzmitteln, die in der Bundesrepublik verboten sind. Allerdings in geringen Mengen, die nicht gesundheitsschädlich waren. Mit einem Wort: Nullachtfuffzehn- oder Biokost, alles Jacke wie Hose.

Diese Ergebnisse sind allgemein zugänglich. Doch die Deutschen glauben, was sie glauben wollen. Die Zeitschrift *Hörzu* veröffentlichte im Oktober 1987 das Ergebnis eines Geschmackstests, der das trefflich belegt. Die Tester durften sechs Sorten von Tomaten kosten. Das Urteil fiel aus wie erwartet. Die angeblich »deutsche Tomate aus biologischem Anbau« schnitt mit großem

Abstand am besten ab. Die angebliche holländische Gewächshaustomate bekam die schlechtesten Noten. Tatsächlich waren die sechs Nachtschattengewächse alle identisch: gleiche Sorte, gleiche Größe, gleiche Herkunft. Nur die Legenden waren unterschiedlich. Doch der Verbraucher hat sich einreden lassen, Holland-Tomaten seien Wasser im vierten Aggregatzustand, das durch Beigabe von Farbstoff vermarktbar gemacht wird. Und davon geht er nicht ab.

BIOKOST GEGEN ONANIE

Vor allem Biokost ist Glaubenssache. Laut *Hörzu* sind 53 Prozent der Bundesbürger davon überzeugt, daß Biokost gesünder ist als normale Kost. Nicht nur gesünder, irgendwie auch ethisch höherwertig. Rudolf Heß, der Stellvertreter des Führers, sah sogar Kausalitäten zwischen Rassenreinheit und reiner Ernährung. Pfarrer Eduard Baltzer, einer der Vorbeter der sogenannten Frugivoren-Bewegung (Frugivoren für »Fruchtfresser«) maß dem Fleischgenuß eine Schlüsselfunktion für die soziokulturelle Entwicklung der Nation zu. Mit gesunder pflanzlicher Ernährung, so schrieb er, ließen sich allerlei Zivilisationsübel wie Verbrechen, Prostitution, Onanie und Geschlechtskrankheiten leicht vermeiden. Jean-Antoine Gleizes, einer der Apologeten des neuzeitlichen Vegetarismus, pries schon 1821 in seinem Werk *Thalysia oder Das Heil der Menschheit* die gnadenbringende Wirkung von unverbildeter Pflanzenkost. Der Wolf, so schrieb er, lasse sich durch die Verfütterung von Brot zähmen. Und: »Die Capella-Schlange, deren Gift das furchtbarste ist, verliert dasselbe, nachdem man sie einer rein vegetarischen Ernährung unterworfen hat.« Monsieur Gleizes hat das gottlob nie ausprobiert.

Die Hohepriester der Gesundbeterei haben zuweilen ein nüchterneres Verhältnis zu ihrer Religion als das huldigende Volk. Als die Grünen ins Bonner Parlament und damit ins Bundestagsrestaurant einzogen, mußte unbedingt eine biodynamische Speisekarte her. Doch die Küche des hohen Hauses blieb auf ihren fortschrittlichen Speisen sitzen. Denn die grünen Biokostgänger aßen lieber Schweineschnitzel mit Erbsen und Möhrchen.

Nicht, daß Bioerzeugnisse Betrugsprodukte wären, weil sie teurer sind, ohne besser zu sein. Wenn nicht der Nährwert den Preis des Erzeugnisses bestimmt, sondern die Menge der investierten Arbeit, wie Adam Smith, der Vater der Nationalökonomie, gelehrt hat, dann sind biologische mindestens dreimal soviel wert wie normale Nahrungsmittel. Ein Biobauer muß doppelt bis dreimal so viele Arbeitsstunden in einen Sack Kartoffeln stecken wie ein moderner Landwirt – mal unterstellt, daß er wirklich akkurat nach der reinen Biolehre wirtschaftet.

Die »Stiftung Warentest« hatte schon 1976 in *Test* erklärt: »Die Erträge sind wesentlich niedriger als bei Normalanbau. Bei einer Umstellung der Landwirtschaft auf biologische Methoden wäre eine ausreichende Versorgung mit Nahrungsmitteln nicht mehr gewährleistet.« Was die »Stiftung Warentest« erklärt, ist bisweilen nicht der wissenschaftlichen Wahrheit letzter Schluß. Aber im Bio-Bereich decken sich ihre Erkenntnisse weitgehend mit denen der Wissenschaft.

Der unkundige Kunde ist im Zweifelsfall gut beraten, wenn er das Bio-Angebot bis zum Beweis des Gegenteils für unlauter hält. Auf deutschen Großmärkten gehören die etwas liederlich gekleideten jungen Leute in Jesuslatschen, die kurz vor Marktschluß auftauchen, um die unverkauften Reste zu erwerben, zum Standardpublikum. Sie kaufen vorzugsweise unansehnliche Waren, die den Eindruck vermitteln sollen, hier sei zugunsten innerer Werte auf äußere Schönheit verzichtet worden. Man weiß auch von Großbäckern, die Standardbrot und Biobrot aus ein und demselben Teig machen.

Der erfahrene Hypochonder fährt auf alles ab, was häßlich ist. Wenn die pausbackigen dicken Strahle-Äpfel – was unbewiesen geglaubt wird – der Gesundheit schaden, weil sie gespritzt sind, dann müssen die kleinen Schrumpfäpfelchen mit den Pockennarben ja wohl besonders gesund sein – analog zu dem seit der Lebertran-Welle ungebrochenen Vorurteil, daß alles gesund ist, was nicht schmeckt. An diesem Aberglauben haben sich zahllose

alternative Landkommunen gesundgestoßen. Im Bio-Bereich gibt
es auch keine Qualitätskontrolle, weil der Erzeuger in der Regel
direkt an den Verbraucher verkauft.

»Preisen Sie jede Laus im Spinat«

Um die Stöße der grünen Konkurrenz zu unterlaufen, hat sich die
etablierte Industrie in Teilbereichen an die Spitze der alternativen
Bio-Hudelbewegung gesetzt. Ohne viel Überzeugungskraft indessen. Anfang 1986 hat die »Stiftung Warentest« 18 Bio-Wasch-
mittel auf ihre Umweltverträglichkeit hin untersuchen lassen. Das
Resultat war verheerend. Biofein, bionatura, Neutralseife – alles
Wischiwaschi. Die Waschmittel wuschen entweder nicht sauber,
oder sie waren nicht umweltfreundlich. Kurzum, es setzte sieben-
mal »mangelhaft« und nur einmal »gut«. »Sehr gut« kam überhaupt nicht vor. Sehr gut ist nur der Umsatz.

Angeschmiert ist vielfach auch die Anwenderin biodynami-
scher Kosmetika, die sich in den Regalen der Schönheits-
Workshops und Parfümerien breitzumachen beginnen. Nicht, daß
sie schädlich wären. Aber sie sind ebenso mit Konservierungsstoffen versetzt wie alles, was die herkömmliche Beauty-Pöttchen-
Wirtschaft unter die Leute bringt. In München gibt es sogar einen
makrobiotischen Friseur, der zum Färben und Haarewaschen nur
eßbare Substanzen verwendet und Pickel mit garantiert tierver-
suchs- und konservierungsstoffreien Pickelpasten wegmacht. Die
Kundschaft ist ganz närrisch auf den Biofigaro und seine fabel-
haften Salben und Tinkturen. Nur, nutzen tun sie nichts.

Der Volksmund spricht: Die Welt, die will betrogen sein. Dafür
gibt es zahllose Belege. »Eine schrumpelige Sellerieknolle aus
dem Biogarten«, schrieb die Bio-Aktivistin Ilse Dörner im *Börsen-
blatt,* sei »ihrer bildschönen Kollegin mit dem Gütezeichen I
erstaunlich überlegen.« Und: »Preisen Sie jede Laus im Spinat
und jede Raupe im Blumenkohl, denn wenn die überlebt haben,
dann ist auch wenig Spritzflüssigkeit haften geblieben.« Schöner
kann man den romantischen Nonsens nicht ausdrücken.

Zur Vorsicht mahnt schon die Statistik, 1984 wurden 22000 Hektar der verfügbaren Anbaufläche in der Bundesrepublik alternativ bewirtschaftet. Das sind ungefähr zwei Promille. Wenn man zu Gunsten der Alternativen davon ausgeht, daß ihre Höfe auch nur halb so produktiv sind wie konventionelle, dann ergibt sich, rein rechnerisch, für biodynamische oder makrobiotische Produkte ein Anteil von etwa 0,1 Prozent. Der Umsatz der Bioläden und Reformhäuser dagegen beträgt ein bis zwei Prozent des Gesamtumsatzes der Lebensmittelbranche. Gut fünf Prozent der Bevölkerung kaufen regelmäßig und überwiegend »Naturkost«. Was aus dem Ausland dazugekauft wird, ist negligeable, weil in der Herkunft noch unkontrollierbarer. Man braucht nicht um Prozent zu feilschen, um Einigung über den Verdacht zu erzielen, daß da en gros gemauschelt wird. Rührend zu erleben, wie sich die Mitglieder des »Bundesverbandes Naturkost« darüber in die Wolle geraten, ob man weiter Waren von Herstellern kaufen solle, die auch Supermärkte beliefern und dadurch die Handelsethik verletzen.

Betrug ist ein hartes Wort. Was die Öko-Szene nachhaltiger in Verruf gebracht hat als überteuerter Läusespinat und Eier von seelisch ausgeglichenen Hühnern, das ist der häufig offene Widerspruch zwischen Worten und Taten ihrer Wortführer. Der Landwirt Rudolf Esser aus Biburg schrieb aus gegebenem Anlaß über den Bio-Propagandisten und »BUND«-Vorsitzenden Hubert Weinzierl, der unablässig die Kurzlebigkeit »unserer Kreatürlichkeit« und die »siebenmillionenfache Verkürzung normaler Evolutionsabläufe« beklagt: »Er [Weinzierl] läßt seinen Betrieb durch einen Verwalter nach genau denselben Gesichtspunkten, also mit genausoviel Handelsdünger und Pflanzenschutzmitteln bewirtschaften, wie wir es auch tun ... Es zeugt von wenig Wahrheitsliebe des Bundes ›Naturschutz‹, wenn der Vorsitzende im eigenen Betrieb das Gegenteil von dem tut, was er in der Öffentlichkeit sagt.« Merke: Der Weise wirkt mehr durch das, was er tut, als durch das, was er sagt.

Der biodynamische Landbau vollzieht sich im Gegensatz zu anderen Auswüchsen schrulliger Weltschau auf politisch neutralem Terrain. Auf dem Bio-Acker fließen linke und konservative Gesinnung zu einem rückwärtsgewandten Mystizismus zusammen, der sich mit fast jeder politischen Couleur verträgt. Die verquaste Kreuz-und-quer-Denkerei zum Beispiel des Elite-Anthroposophen Rudolf Steiner hat im Denkspektrum der rotgrünen Front wie bei den Liberalen deutliche Riefen hinterlassen.

Steiner träumte nicht von gestern, sondern von vorvorvorgestern. Er suchte seine ideale Lebensform im 12., 13. Jahrhundert. Damals, so lehrte er, seien die Menschen gesünder gewesen, vor allem, weil sie noch nicht die Kartoffel kannten, unter deren Einfluß die menschliche Physis degeneriert sei. Steiner lehrt nicht, daß damals die Menschen nicht mal halb so alt wurden wie heute, daß sie in Dreck und Elend lebten, zwölf Stunden am Tag für unvorstellbar niedrige Erträge arbeiteten, daß ihr Vieh häufig von Seuchen und ihre Ernten häufig von Schädlingen vernichtet wurden, weil es keine Impfstoffe und Pflanzenschutzmittel gab und daß sie selbst oft lebenslang unter Krankheiten litten, die heute mit einer Kurpackung Antibiotika kuriert werden können.

Rudolf Steiner war gewiß ein rühmenswerter Pädagoge. Aber seine ernährungsphysiologischen Denkansätze sind streckenweise von so beispielloser Absurdität, daß sie, wie Donald Ahrens und Elisabeth Thurmaier schreiben, wohl nie für die zweite Hälfte des 20. Jahrhunderts hätten konserviert werden können, wenn die Nazis sie nicht verboten hätten.

Einzigartig sind Steiners schrullige Etüden freilich nicht. Was im warmen Regen der Vergiftungsängste an Bioliteratur ins Kraut schießt, kann sich zum Teil recht gut mit Steiners Schriften messen. Der grüne Autor Harald Kabisch etwa schreibt in seinen *Grundzügen eines biodynamischen Land- und Gartenbaus:* »Über allem, was der Mensch tut, wirken die Gestirne ... Leguminosen (= Hülsenfrüchtler) reagieren besonders gut auf die zunehmende Mondphase ... Die Anwendung der Spritzmittel Kiesel und Kuhmist kann ausgleichend gegenüber dem Vollmond oder dem Neumond wirken.« Und der Mann macht Auflage mit solchem Quark.

Düngung ist das halbe Leben. In Band I von Autor Franz Lipperts *Biologisch-dynamischer Land- und Gartenbau* lesen wir Ausführungsbestimmungen. Lippert rät, frei nach Steiner, Kuhdung den Winter über in abgesägten Kuhhörnern zu verwahren. Das macht ihn schön sämig. Er empfiehlt zur Herstellung von höchstwertigem Volldünger die Verwendung der Harnblase eines männlichen Edelhirschs. Da hinein füllt man feuchte Schafgarbenblüte und läßt sie einen Sommer lang trocknen.

Wenn man keinen Edelhirsch zur Hand hat, kann man auch einen ordinären Haustierschädel nehmen, diesen mit Eichenrinde füllen und ihn einen Winter lang dem Wasser aus einer undichten Dachrinne aussetzen. Jedoch nicht vergessen: »Die Schädel, wie sie vom Schlachter erhältlich sind, [müssen] durch das Hinterhauptloch vom Gehirn befreit werden.« Beim Anwender kann das Hirn drinbleiben, weil es in der makrobiotischen Landwirtschaft eh keine Rolle spielt.

Aber Hunderttausende von naturbeseelten Weekend-Bauern und Hobby-Agronomen glauben daran. Sie dürfen das getrost tun, weil sie sich von den Früchten ihres Landbaus nicht ernähren müssen. Wenn die biodynamische Ernte nicht reicht, können sie das Defizit jederzeit mit Obst und Gemüse oder mit Konserven aus dem Supermarkt decken.

Soviel ist klar: Eine arbeitsteilige moderne Industriegesellschaft kann es sich nicht leisten, den Mist für den Anbau ihrer Grundnahrungsmittel teelöffelweise aus Kuhhörnern zu schöpfen und auf den Gebrauch von technischen Hilfsmitteln bei Aussaat und Ernte zu verzichten. Die schwach oder gar nicht industrialisierten Länder der Dritten Welt können das um so weniger. Ohne Kunstdünger, chemische Unkrautvertilger und Insektizide wäre für nur halb so viele Menschen Platz auf der Erde, wie jetzt auf ihr leben. Und die überlebende Hälfte hätte einen Lebensstandard wie die Menschheit zu Anfang des 19. Jahrhunderts.

»Wer die moderne Technik verflucht«, schreibt Fernseh-Professor Heinz Haber in seinem Buch *Unser blauer Planet,* »erweist sich als ein ignoranter Schwärmer.« Denn: »Würde der Mensch immer noch als Sammler und Kleinjäger existieren oder als Bauer mit dem Jauchefaß sein Feld düngen, so müßte der Großteil der Menschheit verhungern.« Noch Mitte des letzten Jahrhunderts starben in Irland über eine Million Menschen, weil die Kartoffelpest die Ernte verdorben hatte. Die Deutschen verdanken der Kartoffelpest den Hungerwinter 1916/17, dem über eine halbe Million Menschen zum Opfer fiel.

Die Freuden des sogenannten einfachen Lebens auf dem Lande – Karl Marx nannte es auch den »Idiotismus des Landlebens« – ist ein Privileg für privilegierte Angehörige von Hochzivilisationen, die wohlhabend genug sind, die Ökonomie zu vernachlässigen. Sie sind ein Vorrecht der Satten, die – Originalton Deutscher Bauerntag – »Bohnen in den Ohren, Tomaten auf den Augen und Spinat im Hirn haben«. Aus Afrika jedenfalls hat man bislang noch nichts von makrobiotischen Anbaumethoden vernommen – was freilich nicht bedeutet, daß das ökologische Gleichgewicht in der Dritten Welt ideal ausbalanciert wäre.

Selbst die gute alte Jauche ist nicht mehr en vogue. Heute heißt sie Gülle und vergiftet angeblich Boden, Flüsse und Seen. Um den Ausstoß zu reglementieren, fordern die Grünen deshalb eine Bundesjauche-Ordnung. Die Bauern sollen, wie es zum Beispiel in einem Strategiepapier der Grünen im Landkreis Harburg hieß, die Düngung nicht mehr am Bedarf der Pflanzen messen, sondern an einer noch zu verhandelnden Gülle-Höchstmengen-Verordnung. Es ist richtig, daß die Niederländer mit ihrer hochproduktiven High-tech-Landwirtschaft ein nationalökologisches Jaucheproblem haben. Doch davon sind die Deutschen noch meilenweit entfernt.

Bei den Sozialdemokraten haben solche Reformvorschläge viele Sympathien. Die SPD-Naturfreundefraktion favorisiert auch seit Jahren eine drastische Einschränkung, besser noch die Abschaffung von Insektenvertilgungsmitteln zugunsten »natürlicher« Insektizide.

Die Brachialnaturalisten wollen – in Anlehnung an das inzwischen gekippte Bier-Reinheitsgesetz – alle künstlichen Zusätze in Lebensmitteln abschaffen, also nicht nur Stoffe, die die »sensorischen Eigenschaften von Nahrungsmitteln verbessern«, wie die Erzeuger das etwas euphemistisch nennen, sondern auch Stabilisatoren, die die Haltbarkeit verlängern. Noch ist des Planes Umriß dunkel, doch dem Betrachter schwant schon was von seiner schauerlichen Großartigkeit. Die volkswirtschaftlichen Dimensionen des für den Fall seiner Durchsetzung zu erwartenden Desasters kann man im Heimtest erarbeiten. Man braucht nur den Kühlschrank für ein paar Tage außer Betrieb zu setzen und den Inhalt im Keller zu lagern.

Salz und Nikotin, die zwei führenden Zivilisationsgifte, hätten nicht die geringste Chance, das amtliche Unbedenklichkeitssiegel zu bekommen, wenn sie nach dem Buchstaben der Höchstmengenverordnung bewertet würden. Mit dem Nikotin aus zwei Packungen Zigaretten könnte man einen Menschen schlagartig umbringen, wenn man es ihm konzentriert mit dem Teelöffel verabreichen würde. Trotzdem, außer einem Gesetz, das den Hersteller verpflichtet, eine alberne Warnung auf der Schachtel abzudrucken, hat der Gesetzgeber noch nichts im Kampf gegen die tödliche Seuche zustande gebracht. Auch von alternativer Seite hat man noch nichts Namhaftes zum Nikotintod vernommen. In den linken Szeneblättern werben todschicke progressive Typen in Jeans und Schreinerhemden ebenso ungeniert für Selbstgedrehte aus »hollandse Halfzwaare« wie in der *Männer Vogue* die Münchner Yuppies und ihre Tüllmädchen für »Players« im Porsche-Look.

Rauchende Umweltschützer sind nur gegen die Umweltgifte, die die anderen produzieren. Das Rauchen wollen sie sich auch nicht verbieten lassen. Freier Qualm für freie Bürger. Aber kann man von den blickfeldverengten grünen Schickis mehr Einsicht verlangen als von einem Bundesumweltminister, der das Qualmen nicht mal lassen kann, wenn er im Fernsehen über die Gefahren der Luftverpestung redet?

Gesundheit ist kein unerschwingliches Gut. Wer gesund lebt, hat auch gute Aussichten, bis in die siebziger Lebensjahre hinauf gesund zu bleiben. Aber die Deutschen leben nicht gesund, und sie wissen es auch. Gemessen an medizinischen Kriterien, wären 70 Milligramm Salzverbrauch am Tag richtig. Das ist soviel, wie man benötigt, um ein Frühstücksei zu salzen. Der durchschnittliche westdeutsche Speisesalzverbrauch liegt aber bei 15 Gramm. Ebenso maßlos gehen die Deutschen mit Zucker um. Der Durchschnittsdeutsche versüßt sich sein Dasein mit 100 Gramm Zucker am Tag, mehr als dreimal soviel, wie Ernährungswissenschaftler für die verträgliche Maximaldosis halten. Zucker, so hat die amerikanische Gesundheitsbehörde festgestellt, ist verantwortlich für einen bunten Reigen von teilweise schweren Krankheiten. Er verursacht, wenn man ihn wie die Deutschen im Übermaß genießt, Allergien, Arteriosklerose, Bluthochdruck, Krebs, Gallensteine, Übergewicht und Diabetes. Doch weil er – neben Alkohol und Salz – zu den sogenannten natürlichen Konservierungsstoffen gehört, ist er im Gegensatz zu den künstlichen nicht genehmigungspflichtig.

Wozu überhaupt Lebensmittel-Zusätze. Warum werden Lebensmittel nicht verzehrt, wie die Natur sie hat wachsen lassen?

Weil ohne chemische Ingredienzien die Ernährung der Massengesellschaft nicht sichergestellt werden könnte und das kulinarische Niveau auf den Stand des letzten Jahrhunderts zurückfallen würde. Konservieren im Sinne des deutschen Lebensmittelgesetzes bedeutet nichts anderes als die Bewahrung des natürlichen Frischezustandes zum Verzehr bestimmter Waren entweder durch

Erhitzen oder unter Einsatz gesundheitsunschädlicher Dosen Chemikalien.

Ohne all die Antioxidantien, ohne die Ameisen-, Benzoe- und Sorbinsäuren würde das Sortiment im Tante-Emma-Laden auf ein Fünftel zusammenschnurren. Nicht, daß der Gedanke unerträglich wäre. Aber wozu das? Gesalzenes Pökelfleisch ist ja nicht mal gesünder als Rindfleisch in Dosen mit Konservierungsstoffen.

Gift ist Gift. Zu viele Konservierungsstoffe sind schädlich. Auch die modernen Insektizide und Herbizide sind giftig, mithin ebenfalls schädlich, wenn die verträglichen Dosen überschritten werden – aber nur, wenn es wirklich zuviel wird. Ohne Gift geht's nicht. Ohne Insekten- und Unkrautvertilgungsmittel würden die Ernteerträge der Landwirtschaft ins Bodenlose stürzen. Die Forderung nach Nullkonzentration ist unrealistisch. Es kommt darauf an, das Gift so zu dosieren, daß es den Schädlingen schadet, aber nicht den Menschen.

Gewiß, Gesetze werden übertreten. Die Grenzwerte sind daher so gestaltet, daß auch eine wesentliche Überschreitung einem schwachen oder geschwächten Organismus nicht schaden kann. Selbst eine zehnfache Überdosierung muß nicht automatisch eine »Giftkatastrophe« sein. Da in all den Jahren – Mordopfer ausgenommen – nicht nachweislich jemand an Insektengift oder Unkrautvertilgungsmittel gestorben ist, darf man davon ausgehen, daß die gesetzlich vorgeschriebenen Höchstdosierungen die Grenze der Verträglichkeit tatsächlich nicht überschreiten. Der Giftgehalt der meisten Insektengifte ist so schwach bemessen, daß man mehrfach spritzen muß, weil sie sich oft schon nach ein paar Tagen total verflüchtigt haben.

Es ist korrekt, wenn die Umweltschützer behaupten, der deutsche Durchschnittsapfelbaum werde in einer Vegetationsperiode bis zu 25mal gespritzt. Nur, daß sich gerade in der Häufigkeit die Umsicht zeigt, daran denken sie nicht. Man könnte die Bäume auch mit drei kräftigen Insektizidduschen schädlingsfrei kriegen, allerdings um den Preis der gesundheitlichen Gefährdung für den späteren Konsumenten.

Die alternativen Spritzmittel sind nachgewiesenermaßen ebenfalls unschädlich für den menschlichen Organismus. Aber sie sind auch unschädlich für die Schädlinge, die sie vernichten sollen. Die Biologische Bundesanstalt für Land- und Forstwirtschaft in Berlin hat ein Rezept für Brennesselbrühe getestet, mit dem sich nach Angaben der Hamburger Verbraucherzentrale die Blattlaus wirksam bekämpfen läßt. Die Tester setzten zwei Kulturen Blattläuse auf Pflanzen aus und bespritzten die eine mit chemischen Mitteln, die andere mit Brennesselbrühe. Das Resultat: Die chemisch besprühten Läuse waren alle tot, die anderen tummelten sich bei bester Gesundheit auf ihren Blättern, als sei nichts gewesen.

MILLI, MIKRO, PICO, NANO

Die irrationalen Vergiftungsängste wären bei weitem nicht so ausgeformt ohne die ins Phantastische verfeinerte elektronische Spurenanalytik. Die Lebensmittelprüfer operieren im Bereich von Milliardstel-Margen, die für die menschliche Gesundheit weniger als unerheblich sind. Sie können gegebenenfalls noch einen Löffel Zucker in der Außenalster nachweisen, indem sie an einer beliebigen Stelle eine Wasserprobe entnehmen. Das öffentliche Ökobewußtsein ist nicht so sensibel geworden, weil der Giftgehalt in der Nahrung gestiegen wäre, sondern weil die Möglichkeiten zur analytischen Darstellung sich um ein Vielfaches potenziert haben. Was gefährlich ist und was nicht, ist für den Nichtfachmann schon lange nicht mehr quantifizierbar. Wer weiß denn überhaupt, daß tausend Picogramm auf ein Nanogramm gehen, tausend Nanogramm auf ein Mikrogramm und tausend Mikrogramm auf ein Milligramm?

Das Zahlenverständnis des Durchschnittsbürgers hört irgendwo zwischen der siebten und zehnten Stelle auf. Und nicht nur das des Durchschnittsbürgers. Bundeswirtschaftsminister Martin Bangemann gab 1986 in einem Interview mit *Hörzu* auf wiederholtes Befragen zu erkennen, daß er nicht wußte, wie viele Nullen einen Milliarde hat.

Dampfplauderer Bangemann, seinerzeit auch noch Vorsitzender der FDP, die sich eine Naht darauf einbildet, daß sie besser mit Geld und Zahlen umgehen kann als ihre Wahlmitbewerber, ist ein nicht mal sonderlich krasser Fall von »innumeracy«, wie die Amerikaner das nennen. Innumeracy ist der Analphabetismus der Gebildeten. Es ist die Unfähigkeit, alltägliche Zahlen richtig zu gewichten. Besonders problematisch sind natürlich Maßeinheiten, denen der Bezug zur persönlich erfahrbaren Wirklichkeit fehlt.

Sachkenntnis ist nicht gerade eine der vorzüglichsten Eigenschaften der zeitgenössischen deutschen Problembuchschriftsteller, die von der Darstellung von allerlei echten und synthetischen Gefahren und Katastrophen leben. Die Öko-Autoren Donald Ahrens und Elisabeth Thurmaier haben nach eigenem Bekunden ungefähr hundert Bio-Bücher ausgewertet und angeblich nicht einen einzigen Hinweis auf die bundesdeutschen Schutz- und Kontrollmaßnahmen für Nahrungsmittel gefunden. Sie behaupten, daß keiner der Verfasser die deutschen Lebensmittelgesetze kennt und daß keiner von ihnen weiß, wie man die schädliche Menge einer in der Nahrung enthaltenen Substanz errechnet. Verwunderlich wäre es nicht. Denn es stünde im Einklang mit der kümmerlichen Reputation, die die Mathematik im deutschen Salon genießt.

Wie schwer sich deutsche Ökoschrifttumsschaffende beim Umgang mit Nullstellen tun, das hat der illustrierte *Stern* in einem Bericht über ein Großfeuer im Hamburger Hafen deutlich gemacht. In der Nacht auf den 4. April 1985 hatte ein Teil von Schuppen 74 Feuer gefangen. Gut ein Vierteljahr danach kam der *Stern* mit einer Story auf den Markt, die den Hamburgern im nachhinein das blanke Entsetzen den Rücken hinabjagte. »An einer entsetzlichen Gift-Katastrophe« sei Hamburg nur vorbeigekommen, »weil die Hafenarbeiter rechtzeitig erkannt hatten, daß die eigentliche Gefahr in den großen Containern mit den Totenkopf-Aufklebern lauerte.«

In Seveso, so der *Stern* vorn in derselben Ausgabe, hätten 1976 zwei Kilogramm des »Supergiftes Dioxin« gereicht, um eine Katastrophe auszulösen. In Hamburg wären, wenn die beherzten Arbeiter das Desaster nicht verhindert hätten, »nach den Berechnungen von Chemikern« 500 Kilo Dioxin entstanden.

In der Woche darauf erschien – diesmal ganz weit hinten im Blatt – ein Nachschub zu der Geschichte über die gerade nochmal abgewendete Tragödie. Darin teilte die Redaktion mit, sie hätte sich um zwei Nullstellen verrechnet. Nicht 500 Kilo Dioxin wären schlimmstenfalls über Hamburg niedergegangen, sondern 5,6 Kilo – aber eben auch nur schlimmstenfalls. Die Korrektur war drapiert mit einem Höllenfoto und mit einer verklausulierten Erklärung, die den Eindruck vermittelte, daß der *Stern* mit seiner Katastrophenwarnung zwar im Prinzip, aber eben nicht mathematisch genau recht gehabt habe. Man hatte sich bloß um rund zehntausend Prozent verschätzt. Und auch diese Rechnung war noch nicht über alles Stirnrunzeln erhaben. Andere kamen auf 300 Milligramm oder ein drittel Gramm Dioxin – ein Fünfzehntausendstel der Menge, die der *Stern* in seiner Korrektur genannt hatte.

Ringelblumensud gegen Krebs

Vor hundert Jahren, also bevor die Wissenschaft dem Verbraucherbewußtsein mit ihren elektronischen Waagen auf die Sprünge half, bekamen die Leute erst Angst vor Gift in der Nahrung, wenn jemand umfiel. Es gab damals keine Verfahren, mit denen man den Giftgehalt mit der erforderlichen Exaktheit prüfen konnte. In der Pionierära des Kapitalismus, als das Wort »Umweltschutz« noch nicht erfunden war, mußten die Menschen in den Ballungsräumen Schwermetalle in wirklich gesundheitsgefährdenden Mengen schlucken. Sie hätten nach heutigem Kenntnisstand reichlich Grund zur Angst gehabt. Aber sie hatten keine – weil sie die Gefahren nicht kannten.

Heute haben die Leute Angst, weil sie wissen, daß Lebensmittel zuweilen Cadmium und Zink und Blei enthalten, und obwohl ein bombastischer Überwachungsapparat aufpaßt, daß der Schadstoffgehalt sich in verträglichen Grenzen hält. Doch die Angst ist selten von der Kenntnis von Grenzwerten und Höchstmengen getragen, die bekanntlich nirgendwo auf der Welt so pedantisch gehandhabt werden und deren Toleranzmargen nirgendwo so niedrig sind wie in der Bundesrepublik.

In den sechziger Jahren brauchten die Prüfer nach den Vorschriften des Lebensmittelgesetzes die Ergebnisse von acht Einzelanalysen, um einen Wein auf seine Genießbarkeit zu prüfen. 1985 waren 35 Einzelprüfungen vorgeschrieben. Wurst durchlief früher vier bis fünf Tests, heute sind es über zwanzig. Nur die Gifte in der freien Natur unterliegen nicht der gesetzlichen Kontrolle. Pilzsammler und Wildkrautsalatfreunde müssen selbst aufpassen, daß sie sich nicht vergiften.

Das gilt verstärkt für die Anhänger der Naturheilkunst. »Pflanzliche Präparate sind nicht notwendigerweise sicher, weil sie natürlichen Ursprungs sind«, heißt es in einem Gutachten, das die Pharmakologische Abteilung des Londoner Charing Cross Hospitals im Herbst 1986 im Auftrag der britischen »Consumers' Association« erstellte. Herausgeber Andrew Herxheimer nennt die Gefahren auch beim Namen. Sassafras im Kräutertee und Schwarzwurzeln stehen im dringenden Verdacht, Krebs zu verursachen. Der Genuß von Teufelskraut und Geißklee führt bei schwangeren Frauen zu Fehlgeburten, der Verzehr von Berberis und Kreuzkraut zu schweren Leberschäden. Daß Birnen- und Pflaumenkerne giftig sind, steht schon im Biologiebuch für Sechstklässler. Trotzdem werden sie als Heilmittel für Zivilisationszipperlein angeboten und reißend abgesetzt.

Gesundes Mißtrauen gegen die Pillenflut aus den Mixmaschinen der Pharmachemie ist ganz gewiß am Platze. Das Contergan-Syndrom ist gerade dreißig Jahre alt. Doch die zeitgenössische Katastrophen-Sachliteratur, die die ganze Pharma-Branche pauschal zum Giftmischergewerbe degradiert, die pharmazeutische Erzeugnisse grundsätzlich als gesundheitsschädlich wertet, zeugt von einem stark gestörten Verhältnis der Deutschen zur Entwicklungsgeschichte ihrer eigenen Zivilisation. Daß zugleich in der Bundesrepublik ganz legal Ringelblumensud gegen Krebs verkauft werden darf, nur weil Ringelblumen was Natürliches sind, und auch der Gesetzgeber »Chemotherapie« für eine gräßliche Vokabel hält, das ist Schizophrenie in Potenz.

Die Schädlichkeit von Pillen hängt fast ausschließlich von der vereinnahmten Menge ab. 2500 der insgesamt 15 000 westdeutschen Dialyse-Patienten haben ihre Nieren durch den Mißbrauch von Schmerzmitteln ruiniert. Das heißt aber nicht, daß Kopfschmerztabletten ungesund sind. Ungesund ist nur die zunehmende Neigung des Konsumenten, Pillen wahllos, massenhaft und regelmäßig durcheinander zu futtern. Industriell erzeugte Pharmazeutika werden in Deutschland dank der rigorosen gesetzlichen Auflagen immer ungiftiger. Selten, daß in einem deutschen Krimi mal ein Giftmord vorkommt – einfach weil die Krimileser, mangels aktueller Bezugsfälle, zu der Materie kaum noch eine Beziehung haben.

Nur bei den sogenannten Naturheilmitteln fließen häufig Heil und Unheil ineinander. Deshalb hatten die alten Griechen für Gift und Arznei nur ein Wort: to pharmakon. Im alten Rom mußten Angaben über Gifte in Heilmitteln stets mit einem Zusatzvermerk versehen sein, der erkennen ließ, ob ein »gutes« oder ein »schlechtes« Gift gemeint war. Bis ins 19. Jahrhundert war die Pharmazie gleichzeitig die Lehre vom Gift und von den Heilmitteln.

»ALLE DING SIND GIFFT«

Der gelehrte Theophrastus Bombastus von Hohenheim, genannt Paracelsus, lehrte im 16. Jahrhundert, daß die Grenzen zwischen Gift und Heilmitteln nicht klar zu definieren seien. Paracelsus: »Was ist das nitt gifft ist? alle ding sind gifft / und nichts ist ohn gifft / Allein die dosis macht das ein ding kein gifft ist. Als ein Exempel / ein jetliche speiss und ein jetlich getranck / so es uber sein Dosis eingenommen wirdt / so ist es gifft / das beweist sein aufgang: Ich geb auch zu / das gifft / gifft sey.«

Die euphorische, bis zur Unkenntlichkeit getriebene Verklärung des Naturbegriffs findet nur im westlichen Kulturraum statt. Für die sogenannten Naturvölker – die sich selbst natürlich nicht so nennen – ist die Vokabel »Natur« überwiegend negativ besetzt. Natur ist launisch, unkalkulierbar, häufig böse. Der zivilisierte Mensch begreift die Natur nur deshalb andersrum, weil er sie mit Hilfe von Technik an die Kandare genommen, man kann auch sagen, zivilisiert hat.

Was ist Natur? Für den Hamburger Naturphilosophen Klaus Michael Meyer-Abich, der es von Berufs wegen eigentlich wissen müßte, ist »nur das ein Ding oder Lebewesen der Natur, worin die lebendige Kraft Natur wirkt und sich ausdrückt«. Auch Flüsse und Berge, so lehrte er, hätten eine Seele. Und Topfpflanzen gediehen am besten, wenn man ihnen von Zeit zu Zeit gut zurede. Meyer-Abich hat die Grenzen der Natürlichkeit in ihrem ursprünglichen Sinn für sich und seine Adepten ganz zweifelsfrei definiert: Fahrrad ja, Düsenflugzeug nein, Buch ja, Fernsehen nein, Naturheilmittel ja, Biozide nein.

Tatsache ist: Klaus Michael Meyer-Abichs ganze Philosophie ist Patchwork aus der dialektischen Flickenkiste der Frustgeneration. Nein, was Professor Meyer-Abich unter Natur versteht, das ist vorselektierte, verkitschte Natur zum Gebrauch in Soziologie-Seminaren und Öko-Teestuben.

Wenn man an die substantiellen Bestandteile von Lebensmitteln die gleichen kritischen Maßstäbe anlegen würde wie an die chemischen Zusätze, dann dürfte man viele natürliche Produkte nur noch mit Gummihandschuhen anfassen. Petersilie und Sellerie sind aufgeladen mit krebserzeugenden Substanzen, den sogenannten Psoralen. Die Erdbeere erhält ihren geschätzten Geschmack durch Methanol, Acrolein, Aceton und Crotonaldehyd, lauter hochgiftiges Zeug, das unweigerlich im Netzwerk der Höchstmengenverordnungen hängenbliebe, wenn es nicht schon von Anfang an in der geschätzten Nüßchenfrucht aus der Familie der Rosengewächse enthalten wäre, sondern nachträglich zugesetzt würde. Aber weil es natürlich ist, darf es passieren.

Die zulässigen Höchstmengen für chemische Zusätze sind nach dem Minimalprinzip kalkuliert. Das heißt, daß sie auch bei vielfacher Überschreitung der gesetzlichen Schwelle nicht kritisch werden können. Dabei ist auch berücksichtigt, daß einige Substanzen schwer abgebaut werden und ihre Wirkung Mikrogramm für Mikrogramm steigern können. Die bei lebenslanger Aufnahme gesetzlich zulässige Höchstmenge wird anhand eines in Tierversuchsreihen eruierten Durchschnittswertes ermittelt, der dann auf Menschen hochgerechnet und durch zehn geteilt wird. Damit auch die schwächsten Glieder in der Kette – Kinder, Schwangere, Kranke – abgesichert sind, wird dieser Wert noch einmal durch zehn geteilt. Das heißt: Alles, was über einem Prozent der im Labor als schädlich erkannten Dosis liegt, gilt toxikologisch als unverträglich.

Die Nahrungsmittelindustrie schöpft ihre Margen nur zu einem geringen Teil aus. Der Düsseldorfer Toxikologe Professor Friedrich Karl Ohnesorge hat ermittelt, daß 90 Prozent aller Lebensmittel, die in bundesdeutschen Läden vertrieben werden, weniger als zehn Prozent der erlaubten Höchstmengen an Zusatzstoffen enthalten. Sein lapidarer Schluß: »Es droht aus Verunreinigungen von Lebensmitteln derzeit keine Gefahr.«

Weil die Gesetze im Einklang mit der Verbesserung der Meßtechnik immer strenger geworden sind und obwohl sich der Schadstoffgehalt in den Lebensmitteln erheblich und permanent zurückentwickelt hat, ist die Mehrheit der Verbraucher davon überzeugt, daß sie mit ihren Speisen immer mehr Gift in sich aufnimmt. Merkwürdig nur, daß die Lebenserwartung in Mitteleuropa ständig steigt. Die Deutschen zum Beispiel leben heute rund doppelt so lange wie vor hundert Jahren. In Westdeutschland lebten 1982 fünfzehnmal so viele Menschen im Alter von 85 und mehr Jahren wie 1950. Und der Trend geht weiter in dieselbe Richtung. Nach Schätzungen des Statistischen Bundesamtes wird sich der Anteil der Senioren über sechzig bis zum Jahr 2030 verdoppeln. Die Lebenserwartung eines Jungen betrug 1984 in der Bundesrepublik 70,8 Jahre, die eines Mädchens 77,5 Jahre. Im Jahr 1880 konnten Männer mit einer Lebensdauer von 35,6, Frauen mit einer Lebenserwartung von 38,5 Jahren rechnen. Gute alte Zeit?

Das »Kuratorium Deutsche Altershilfe« hat hochgerechnet,

daß im Jahr 2000 in der Bundesrepublik bei sinkender Bevölkerungszahl rund 10 000 Menschen leben werden, die hundert Jahre und älter sind. In der Volkszählung von 1939 wurden nur dreizehn Frauen und drei Männer im Alter von hundert Jahren und mehr ermittelt. Gute alte Zeit?

»WAS SOLL DIE STÄNDIGE PANIKMACHE?«

Dietrich Schmähl, Direktor des Instituts für Toxikologie und Chemotherapie an der Universität Heidelberg, sagte im September 1984 in einem Interview:»Noch nie zuvor sind die Menschen in guter Gesundheit so alt geworden wie heute. Was soll da eigentlich die ständige Panikmache um angeblich umweltverseuchtes Essen und Trinken?« Ja, gewiß, er hat recht. Aber daß ein Cadmiumgehalt in der Kartoffel von 0,03 mg/kg, wie er zum Beispiel in einer Testreihe des Chemischen Lebensmittel-Untersuchungsamtes in Duisburg ermittelt wurde, einen Anteil von drei Zehnmillionstel bezeichnet, wer weiß das schon? In *Natur* jedenfalls steht es nicht.

Mag sein, daß der Gesetzgeber in der Vergangenheit seine Verpflichtung zur allgemeinen Gesundheitsfürsorge bisweilen zu sorglos interpretiert hat. Doch das lag – wie beim Asbest – nicht überwiegend an seiner Pflichtvergessenheit, sondern in erster Linie am Kenntnisdefizit der Wissenschaft, die die Grundlage für die Gesetze bildete.

Wie schwierig diese Kenntnis im Einzelfall zu erlangen ist und welchen Pressionen die Wissenschaft dabei gelegentlich unterworfen wird, zeigte sich an der Hochtemperatur-Diskussion über Formaldehyd. Sie war angeheizt worden durch Unpäßlichkeiten unter Schülern und diversen Amtspersonen, von denen angenommen wurde, sie hätten mit Formaldehyd zu tun, weil die amtlichen Grenzwerte teils erheblich überschritten worden waren.

Daß Formaldehyd nicht ohne Risiken für die Gesundheit ist, das war seit Jahrzehnten bekannt. Es kann bei unsachgemäßer

Anwendung Allergien und Hautreizungen auslösen. Aber das tun viele andere gebräuchliche Chemikalien auch. Daher beschränkt sich das Gesetz darauf, in geschlossenen Räumen einen Luft-Formaldehyd-Anteil von eins zu einer Million zuzulassen. Schließlich ist die gesundheitspolitische Bewertung eines Erzeugnisses nicht allein von seiner Schädlichkeit, sondern – wie im vorliegenden Fall – zuweilen auch von seiner Nützlichkeit abhängig.

Formaldehyd ist ganz zweifellos nützlich. Man braucht es als Desinfektionsmittel in Krankenhäusern, als Konservierungsstoff in der Anatomie und als Zusatz bei der Herstellung zahlreicher Haushalts- und Einrichtungsgegenstände. Aber Formaldehyd kommt auch in der Natur vor. Es bildet sich im Verlaufe des Reifeprozesses in Äpfeln und Weintrauben und ist auch in Tierhäuten enthalten. Kurzum, ein nicht ungefährlicher, aber ganz alltäglicher Stoff.

Keiner weiß, wer als erster drauf gekommen ist. Aber plötzlich war es rum: Formaldehyd macht Krebs. Fachleute mochten beschwichtigen, soviel sie wollten – die grünen Giftpolizisten blieben dabei: Krebs, jawohl. Als Beweis legten sie ein über zehn Jahre altes Forschungspapier aus Amerika vor. Darin wurden die Ergebnisse einer Testreihe beschrieben, die die toxische Wirkung von Formaldehyd darstellen sollte. Die Tester hatten Ratten jahrelang Luft mit hohen Formaldehyd-Konzentrationen durch die Nase geblasen und schließlich bei einigen von ihnen Krebs in den Atmungswegen festgestellt. Ein Beweis? Die Wissenschaft jedenfalls hält die Beweisführung im vorliegenden Fall nicht für schlüssig. Direktor Dietrich Schmähl vom Heidelberger Krebsforschungsinstitut sieht keinen Hinweis darauf, daß »die unter schwersten Krebsverdacht gestellte Chemikalie bei Menschen bösartige Geschwulste erzeugt«. Aber die Bangemacher und vor allem die Bangegemachten waren nicht zu überzeugen. Sie blieben bei Krebs.

Interessant, daß die Gesundmeier die Ergebnisse des Rattentests ohne Einschränkungen für menschliche Organismen als gültig akzeptierten, obwohl sie sonst stets darauf beharren, daß die in Tierversuchen gewonnenen statistischen Erkenntnisse nicht auf Menschen übertragen werden können. In diesem Fall waren sie, wie sich später zeigte, tatsächlich nicht übertragbar. Bei Mäusen und Hamstern zum Beispiel, die die gleiche Testprozedur über sich hatten ergehen lassen müssen, waren keine Tumore festgestellt worden.

KUHMILCH IN KREBSVERDACHT

Man braucht Statistiken nicht zu fälschen, um bei der Auswertung zu falschen Ergebnissen zu kommen. Denn: Die Abwesenheit von Lüge ist nicht identisch mit der Anwesenheit von Wahrheit. Statistik und Krebs – das ist ein besonders dubioses Kapitel. Das liegt weniger an der Statistik als an den Kausalitäten, die ihr die Statistiker leichtfertig aufpfropfen.

Laut Krebs-Atlas der Weltgesundheitsorganisation darf als verbürgt gelten, daß die Bewohner der schottischen Großstädte, die Neger von New Orleans, die neuseeländischen Maori und die Ureinwohner von Hawaii gemeinsam den Weltrekord an Lungenkrebsanfälligkeit halten. Aber man weiß nicht, warum. Mag sein, daß sich in Glasgow Rauchgewohnheiten und dreckige Luft und der Mangel an frischem Obst und Gemüse zu erhöhtem Krebsrisiko addieren. Denkbar auch, daß die Ur-Hawaiianer ihre vom Grillfeuer durchpesteten Palm-Jurten zu selten lüften. Aber wieso Neuseeland? Dafür gibt es keine plausible Erklärung.

Statistisch gesehen durfte sogar Kuhmilch vorübergehend mal als krebserregende Substanz verdächtigt werden. Ein medizinisches US-Fachblatt hatte ermittelt, daß in den Neuengland-Staaten sowie in Minnesota und Wisconsin, in denen viel Milch produziert und konsumiert wird, die Krebsraten überdurchschnittlich hoch lagen. Eine eilig erstellte Anschlußstudie ergab ein ähnliches Bild für die alte Welt. Die höchste Krebsrate hatte die Schweiz, das Land mit dem höchsten Milchverbrauch.

Bei britischen Frauen, von alters her fleißige Milchtrinkerinnen, lag zum Bemessungszeitpunkt die Krebshäufigkeit achtmal so hoch wie bei japanischen Frauen, die selten oder nie Milch trinken. In den europäischen Milchwirtschaftsverbänden schrillten die Sirenen. Die Wechselbeziehungen zwischen Ursachen und Wirkung lagen klar auf der Hand.

Könnte man denken. Aber es war alles ganz anders: Die Bewohner von Minnesota, Wisconsin, der Neuengland-Staaten und der Schweiz haben eine ungewöhnlich hohe Lebenserwartung. Alte Leute aber haben wesentlich größere Aussichten – aus nicht näher definierten Gründen – an Krebs zu sterben als jüngere. Die Panik konnte gerade nochmal abgewendet werden. Die Milch war rehabilitiert.

Panik als individueller Gefühlsausdruck ist Privatsache. Kritisch wird es da, wo sie in der Politik die Vernunft verdrängt. In der Umweltschutz-Gesetzgebung zum Beispiel, die überwiegend mit dem Herzen und nicht mit dem Verstand konzipiert wird. Nicht nur in der Bundesrepublik. Wieviel Unheil gefühlstriefende Bio-Duselei anrichten kann, das hat besonders drastisch Rachel Carson, die fabulierstarke Klassikerin der neueren Katastrophenliteratur, mit ihrem *Stummen Frühling* gezeigt, in dem sie gegen den »chemischen Krieg« und gegen das »Sperrfeuer der Gifte« in der amerikanischen Landwirtschaft zu Felde zog.

SEGENSREICHES DDT

Daß DDT ohne den schlüssigen Nachweis seiner Schädlichkeit in der Bundesrepublik und in den Vereinigten Staaten verboten wurde, war allenfalls ärgerlich. In der Dritten Welt hatte die Anti-DDT-Kampagne katastrophale Folgen.

DDT ist eine der segensreichsten Entdeckungen in der Geschichte der modernen Chemie. Dieser Ansicht jedenfalls war das Nobel-Komitee, das dem DDT-Entdecker Paul Müller aus Basel für seine Verdienste den Nobelpreis verlieh. Der Segen ist inzwischen durch praktische Erfahrungen ausreichend erhärtet. Dank des Einsatzes von DDT gegen die Anopheles-Mücke ging beispielsweise die Zahl der Malariafälle auf Sri Lanka von 2,8 Millionen im Jahre 1946 auf 110 registrierte Fälle im Jahre 1963 zurück.

Unter der Wirkung eines von der Regierung in Colombo verhängten DDT-Verbots stieg die Anzahl der Malaria-Kranken auf Sri Lanka bis 1968 wieder auf etwa eine Million. Und ähnlich verliefen die Kurven in anderen asiatischen und afrikanischen Ländern, in denen DDT eingeführt und dann wieder verboten wurde.

Ohne DDT würden in der Dritten Welt Millionen Menschen nicht satt, die heute von den landwirtschaftlichen Erträgen der von der Malariamücke befreiten Sumpfgebiete leben. Die chemische Industrie hat unter dem Druck der öffentlichen Meinung – nicht weil sie von der Notwendigkeit überzeugt war – Ersatzstoffe entwickelt, die die gleiche Wirkung haben. Aber die Surrogate sind zu teuer. 1986 gab es nach Schätzungen der Weltgesundheitsorganisation wieder 200 Millionen Malariakranke auf der Erde. Und die Infektionsquoten zeigen eine deutliche Tendenz zu rasanter Zunahme.

Über die Wirkungen von DDT auf den menschlichen Organismus haben die Weltgesundheitsorganisation und die Welternährungsorganisation der Vereinten Nationen nach dreißigjähriger Erfahrung folgendes Urteil gefällt: »Entgegen anderslautenden Vermutungen wurden in den bisher behandelten Gebieten keine Symptome von Vergiftungen am Menschen festgestellt, obwohl viele Millionen Menschen bei der Malariabekämpfung mit DDT langfristig in Berührung kamen.«

Thomas H. Jukes, Nahrungsmittelforscher der Universität Kalifornien, hat nach Einsichtnahme von 89 wissenschaftlichen Arbeiten zur DDT-Frage konstatiert: »Es liegt kein experimenteller Beweis dafür vor, daß DDT-Rückstände in den Nahrungsmitteln nicht harmlos sind.« Aber wer die Wahrheit im Herzen trägt, braucht sich nicht um Beweise zu scheren.

Die DDT-Diskussion wurde von Anfang an nicht auf der Grundlage humantoxikologischer Erkenntnisse geführt. Entscheidend war der Verdacht, daß DDT zur Dezimierung des weißköpfigen Seeadlers beigetragen habe, der als Wappentier der Vereinigten Staaten besonders breite Wertschätzung genießt. Der Verdacht ist nie erhärtet worden. Aber in besonders schweren Fällen reicht dem Volk auch der Verdacht zur Verurteilung. Erwiesen ist nur, daß vereinzelt kleinere Vögel an DDT eingegangen sind und daß DDT in Einzelfällen die Schalen von Vogeleiern aufgeweicht hat, so daß sich darin keine Jungen entwickeln konnten. Es gibt Philanthropen, die wären bereit gewesen, den Einsatz von DDT zu befürworten, selbst wenn dadurch der weißköpfige Seeadler ernsthaften Schaden genommen hätte – einfach weil sie meinen, daß Menschenleben höher zu bewerten sind als eine intakte Fauna.

Beim gegenwärtigen Stand der landwirtschaftlichen Produktionsmethoden wird jedes Jahr ein Drittel der Welternte von Unkraut, Krankheiten und Schädlingen vernichtet. Das ist, rein rechnerisch, Nahrung für mehrere hundert Millionen Menschen.

Letzter Schrei: das kreative Chaos

Neuerdings propagieren die progressiven deutschen Schrebergärtner das »kreative Chaos«. Hamburgs damaliger Umweltsenator, Wolfgang Curilla, forderte die Kleingartenbesitzer 1985 auf, »vordergründigen Ordnungssinn einmal zu unterdrücken« und »Wildkräuter« – gemeint ist Unkraut – einfach wuchern zu lassen. Solange die Anwendung solcher Ratschläge sich auf den Blumengarten vorm Haus beschränkt und der Nachbar nichts dagegen hat, daß ihm die Flohkraut- und Ackergänsedistelkeime über den Zaun fliegen, gibt es auch keine Einwände dagegen. Man kann sich auch Unkraut schöngucken.

Für Gemüsegärten gelten schon andere Regeln. Wo Disteln und Franzosenkraut in Konkurrenz zu Nutzgemüse treten, da setzen sie sich auch durch, wenn der Landmann nicht regulierend eingreift. Unkraut vergeht nicht so schnell wie Bohnen und Erdbeeren. Und ein gestandener Ackerbauer kann über den naturtrüben Stuß aus den Debattierworkshops der Frustrierten nur gequält lächeln. Daß die Vorschläge des Hamburger Umweltsenators von der Zielgruppe, an die sie gerichtet waren, trotzdem laut beklatscht wurden, ist aber auch verständlich. Fortschritt, der sich durch schlichtes Nichtstun manifestiert, ist gewiß nicht ohne Reiz.

146

Hauptberufliche Landleute können sich keine »Landschafts-gärten« leisten. Sie müssen ihren Acker nach wie vor auf die alte, reaktionäre Tour beackern. Wer Unkraut – im Grünwelsch »Spon-tanvegetation« – ins Kraut schießen läßt, muß im Nutzpflanzen-bereich mit Ernteeinbußen von 30 bis 50 Prozent rechnen. Un-kraut heißt ja nicht Unkraut, weil es auf pedantische bürgerliche Geister einen unordentlichen Eindruck macht, sondern weil es ins Kraut schießt, wo es nicht soll und wo es Nutzpflanzen am guten Gedeihen hindert, die für den Menschen lebenswichtig sind.

Der Bremer Senat, der in vielerlei Hinsicht die Spitze der deutschen Fortschrittlichkeit definiert, ist in der Praxis schon einen Schritt weiter als der Hamburger Senat in der Theorie. Am 7. Januar 1987 meldete die *FAZ:* »In der Freien Hansestadt Bre-men werden die öffentlichen Grünflächen nicht mehr gepflegt.« Es kommt selten vor, daß eine Konzession an den Zeitgeist sich so harmonisch zur Kassenlage des Konzessionärs verhält.

Ob es Sinn macht, die Vielfalt der Botanik um jeden Preis und inklusive der dem Menschengeschlecht nützlichen und schädli-chen Arten zu erhalten, ist keine philosophische, sondern eine existentielle Frage. Der Schutz von Unkraut zuungunsten von Nutzkraut ist Sabotage an der Ernährungswirtschaft. Seit der Landmann anfing, zum Zwecke des Überlebens Körner ins Erd-reich zu streuen, kämpft er gegen das Unkraut. Und nun, nach ein paar tausend Jahren Ackerwirtschaft, kommen die ewig halbwis-senden Schwachstellenanalytiker, um ihm zu eröffnen, daß er ein neues Feindbild braucht.

Naturschutz tut not. Aber Naturschutz, der alles Lebendige konservieren will, der, wie es der BUND-Großinquisitor Hubert Weinzierl formuliert hat, »für jeden Wildbirnbaum und jedes Wiesenpiepernest« kämpfen will, »als ginge es um unser eigenes Leben«, dieser Naturschutz ist unnatürlich. In der Natur wird auch nicht alles konserviert. Seit sich die Erde dreht, ist die Natur ständigem Wechsel unterworfen. Früher war der Dinosaurier das Maß der Dinge, heute ist es der Mensch.

Arten kommen, Arten gehen. Die Weltgeschichte ist eine Geschichte von Fressen und Gefressenwerden. Der sogenannte Faunenschnitt rottete vor 65 Millionen Jahren alle höheren Arten aus. Weit über 99 Prozent der Spezies, die im Laufe der Erdgeschichte auf der Erde gelebt haben, sind wieder erloschen – ganz ohne DDT und Kapitalismus. Das Leben an sich dagegen war nie ernsthaft bedroht, am wenigsten das Unkraut. Am 28. August 1985 wurden am Steintorplatz in Hamburg auf einer Autobus-Insel halbamtlich fünfzig verschiedene Wildkräuter gezählt – mittenmang im brausenden, stinkenden Straßenverkehr.

Für einen unmittelbar bevorstehenden biologischen Generalkollaps des irdischen Großbiotops gibt es – abgesehen von regional begrenzten Katastrophen – nicht den Schatten eines Indizes. Das mag schon in der nächsten Generation gebietsweise anders aussehen, wenn das Bevölkerungswachstum mit all seinen unguten Konsequenzen nicht gebremst oder durch den Einsatz neuer Gen-Techniken konterkariert wird. Einstweilen jedoch sind die geobiotischen Unausgewogenheiten nicht gefährlich.

Der zeitgenössische Naturfetischismus hat den glücklichen Kühen von Glücksklee ein breites Sortiment sensibilisierter Sachwerte hinzugefügt. Der moderne Empfindungsmensch kann nicht nur biodynamisch essen und trinken, sondern auch Kleidung aus biologisch einwandfreiem Gewebe tragen und in biodynamischen Betten schlafen. Und hätte vor zehn Jahren jemand geglaubt, daß ein bekannter Schönheitsseifen-Hersteller für seine zarten Produkte mal mit dem strohtrockenen Slogan werben würde, dieselben seien wegen ihres »pH-Wertes von 5,5 für die Erhaltung des Säureschutzmantels« der Haut von Vorteil? Wenn es so weitergeht, werden wir es noch erleben, daß der Galan vom Dienst im Lore-Roman den Pfirsichteint seiner Liebsten streichelt und dazu säuselt: »Der pH-Wert deines Säureschutzmantels bringt mich um den Verstand.«

Allein, wir wissen: Das Leben an sich schon ist ungesund. Nur ganz großen Könnern, so schreibt Paul Watzlawick, der virtuose

Spötter, in seiner *Anleitung zum Unglücklichsein,* gelinge es, »so vernünftig zu werden, daß sie alle erdenklichen Gefahren begreifen und zu vermeiden beginnen«. Mit dem Atmen geht's ja schon los. Wenn die Luft so voller Unrat wäre, wie die Propheten des Unheils behaupten, dann wäre es wahrscheinlich gesünder, das Atmen ganz einzustellen.

Tschernobyl und die Folgen

DER GEIST IST AUS DER FLASCHE

Am 22. Juli 1986 erschien vormittags im Landratsamt zu Konstanz ein altes Ehepaar mit einer zerschlissenen Einkaufstasche und begehrte den Amtsvorsteher zu sprechen. Die zwei alten Herrschaften sagten, sie kämen »wegen der Sache mit dem Atom und dem Krebs«. Der Pförtner wußte gleich Bescheid. Nein, nein, sagte er, es sei alles ein schrecklicher Irrtum, das habe schon in der Zeitung gestanden. Und die Herrschaften möchten sich bitteschön wieder nach Hause begeben. Es gebe wirklich keinen Grund, sich Sorgen zu machen. Jedoch die alte Dame ließ nicht locker. Sie faßte in ihre Einkaufstasche, zog zwei verschlossene Einweckgläser hervor und stellte sie auf den Fußboden. Der Pförtner wandte sich angewidert ab.

Im Laufe des Tages erschienen weitere Personen im Landratsamt, um haufenweise Fäkalien abzuliefern. Weitere Stuhlproben gingen im Laufe der Woche auf dem Postweg ein. Was war geschehen? Unbekannte Urkundenfälscher hatten ein pseudoamtliches Schreiben in Umlauf gesetzt, in dem die Adressaten aufgefordert wurden, ihren Leibesschlamm für die Krebsfrüherkennung bei der Behörde einzureichen. Die Untersuchung sei durch die Atomkatastrophe von Tschernobyl erforderlich geworden.

Der Landrat erstattete Anzeige. Aber die Gazetten hatten trotzdem erst mal ordentlich was für die bunte Seite: »Sch. . .-Spiel«, »Das stank dem Herrn Landrat«, »Im Landratsamt war die Kacke am Dampfen«. Es war ein herrlicher Jokus. Nur der Anlaß war nicht so komisch.

Es ist schwer, in einem Buch, das die Ängste und Neurosen der

Deutschen auf die Schippe nimmt, über Tschernobyl und die deutschen Atomängste zu schreiben und sich dabei nicht den Vorwurf der Verharmlosung zuzuziehen. Deshalb braucht dieses Kapitel einen Prolog: Mit Tschernobyl hat die Atomwirtschaft ihre Unschuld verloren. Das Unglück in der Ukraine hat unterstrichen, daß Atomkraft nicht die optimale Energie für alle Zeiten ist. Sie ist ökologisch bedenklich, ja gefährlich und bedrohlich, wenn es dem, der mit ihr umgeht, an der nötigen Kompetenz oder an dem erwünschten Verantwortungsbewußtsein fehlt. Tschernobyl war schlimm, einzigartig, vermeidbar, ein Menetekel, das zur Besinnung mahnt. Ende Prolog.

Besinnung oder Umkehr. Soll man vorsichtiger umgehen mit der Kernenergie oder soll man alle Kernkraftwerke bis zur Jahrtausendwende abschalten oder besser sofort und bedingungslos abwracken, wie die Grünen es verlangen?

Für den neutralen Betrachter, der praktischerweise und in Abrede der Realität davon ausgeht, daß Atomkraft ein rein physikalisches und ethisch wertneutrales Phänomen ist, ergibt sich die Antwort aus dem Ablauf der Geschehnisse um Tschernobyl von selbst.

Geschehen ist dies: Am 26. April 1986 um 1.23 Uhr führte in der Stadt Tschernobyl in der Ukraine der durch einen Defekt im Primärkühlkreislauf verursachte Temperaturanstieg in einem der vier graphitmoderierten RBMK-Leichtwasser-Reaktoren des Lenin-Kraftwerks zu einer unbeabsichtigten Reaktion des die Brennelemente umhüllenden Zirkons mit dem Kühlwasser. Dampfexplosionen im Röhrensystem verursachten Lecks, durch die Sauerstoff von außen hinzutreten konnte. Die Hitze setzte das Graphit in Brand. Zwei Knallgasexplosionen, dann flog erst die obere Abdeckung des Reaktors, kurz danach das Dach des umgebenden Gebäudes in die Luft.

Das Resultat war, wenn man die Begriffsdefinition im Sinne der AKW-Gegner großzügig auslegt, der erste GAU (größter anzunehmender Unfall) in der Geschichte der Kernenergie. Durch den Wärmeauftrieb wurden radioaktive Gase in die Atmosphäre gedrückt, die sich über ganz Europa verbreiteten. Es war geschehen, wovor die Kernkraftgegner jahrzehntelang gewarnt hatten. Das theoretisch Denkbare war plötzlich praktische Erfahrung. Der Geist war aus der Flasche.

Der Explosionsherd wurde in aller Eile mit mehreren tausend Tonnen Sand, Bor, Blei und Dolomit zugedeckelt, so daß der befürchtete Austritt von radioaktivem Dampf unterblieb. Zum Super-GAU kam es nicht. Der Reaktorkern schmolz wider Erwarten nicht ganz durch. 96 Prozent des sogenannten radioaktiven Inventars blieb unterm Deckel. Kurzum: Es war alles längst nicht so schlimm, wie zunächst befürchtet worden war. Oder wenn man es durch den doktrinären Sehschlitz der Apokalyptiker betrachtet: Es hätte viel schlimmer kommen können. Allerdings war nicht schon nach gut zwei Wochen »alles unter Kontrolle«, wie Glasnost-Hexer Michail Gorbatschow mit souveräner Chuzpe behauptete.

DEUTSCHE AKWs SIND SICHERER

Die Katastrophe von Tschernobyl war in Westeuropa, vor allem in Westdeutschland, eine Art Zeitenwende, mit einem Crescendo infernale von subkutanen Ängsten, wie man sie in dieser Wucht und in diesem Umfang bis dahin nicht gekannt hatte – mit Angst vor dem Super-GAU, Angst vor unsichtbaren geheimnisvollen Strahlen, Angst vor einem von gierigen Megawatt-Baronen gegängelten Plutoniumstaat. Eltern holten ihre Kinder aus Furcht vor verstrahltem Sand aus dem Sandkasten, ganze Familien flüchteten vor der Strahlung nach Kreta und Gran Canaria. Im *Handels-Magazin* warb ein Versandhändler für gute Ratschläge zur Kommerzialisierung des GAUs: »Sensation! Verdreifachen Sie Ihre Umsätze durch das Zauberwort TSCHERNOBYL.«

Fiesta furiosa für Fatalos, Krawallos und Katastrophalos. Durch große Teile Westeuropas brandete eine hektische Protestwelle. Doch die Entrüstung wandte sich nicht gegen die Urheber, sondern gegen die eigenen AKW-Industrien – auch als die Sowjets den Betrieb in Tschernobyl wieder aufnahmen. Pierre Lellouche,

der Direktor des Pariser »Institut français des relations internatio-
nales«, sinnierte angesichts der Reaktion in den Nachbarländern in
dem US-Nachrichtenmagazin *Newsweek:* »Es ist was sehr, sehr
faul mit der Moral und dem Geisteszustand Europas.«

Kardinalfrage: Kann sowas auch bei uns passieren?

Pauschalantwort: Im Prinzip ja. Einschränkung: bei einer ums
Vielhundertfache verminderten Wahrscheinlichkeit. Die Analyse
von Ursachen und Ablauf der Katastrophe, so schreibt Professor
Hans Michaelis, Mitglied der Enquete-Kommission »Zukünftige
Energiepolitik«, habe den Beleg dafür geliefert, »daß die durch
umfassende Risikostudien erhärtete Sicherheit der deutschen
Kernkraftwerke nicht in Zweifel zu ziehen ist«.

Dies Verdikt wird durch internationale Vergleiche erhärtet.
Deutsche Kraftwerke lagen in der Zuverlässigkeitsprüfung seit
Ende der siebziger Jahre ununterbrochen vorn. Nummer eins und
zwei auf der Weltrangliste waren 1986 das AKW Grohnde
(Jahresleistung: 10,79 Milliarden Kilowattstunden) und das AKW
Philippsburg 2 (Jahresleistung: 10,75 Milliarden Kilowattstunden).
»Am untersten Ende der Sicherheitsskala«, so sagte der Atom-
kraftexperte Bennet Ramberg von der »University of California«
nach dem GAU, liege die Sowjetion mit ihren veralteten Reaktoren. »Ungefähr in der Mitte« seien die Amerikaner zu plazieren
und »ganz an der Spitze« die Westdeutschen.

Tatsache ist: An Atomkraft hat in der Bundesrepublik noch
niemand meßbar gesundheitlichen Schaden genommen. Das ist
sicher auch ein Verdienst der Anti-AKW-Bewegung, die in harter
katastrophendidaktischer Panikarbeit dazu beigetragen hat, die
Sicherheitsmargen in die Höhe zu treiben.

Der Tschernobyl-Reaktor war eine nicht wesentlich vom Original abweichende Weiterentwicklung des Druckröhrenreaktors, der
1954, ein Jahr nach dem Tod Josef Stalins, in Obninsk bei Moskau
ans Netz gegangen war. Das Fossil von Obninsk war der erste
kommerzielle Kernreaktor der Welt. Er hatte mit den heute gängigen westlichen Reaktoren der achtziger Jahre soviel gemeinsam
wie das Doktorauto von Henry Ford mit einem Porsche-Carrera,
nämlich das physikalische Betriebsprinzip und sonst nichts: In

den Uranbrennstäben des Reaktors finden Kernspaltungen statt. Uranatome zerfallen, geben Energie in Form von Wärme und Neutronen ab, die wiederum auf andere Uranatome treffen und diese zur Spaltung anregen. Zur Regelung des Vorganges werden in den Reaktor Kontrollstäbe eingeführt, die die Neutronen einfangen, damit sie nicht unablässig weitere Spaltungen verursachen und außer Kontrolle geraten. Die Wärme, die bei diesem Spaltprozeß frei wird, erhitzt das umgebende Kühlwasser. Der Rest funktioniert wie bei der guten alten Dampfmaschine.

Das Unglück von Tschernobyl hatte prozessuale Ursachen, die in westdeutschen Nuklearstromfabriken mit Sicherheit und von vornherein ausgeschlossen sind. Wie später in einem Gerichtsverfahren geklärt wurde, hatte die Besatzung mit penetrantem Leichtsinn bei laufendem Reaktor einen Turbinentest gestartet, dabei mehrere Sicherungsaggregate abgeschaltet und schließlich die Kontrolle über das atomare Feuer verloren. Also ein klarer Fall von menschlichem Versagen. Natürlich wird nicht nur im Osten geschludert. Der Mensch als Fehlerquelle ist systemneutral. Deshalb können Atomfabriken nicht so ungefährlich sein wie Fahrradspeicherfabriken, wie Ex-Atomminister Franz Josef Strauß sagt. Aber West-Reaktoren sind mit nicht weniger als sechs Barrieren ausgestattet, die, unabhängig voneinander, jede für sich die Folgen menschlichen Versagens neutralisieren und die gegebenenfalls die Strahlung aus spaltbaren Produkten daran hindern, sich in der Umwelt zu verbreiten. Dabei ist auch berücksichtigt, daß der Mensch, wie in Tschernobyl, versucht, in das Reaktorschutzsystem hineinzuregieren und die Systemselbstabschaltung absichtlich abschaltet.

Weil der östliche Sicherheitsstandard keinen Vergleich mit dem westlichen aushält, hat das Unglück von Tschernobyl auch für die sicherheitstechnische Bewertung von West-Reaktoren keine neuen Erkenntnisse gebracht. Die sowjetischen Sicherheitspläne sind in der Theorie beeindruckend. Doch daß im real existierenden Sozialismus zwischen Theorie und Wirklichkeit bisweilen Lücken klaffen, das ist aus anderen Lebensbereichen hinlänglich bekannt. Sicherheit geht nicht ohne Kontrolle und Transparenz.

Kontrolle funktioniert nur, wo das demokratische Umfeld intakt ist, wo unabhängige Instanzen – Justiz, TÜV, Parlamente, Presse – darüber wachen, daß nicht geschlampt wird. Und da, wo das System blockiert, rollen, wenn das demokratische Wettbewerbsprinzip funktioniert, gegebenenfalls Köpfe – und zwar nicht erst, wenn es geknallt hat. Im Umfeld der Wismut-Urangruben am Rande des Erzgebirges, wo die Zahl der Mißbildungen von Neugeborenen und die Zahl der Krebstoten zehnmal so hoch liegt wie in der übrigen DDR, sind noch nie Köpfe gerollt.

»WELLBLECHREAKTOREN«

Kontrolle ist auch unter demokratischen Umständen ein schwieriges Geschäft. Kritik muß deshalb bis auf weiteres auch unangemessen, unsachlich, polemisch sein dürfen. Bis auf weiteres. Kritik muß, wenn sie glaubwürdig sein soll, Erkenntnisse verarbeiten. Nachdem Parlamentarier aus dem heutigen Regierungslager, wie etwa der CSU-Abgeordnete Dipl. Ing. Matthias Engelsberger, vor Tschernobyl die Sowjet-Meiler für »absolut sicher« erklärt hatten, durfte man nach den ukrainischen Ereignissen legitimerweise die Verläßlichkeit auch der westlichen Reaktoren in Frage stellen. Das galt aber nur für die ersten vier Wochen nach dem Unglück. Dann war zweifelsfrei geklärt, was Ost-Reaktoren von West-Reaktoren unterscheidet.

Die Finnen haben nicht umsonst ihre anachronistischen, aus der Sowjetunion bezogenen Reaktoren zum Aufpreis von hundert Prozent ausnahmslos mit westlicher Sicherheitsperipherie aufgerüstet. West-Meiler sind im Gegensatz zu den östlichen »Wellblechreaktoren« (KWU-Jargon) durch vier voneinander unabhängige Stromkreisläufe gesichert, die im Notfall dafür sorgen, daß die Kühlung das System vorm Überkochen bewahrt. Wenn der Strom mal ganz wegbleibt, halten Schwungräder die Kühlpumpen so lange in Betrieb, bis das Notstromaggregat angeworfen ist. Alle wichtigen Aggregate sind auf Redundanz angelegt. Das heißt: Die Rohrleitungen, Pumpen, Ventile sind alle vierfach, das Kontrollsystem, von dem der ganze Betrieb gesteuert wird, ist doppelt vorhanden. Jedes wichtige Einzelteil wird einmal im Monat auf seine Funktionstüchtigkeit geprüft.

Für den Fall, daß wirklich mal alle Dämme brechen, sind die westdeutschen Reaktoren in einen stählernen Reaktordruckbehälter eingebettet, der wiederum in einem dicken Betonmantel sitzt. Die gesetzlich erlaubte Betriebsdauer orientiert sich an der Zahl der Jahre, in denen das Material spröde wird. Diese Zeitspanne wird durch einen »Versprödungssicherheitskoeffizienten« geteilt. Das heißt: Wenn die Anlage voraussichtlich 200 Jahre betriebssicher arbeiten könnte, muß sie, je nach Machart und Standort, nach zwanzig bis vierzig Jahren abgewrackt werden.

Selbst wenn in beiden Ummantelungen mal ein Leck auftreten sollte, ist das Ganze nochmal mit einem sogenannten Reaktorsicherheitsbehälter umgeben, einem stählernen Mantel, der beim Bruch einer Rohrleitung austretende Dämpfe einfängt. Diese Hülle schließlich ist noch einmal umhüllt mit einem Stahlbetonmantel, der das ganze Gebäude gegen Stoßeinwirkungen von außen, zum Beispiel einen Flugzeugabsturz, schützt. Sogar wenn drinnen die Hölle los ist, kann so gut wie keine Radioaktivität nach außen dringen.

Daß die im Westen gebräuchlichen Schutzsysteme prinzipiell funktionieren, hat der AKW-Unfall von Three Mile Island bei Harrisburg am 29. März 1979 bewiesen. Alle Kühlsysteme waren ausgefallen, der Reaktorkern war angeschmolzen, trotzdem trat keine Radioaktivität in schädlichem Umfang aus. Auch langfristig konnten keine Schäden festgestellt werden. Die angeblich unter Strahlungseinfluß degenerierten Kälber mit zwei Köpfen, die die Anti-AKW-Front rings um Harrisburg geortet haben wollte, wurden nie dingfest gemacht. Das heißt, Harrisburg war ein schwerer Unfall, aber, anders als Tschernobyl, keine Katastrophe. Und der westdeutsche Sicherheitsstandard ist noch viel höher als der amerikanische.

Die nach Tschernobyl verabfolgten Sicherheitsbeteuerungen der Pro-AKW-Fraktion wären sicher noch überzeugender gewesen, wenn sie nicht ganz so vollmundig und spontan gekommen wären. Die Experten wußten schon, daß Tschernobyl im Westen nie passieren kann, bevor sie überhaupt im Detail wußten, was in Tschernobyl geschehen war.

FEUERMACHEN VERBIETEN?

Nein, Tschernobyl ist nicht überall, wie die Anti-Atom-Front der Nation einzupauken versucht. Richtig aber ist: Hundertprozentige Sicherheit vor Kernkraftwerkskatastrophen gibt es nicht. Doch anderswo wird das unvermeidliche Restrisiko auch widerspruchslos akzeptiert. Am 3. September 1987 meldete der Frankfurter Flughafen den totalen Zusammenbruch seines Radarnetzes, nachdem der Strom ausgefallen war und die zwei Ersatzstromaggregate nicht angesprungen waren. Der Himmel über Rhein-Main hing plötzlich voll blinder Hühner. Wenn die Controller nicht so souverän improvisiert hätten, wäre die Katastrophe nicht zu vermeiden gewesen. Trotzdem rief keiner, der Flughafen müsse geschlossen werden.

Man hat auch nie vernommen, daß der Verzicht auf Steinkohle als Energieträger gefordert worden wäre, weil die Arbeit der Kumpels untertage so gefährlich ist. Die Zahl der Bergleute, die seit Kriegsende bei Grubenunglücken ums Leben kamen oder an Steinstaublunge starben, liegt um mindestens drei Nullstellen höher als die Zahl der Toten von Tschernobyl – auch wenn man die langfristigen Fatalitätsprognosen mit einbezieht. Soll man Feuermachen verbieten, weil schon so unermeßlich viel Schaden durch Feuer angerichtet wurde?

Technik soll sozial- und umweltverträglich sein. Nur, umweltverträglichere Energie als Atomkraft ist zur Zeit nicht denkbar. In Bayern, wo 60 Prozent des Stroms aus AKWs kommen, sank die Schwefeldioxid-Belastung bis 1984 auf 20 Prozent des Wertes von 1976. Und wenn der Plan erfüllt wird, dann sinkt sie bis 1989 auf fünf Prozent.

Nach der – nicht nur von Bürgerlichen – anerkannten bürgerlichen Werteordnung ist ein Risiko mit möglicherweise hohem Schaden, aber sehr geringer Eintrittswahrscheinlichkeit akzeptabel, wenn dies für die Gesellschaft allgemein von beträchtlichem Vorteil ist. Man kann die Wertprojektion auch auf das Wohl des ganzen menschlichen Geschlechts ausweiten. Der Vorstandsvorsitzende der Vereinigten Elektrizitätswerke Westfalen (VEW), Professor Klaus Knizia, hat dafür eine kategorische Standardformel: »Kernenergie ist die einzige uns heute in großem Maß verfügbare Energie, um ausreichend Energie bei vertretbarem Einsatz an Rohstoffen zu gewinnen.«

Das mit der Kernenergie verbundene Risiko, schreibt Knizia, sei dann vertretbar, wenn man mit ihrer Hilfe andere Risiken wie Entwaldung, Klimaveränderung und Hungersnöte verhindern könne. Ja, gewiß, der Mann ist nicht unparteiisch. Aber selbst parteiische Experten haben manchmal recht. Alle wichtigen internationalen Körperschaften, die mit Entwicklungshilfe befaßt sind, forcieren einen energischen Ausbau des Kernenergie-Potentials in der Dritten Welt zur Existenzsicherung kommender Generationen. Die Vorteile sind ganz gegenwärtig. In Bangladesch, wo nur 3000 von 60 000 Dörfern elektrischen Strom haben, könnten ein paar AKWs vom Brokdorf-Kaliber in relativ kurzer Frist das tiefe Elend von Millionen beenden. Wobei der Sicherheitsaspekt natürlich auf einem ganz anderen Blatt steht.

Mit ein wenig mathematischer Phantasie kann man – Sinn hin, Sinn her – auch die hypothetische Zahl der möglichen AKW-Strahlenopfer gegen die Zahl der Menschen aufrechnen, die durch die Nutzung der Kernenergie vor den Folgen der oben angeführten Plagen bewahrt werden. Und in diesem Vergleich steht Atomkraft ganz blendend da, das ist keine Frage.

Was Pierre Curie, mit seiner Ehefrau Marie Entdecker des Radiums, vor einem Dreivierteljahrhundert sagte, gilt noch immer: »Ich bin der Ansicht, daß die Menschheit mehr Gutes als Böses aus den neuen Entdeckungen gewinnen kann.« Es wird im Jahr 2100 um so mehr stimmen, wenn die Erde, wie die Demographen hochgerechnet haben, von zehn Milliarden Menschen bewohnt sein wird.

Bleibt als Kernproblem die Entsorgung. Irgendwo muß der radioaktive Abfall hin, der beim Kernspaltprozeß anfällt. Was an Zwischen- und Endlagerstätten angeboten wird, vermag nicht zu überzeugen. Der Skandal um die Hanauer Entsorgungsgesellschaft Nukem hat Anfang 1988 gezeigt, daß hier noch Bewußtseinsbildungsarbeit zu leisten ist. Die Anti-Atom-Spontis funktionierten den Skandal sogleich hingebungsvoll in einen Beweis für die Unmöglichkeit einer kontrollierten Entsorgung um. Als wenn Gesetzesverstoß ein Beweis für die Nichtigkeit des verletzten Gesetzes oder gar des zu bewahrenden Rechtsgutes wäre. Die Nukem-Affäre bewies nur, daß Aufsichtsbehörden geschlampt hatten. Ein materieller Schaden war bis Redaktionsschluß dieses Buches nicht abzusehen.

Zwischen Science und Fiction

Entscheidend für die Beurteilung von Sinn oder Unsinn des Einsatzes von Kernspaltung zu Zivilzwecken sind drei Fragen, die ineinander verkettet sind: 1. Wie groß ist die Wahrscheinlichkeit, daß mal was passiert? 2. Wie groß ist der voraussichtliche Schaden, wenn was passiert? 3. Welcher Nutzen rechtfertigt welches Risiko?

Die Risikostudien der deutschen Reaktorsicherheitskommission sagen, daß einmal in 10 000 Jahren mit einer Kernschmelze, dem sogenannten GAU, gerechnet werden muß. Und nur für diesen Fall sind alle Sicherheitsvorkehrungen gedacht. Allerdings sind die Statistiken unter dem Vorbehalt zu bewerten, daß sie nur stimmen, wenn man den von der »Kraftwerk Union« (KWU) in Mülheim/Ruhr entwickelten Standard zugrunde legt, die alle westdeutschen Kernkraftanlagen gebaut hat. Alle anderen aber, nicht nur die sowjetischen, hinken zum Teil beträchtlich hinter dem KWU-Standard her.

Für die Atomgegner sind alle Erklärungen zur Sicherheitslage nichts als leere Beschwichtigung. Das Prinzip Angst ist stärker als das Prinzip Hoffnung und das Prinzip Realität. Der Hinweis auf die technische Überlegenheit deutscher Reaktoren wird von den Abschaltapologeten als chauvinistische Hoffart verworfen. Der Eindruck drängt sich auf, daß alle Belege für den hohen Sicherheitsstandard verworfen werden, nicht weil sie nicht stichhaltig, sondern weil sie tendenziell unerwünscht sind. Die Kritiker sind von dem Glauben an die moralische Minderwertigkeit der Atomkraft dermaßen durchdrungen, daß sie schon den Versuch, diesen Glauben durch Faktenbezug zu untergraben, für moralisch fragwürdig halten.

Selbst wenn sich der Beweis absoluter Sicherheit mit hundertprozentiger Zuverlässigkeit erbringen ließe, hätte Atomkraft keine Chance auf Akzeptanz bei der dogmatischen Anti-AKW-Linken. Weil militante Atomkraftgegner bestrebt wären, Kernkraftwerke zu sabotieren, so wird eingewandt, sei der erwünschte Sicherheitsstandard nur durch totalitäre Kontrolle zu erreichen, die letztendlich im Überwachungsstaat enden müsse. Das ist ja diskutabel. Aber warum soll dieser Einwand bloß für Atomkraftwerke gelten und nicht für andere Risikobereiche? Es ist viel leichter, eine Talsperre zu sprengen, ein Trinkwasser-Reservoir zu vergiften oder mit einem Streichholz eine Tankstelle in Brand zu setzen, als ein Kernkraftwerk anzubohren.

Natürlich begründet ein erhöhtes Sicherheitsbedürfnis einen erhöhten Überwachungsbedarf. Doch überwacht wird auch anderswo, ohne daß dort der blanke Totalitarismus grassiert: bei Banken, in Krankenhäusern, in Fabriken, fast überall im öffentlichen Dienst. Wobei es sich, zugegeben, als vorteilhaft erwiesen hat, die Überwacher zu überwachen.

Wenn man den von der Anti-AKW-Front vorgetragenen Totalitarismus-Einwand prinzipiell auf andere Segmente des Rechtsstaats verbreitert, dann heißt das: Die Mehrheit, vertreten durch Parlament und Regierung, darf nichts mehr gegen den Willen einer qualifizierten Minderheit beschließen, der Staat muß auf die Ausübung legitimer Rechte verzichten, weil dadurch terroristische Gegenaktionen ausgelöst werden könnten, deren Abwehr wiederum den Einsatz repressiver, also undemokratischer Mittel erfordern würde. Womit wir wieder bei der Arroganz der sogenannten intellektuellen Elite wären.

Wo nach Tschernobyl die Fronten zwischen Pro und Contra, zwischen Science und Fiction verliefen, zeigte in bester Trennschärfe der redaktionsinterne Meinungsbruch in der intellektuell unvergleichlichen, aber an Meinungsvielfalt nicht eben wegweisenden *Frankfurter Allgemeinen Zeitung.* Vorn im ersten Teil rieten wertkonservative politische Redakteure zu Vernunft und Besonnenheit, das heißt zum Weitermachen. Im schöngeistigen Feuilleton, wo die Redaktionslinke ihr Garn spinnt, droschen die Kulturredakteure grob auf den Bonner Atomwahn ein. Nur, großen Einfluß auf ihre jeweilige Klientel haben sie wahrscheinlich beide nicht gehabt.

Die Neigung des Hörers, Zuschauers, Zeitungslesers, die durch sein Medium verabreichten Informationen nur dann zur eigenen Bewußtseinsbildung heranzuziehen, solange sie die eigenen Vorurteile bestätigen, nimmt mit wachsender Schulbildung eher zu als ab. Was er nicht wahrhaben will, geht beim Konsumenten hier rein und da wieder raus, wenn dadurch nicht gerade seine spontane Empörungsmotorik angesprochen wird.

Das Institut für Kybernetik in Paderborn hat 1987 ermittelt, daß der deutschsprachige Durchschnittsleser beim Lesen nach dem 13. Wort vergißt, wie der Satz angefangen hat. Irgendwo im Bereich von zwanzig Wörtern hört bei der Texterfassung vermutlich auch das syntaktische Orientierungsvermögen des *FAZ*-Lesers auf – zumal, wenn es sich um nackte Sachdarstellung handelt. Man kann sich leicht vorstellen, was all die neunmalschlauen Betrachtungen zur Atomgefahr wert sind, wenn der angesprochene Leser von vornherein fest entschlossen ist, sich vor dem Atom zu fürchten.

Die Vordenker haben ihrem Publikum beigebracht, Atomkraft mit Atombomben zu assoziieren. Das gibt der Angst mehr Halt. Der Philosoph Günther Anders, einer der zornigen alten Männer der Hau-weg-den-Scheiß-Bewegung, hat in einem Gespräch mit der Zeitschrift *Psychologie heute* zur Sache ausgeführt, die Gleichsetzung von kriegerischer und sogenannter friedlicher Verwendung der Kernkraft sei legitim. Denn mit Kraftwerken werde die Menschheit beschossen. Daraus folgt für Anders: »Die Fortführung der Errichtung und Verwendung dieser Kraftwerke [ist] reiner Mord. Genozid, sogar Auslöschung der Zukunft.« Dagegen kann man sachlich nicht anargumentieren.

Die Relativität der Atomgefahr wird im Vergleich der Angstlage in der Bundesrepublik und in Frankreich ganz besonders deutlich. Landwirt Charles Furstoss aus Fessenheim im Elsaß, dem Standort eines der ältesten französischen Kraftwerke, sagte dem *Spiegel* nach der Havarie von Tschernobyl auf die Frage, ob er keine Angst habe, daß mit der Atomfabrik vor seiner Haustür mal das Gleiche passieren könnte: »Mer habbe kei Angscht, unsere Centrale nucléaire iss doch net von Pabbe wie bei denne in Ruschland.«

So ähnlich dachte fast ganz Frankreich. In Westdeutschland war Kernkraft in den Wochen nach dem AKW-Crash so populär wie die Cholera. Jenseits des Rheins fanden sich AKW-Freunde zu demonstrativen Sympathiekundgebungen zusammen, um ihr Vertrauen in die Kernkraft zu unterstreichen. Am Fuße der AKW-Kühltürme von Saint-Laurent-des-Eaux an der Loire ließen sich Angler mit Schampus, Frischobst und selbstgefangenen Fischen zu einem Sympathiepicknick nieder, um ihr Vertrauen zur Atomkraft zu unterstreichen. Im Tschernobyl-Jahr wurden in den sogenannten Reaktorparks an der Loire mehr Besucher gezählt als in den Loire-Schlössern.

Kernkraft war noch nie ein großes Thema in einem französischen Wahlkampf. Unter den fünf im Parlament vertretenen Fraktionen genießt das Atomstromprogramm der Regierung den gleichen Akzeptanzgrad wie früher das Wiedervereinigungsgebot des Grundgesetzes im deutschen Bundestag.

Im Herzen der äußersten Linken brennt in Frankreich die Begeisterung für das atomare Feuer ganz besonders heiß. Lenin sah den Fortschritt als Summe von Sowjetmacht und Elektrifizierung. Die französischen Kommunisten begreifen Fortschritt – weil Kernspaltung derzeit die fortschrittlichste Form der Elektrizitätserzeugung ist – in Fortschreibung von Lenin als Summe von Sozialismus und Atomkraft.

Die Auffassung des KP-Zentralorgans *L'Humanité,* die gesamteuropäische Aufregung um Tschernobyl sei nichts als eine »von der CIA gesteuerte« Schmutzkampagne, ist nicht zwangsläufig

Ausfluß von Botmäßigkeit gegenüber dem Vaterland der Werktätigen. »Nur Kleinbürger, die für das Elend der Arbeiter kein Gefühl haben«, sagte KP-Chef Georges Marchais, könnten gegen Atomkraft sein.

Und der stramm sozialistische, wenn auch überhaupt nicht sowjethörige *Nouvel Observateur* fuhr aus gegebenem Anlaß einen großen Entlastungsangriff zugunsten der UdSSR. Er fragte: »Hat die Sowjetunion die Welt vergiftet?« Antwort: »Ganz sicher nicht.« Die Russen seien höchstens für die über gewisse Kreise hereingebrochene Mode verantwortlich zu machen, auf Cocktailpartys mit Geigerzählern unterm Arm herumzulaufen.

Doch das waren Ausnahmeerscheinungen. Während in der Bundesrepublik Händler und Bauern auf ihrem Grünzeug sitzenblieben, meldete der Großmarkt von Paris für Obst, Salat und Gemüse eine fast normale Absatzlage – obwohl zum Beispiel die gesetzlichen Becquerel-Grenzwerte für Blattgemüse in Frankreich achtmal so hoch sind wie in der Bundesrepublik. In Straßburg lief der Gemüsehandel zeitweilig sogar besser als zu normalen Zeiten, weil deutsche Hausfrauen aus Kehl in der Hoffnung, daß es dort geringer belastet sei, ihr Gemüse lieber in Frankreich einkauften. Im allgemeinen hat das Volk der Franzosen über allen Irritationen »mitten in einem Ozean der Furcht« die Ruhe bewahrt, wie die Pariser Tageszeitung *Le Monde* unter deutlichem Bezug auf den direkten Nachbarn im Osten schrieb. Nur aus den Orten an der deutschen Grenze, wo man ARD und ZDF empfangen kann, wurde eine deutlich verstärkte Nachfrage nach Jodtabletten gemeldet.

Die große Demo des »Komitees Tschernobyl-Cattenom« am 15. Juni 1986 am deutsch-luxemburgisch-französischen Dreiländereck hat gezeigt, wo die Kraftlinien des Widerstandes verlaufen. »Einmal mehr«, so berichtete *Le Monde* mit zornigem Respekt, »waren es die Deutschen, die den Anti-Atom-Tanz anführten.« 500 Franzosen und rund 10 000 Deutsche, das entspricht in etwa dem Proporz des deutschen und des französischen Interesses an nuklearen Sicherheitsfragen.

Die zornigen jungen deutschen AKW-Gegner können das Desinteresse ihrer französischen Altersgenossen nicht verstehen. Dabei hat die französische Jugend ihr Talent zum zivilen Ungehorsam oft genug unter Beweis gestellt, wo es drauf ankam. Wenn sie mehrheitlich auf Widerstand gegen Atomkraft verzichtet, dann kann das nur zweierlei Gründe haben: Entweder sie sagt gleichfalls ja zur Kernenergie oder sie hält Widerstand gegen eine Sache, die so eindeutig von Volk und Parlament gutgeheißen wird, für illegitim.

»DIKTATUR DER INKOMPETENZ«

Vor allem das französische Atomkraftwerk Cattenom war ein ernsthafter Störfall für die deutsch-französischen Beziehungen. Cattenom, so schrie mit feuerrotem Kopf der SPD-Politiker und Diplomphysiker Oskar Lafontaine auf einer Protestveranstaltung in Lothringen, sei »eine Zentrale des Todes . . ., ja eine Kriegserklärung an das Leben«.

Wenn man weniger apokalyptische Bewertungsmaßstäbe anlegt als Lafontaine, dann verliert die »Zentrale des Todes« doch sichtlich an Schrecken. Der westdeutsche AKW-TÜV, die Reaktorsicherheitskommission, jedenfalls hat dem AKW Cattenom prinzipiell Dispens erteilt. Die Bauweise sei zwar punktuell anders, sie entspreche aber im wesentlichen dem deutschen Sicherheitsstandard. So ähnlich stand es auch schon 1982 in einem Gutachten des TÜV Baden.

Kraftwerksdirektor Alain Malfon empfand Oskar Lafontaines an die Franzosen gerichtete Aufforderung zum Totalausstieg aus Cattenom als unerhörte Attacke auf die französische Souveränität. Niemand, so sagte er, hindere die Deutschen, ihren Sicherheitstick daheim an den eigenen Reaktoren auszutoben. Aber die Franzosen dächten nicht daran, am deutschen Wesen zu genesen. Im Fall Cattenom entscheide die Regierung in Paris, was sicher ist und was nicht, und damit basta. Daß Cattenom ein deutlich höheres Pannenaufkommen hat als deutsche Kraftwerke, das kann allerdings auch Monsieur Malfon nicht bestreiten.

Die Franzosen haben sich über die deutschen Schulmeiste-
reien im Zusammenhang mit der Diskussion um Ausstieg und
Weitermachen mehr geärgert als über den deutschen Sieg über
die französische Elf in Mexiko. Dafür gibt es gewisse Gründe. Der
französische Strahlenschutzdienst verfügt über ein Netz von mehreren hundert Meßstationen, die während der Tschernobyl-Krise
ständig Meßdaten über die Radioaktivität in den Departements
nach Paris meldeten. Ein Kompetenzenchaos wie in der Bundesrepublik jedenfalls gab es in Frankreich nicht.

Und wer, bitteschön, wenn nicht Altkanzler Helmut Schmidt
hat denn den Franzosen das schöne Kompliment gemacht, es
wäre ihm »in bezug auf unsere zukünftige Elektrizitätsversorgung
sicherer zumute«, wenn die Deutschen vom Nuklearprogramm
der Franzosen »ein Stück im eigenen Land hätten«. Daß sich die
Deutschen darüber Gedanken machen, was passieren würde,
wenn ein Jumbo vom Himmel genau auf einen Reaktor fiele, das
ist für die Franzosen Fallout von schrulligem teutonischem Per-
fektionismus, der seine Erfüllung im Aberwitz sucht.

Für die EdF (»Electricité de France«) war der letzte Wahlsieg
der atomfreundlichen CDU/FDP-Koalition kein besonders freu-
diges Ereignis. Sie hat kein Hehl daraus gemacht, daß sie auf
Baisse setzt, daß sie aus eigener Produktion die Bedarfslücken
füllen möchte, wenn in Westdeutschland der Strom knapp wird,
weil die AKWs stillgelegt werden. In Frankreich wird Atomstrom
wesentlich billiger produziert als Strom aus Kohlekraftwerken,
einfach weil die Gestehungskosten wesentlich geringer sind als in
der Bundesrepublik. Die Franzosen brauchen für den Bau eines
AKW im Schnitt nur halb so lange wie die übrigen Europäer, weil
die Baustellen nicht mit so vielen juristischen Hürden umstellt
sind. Die deutschen Reaktorbauer hangeln sich von Einspruchsverfahren zu Einspruchsverfahren und müssen sich dann auch
noch mit dem Vorwurf auseinandersetzen, Atomstrom sei zu
teuer.

In Frankreich wird geplant, geprüft, dann verworfen oder ge-
nehmigt und dann zügig gebaut, bis das Projekt fertig ist. Die
Kollegen von Kalkar haben mit blutenden Herzen zuschauen

müssen, wie die Franzosen den Schnellen Brüter »Super Phénix« an der Rhône hochgezogen haben, an dem auch das Rheinisch-Westfälische Elektrizitätswerk (RWE) mit einem Sechstel beteiligt ist. Frankreich verkauft heute Wiederaufbereitungsdienste bis nach Japan.

Der in Jülich entwickelte Hochtemperaturreaktor in Hamm-Uentrop zum Beispiel konnte erst mit neunjähriger Verspätung und nach Erteilung von 37 Teilerrichtungsgenehmigungen fertiggestellt werden – wobei die ursprünglich veranschlagte Baukostensumme von 600 Millionen auf vier Milliarden Mark stieg. Dabei verkörpert ausgerechnet der Hochtemperaturreaktor des Typs, der in Uentrop steht, das Nonplusultra an Reaktorsicherheit. Die Amerikaner bauen nur noch Atomkraftwerke dieses Typs.

Schuld ist nicht zuletzt die sogenannte Demokratisierung von Sachentscheidungen. Sie ist auch verantwortlich dafür, daß um der sozialen Symmetrie willen neben der Erfahrung von Physik-Professoren auch die profunde Ignoranz von akademischen Kannitverstans in die Arbeit der Enquete-Kommission für die Zukunft der Atomenergie eingebracht wird. Am Ende, so meint der konservative Philosoph Karl Steinbuch, stehe die »Diktatur der Inkompetenz« über dem Sachverstand.

ALTERNATIVE WINDEIER

Die Franzosen sind davon überzeugt, daß es für sie keine Alternative zum Atomstrom gibt. Sie haben alles ausprobiert, was in Frage kam – Sonne und Wind, Ebbe und Flut, Biogas aus Stallmist und Klärschlamm. Die Ergebnisse waren alle gleich entmutigend, obwohl Frankreich weitaus bessere Voraussetzungen für die Umsetzung sogenannter natürlicher Energien bietet als etwa die Bundesrepublik. Die Windräder an der Atlantikküste waren laut, teuer und ständig kaputt. Das Kilowatt Windstrom kostete zehnmal soviel wie ein Kilowatt aus gewöhnlichen Turbinen.

Noch teurer war nur der Sonnenstrom aus dem Solarkraftwerk

Thémis, einer riesigen Spiegelarena in einem sonnigen Pyrenäental. Thémis war in jeder Hinsicht eine einzige große Enttäuschung. Alles war teurer und unergiebiger, als man berechnet hatte. Die Kosten lagen fünfmal höher, die Stromerzeugung viermal niedriger als erwartet. Rein rechnerisch hätte das Kraftwerk im langjährigen Betrieb nur anderthalbmal soviel Energie erzeugt, wie sein Bau erfordert hat. Dazu kam es nicht. Im Juli 1986 wurde Thémis endgültig abgewrackt.

Der Gedanke ist in der Tat bestechend. Die Sonne verballert in zwanzig Minuten soviel Energie in den Weltraum, wie die ganze Erdbevölkerung im Jahr verbraucht. Man müßte doch wenigstens einen Bruchteil davon einfangen können, um die fossilen Brennstoffe, deren Bestände sich zu Ende neigen, zu ersetzen. Aber alle Versuche, Sonnenlicht zu verstromen, sind bislang daran gescheitert, daß es zu unkonzentriert und außerdem zu schwer zu speichern ist. Selbst der Heilbronner Solar-Papst Reinhard Dahlberg, der das Weltenergie-Problem langfristig mit einem weltumspannenden Gürtel von 50 000 gigantischen Sonnenplantagen lösen will, ist davon überzeugt, daß die Menschheit bis auf weiteres »auf die Nutzung von nuklearen Leichtwasser-Reaktoren nicht verzichten« kann.

Die deutschen Erfahrungen mit der Sonnenenergie entsprechen exakt den französischen. Ein Kilowatt Solar-Strom kostet diesseits des Rheins 10- bis 25mal soviel wie ein Kilowatt Strom aus fossilen Brennstoffen. Bundesforschungsminister Heinz Riesenhuber hält, wie er in einem Interview mit der *Frankfurter Rundschau* ausführte, einen Preis von 50 Pfennig pro Kilowattstunde – also drei- bis viermal soviel wie der herkömmliche Preis – für »durchaus erreichbar«. Am Kernforschungszentrum Jülich wurde die Erforschung der Solarenergie eingestellt, nachdem dort ohne verwertbares Resultat 250 Millionen Mark verbraten worden waren. Vielleicht, daß man einen neuen Versuch wagen wird, wenn die Physik auf dem Gebiet der Supraleiter weitergekommen ist. Aber zur Zeit ist der Sonnenofen erstmal aus.

Das Gleiche gilt für die Windverstromung. Es muß ja wohl Gründe haben, daß die Wind-Generatoren im zugigen Dänemark nur ein Prozent zur nationalen Elektrizitätsgewinnung beitragen. Nicht, daß nicht alles versucht worden wäre. 90 Millionen hat der Bund für das legendäre Windkraftwerk Growian in Dithmarschen verpulvert. Doch das Experiment brachte genau das Ergebnis, das die Energiewirtschaftler vorausgesagt hatten: Es geht nicht. Schließlich wurde das Ding sang- und klanglos abgerissen. Ein Windei, sonst nichts. Aber die Windkraftbefürworter hatten auch dafür wieder eine griffige Erklärung: Es war alles viel zu groß, man hätte statt eines großen lieber viele kleine Windräder bauen sollen. Merke erneut: Klein is beautiful.

Auch wenn er rentabler zu produzieren und leichter zu speichern wäre, käme Wind- oder Sonnenstrom aus umweltpolitischen Gründen nicht in Frage. Für ein Solarkraftwerk mit der Kapazität des Kernkraftwerks Biblis müßte man zehn Autobahnen von Hamburg bis München mit Solarzellen vollstellen. Für die Versorgung der westdeutschen Bevölkerung wären rund 100 000 große Windräder erforderlich, die eine Fläche von annähernd einem Viertel der Bundesrepublik in Anspruch nehmen würden. Will das einer? Muß man überhaupt ernsthaft und wissenschaftlich über derlei gedankliche Donquichotterien debattieren? Man muß es, weil die Angst vor der Atomkraft und, damit verbunden, der naive Kinderglaube an die Wunderkräfte von Mutter Sonne und Gevatter Wind von spinnerten Sektierern auf ganze Parteivorstände übergegriffen hat.

Die Sowjetunion, das einzige Land, das sich am atomaren Feuer die Finger verbrannt hat, hat am allerwenigsten Probleme mit der Megawatt-Dialektik. Ihre Regierung hat aus gegebenem Anlaß erklärt, sie sähe keinen Grund, ihre Energiepolitik umzustellen. Während Helden der sozialistischen Arbeit mit bloßen Händen Sand auf das Höllenfeuer schippten, blieben die anderen an verschiedenen Standorten gelegenen LWGR-Blöcke in Betrieb. Für die Kreml-Herren ist der Ausstieg aus der Atomenergie undenkbar. Nur weil mal was schiefgeht, schmeißt man ja nicht gleich das ganze Prinzip über den Haufen. Der Sozialismus geht seit 70 Jahren überall und ständig schief und ist immer noch Staatsreligion im Sowjetreich.

168

Immerhin haben die Genossen Energie-Kommissare bekräftigt, man werde bemüht sein, aus den Fehlern zu lernen, und es künftig besser machen. Die Schuldigen wurden hart bestraft. Anderthalb Jahre nach dem GAU ging Tschernobyl ganz selbstverständlich wieder voll ans Netz. Bis 1990 soll die Kapazität im Wirtschaftsverbund der COMECON-Staaten auf 80 000 Megawatt Leistung gesteigert werden, mehr als das Zweieinhalbfache der Kapazität von 1986. Dabei wollen sich die Kommunisten auch die Erfahrungen der Kapitalisten beim Reaktorbau zunutze machen und vor allem westdeutsche Reaktorsicherheitstechnologie einsetzen.

SPD gegen den Rest der Welt?

Der Westen hat aus Tschernobyl zwar technologisch nichts gelernt, aber dennoch Lehren aus dem Unglück gezogen. Der westdeutsche Umweltminister Klaus Töpfer hat zwar versichert, das deutsche Sicherheitskonzept werde davon nicht berührt. Eine derartige Katastrophe sei in einer bundesdeutschen Atomstromfabrik so extrem unwahrscheinlich, daß sie praktisch nie eintreten könne. Das Schutzkonzept beschränkte sich in der Vergangenheit darauf, technische Barrieren gegen den GAU aufzubauen. Neuerdings schließen die Sicherheitsphilosophen auch das allerletzte Restrisiko in ihr Kalkül ein. Auf Empfehlung der Reaktorsicherheitskommission will die Bundesregierung ein Gesetz für den kaum denkbaren Fall erlassen, daß ein Reaktorkern doch mal durchschmilzt. Die Steuerzentralen sollen so nachgesichert werden, daß die Besatzung eventuelle Unfallfolgen ohne eigene Lebensgefahr eindämmen kann. Die Reaktorsicherheitsbehälter sollen ein Ventil bekommen, das gegebenenfalls Druck abbaut und ein Platzen des Sicherheitsbehälters verhindert.

Das fatale allerletzte Restrisiko wird dadurch nochmals minimiert. Volkspsychologisch aber sind solche Kautelen eher kontraproduktiv. Immer mehr Vorsichtsmaßnahmen schaffen auch immer mehr Verunsicherung. Logik: Wenn die da oben so übervorsichtig sind, wird es wohl gefährlicher sein, als sie zugeben. Mit der gleichen Stringenz müßte man annehmen, daß die Gefahr beim Dampferfahren mit der Zahl der verfügbaren Rettungsboote steigt.

Trotzdem wollen die deutschen Sozialdemokraten innerhalb von zehn Jahren von der Kernenergie auf Kohleenergie umsteigen. Sie wollen eine empfindliche Strompreiserhöhung und die Abhängigkeit der deutschen Wirtschaft von Kohleimporten gigantischen Ausmaßes und eine Viertel- bis eine halbe Million Tonnen Schwefeldioxid aus Großfeuerungsanlagen in Kauf nehmen, die dann unweigerlich anfallen würden. Die gegebenenfalls auftretenden Energielücken sollen durch Einsparen abgedeckt werden.

Die SPD setzt sich auch, wie es im Votum des Nürnberger Parteitags heißt, für die »Unterbindung des Exports von Kernkraftwerken aus der Bundesrepublik« ein. Das heißt, sie will den Bau der anerkannt sichersten Reaktoranlagen der Welt unterbinden, während ringsum fleißig weiter AKWs gebaut werden. Für den Heimgebrauch fordern die Sozialdemokraten eine »energiepolitische Denkpause«. Ausgerechnet nach Tschernobyl wollen sie aussetzen mit Denken.

»Lieber Genosse Vogel«, schrieb aus gegebenem Anlaß der KWU-Betriebsrat an den SPD-Vorsitzenden, »wir wagen mit diesem Brief einen dringenden Appell an Partei und Fraktion, sich durch ein neu überdachtes realistisches Energiekonzept aus den selbst angelegten Fesseln des Nürnberger Parteitags zu befreien.« Die SPD dürfe sich nicht »weiter gegen den Rest der Welt« stellen. Nun ist leicht zu begreifen, daß KWU-Mitarbeiter, deren Jobs von der Kernkraft abhängen, den Ausstieg für einen Ausstieg aus der Vernunft halten. Aber nicht nur parteiische Betriebsräte sind dagegen, ausgerechnet die sichersten Kernkraftwerke der Welt stillzulegen. Dagegen sind auch komplette DGB-Gewerkschaften.

Tatsächlich ist ja auch nicht der ganze Rest der Welt dafür. Auch Kernkraftbefürworter haben sich der »neuen Nachdenklichkeit« (so Niedersachsens Umweltminister Werner Remmers) ergeben. Die alten Risiko-Hochrechnungen müssen wohl neu durchgerechnet und, wo es nötig erscheint, korrigiert werden. Bedingungslos für den Einsatz von Kernenergie sind nur noch der Ostblock sowie die meisten Schwellen- und Entwicklungsländer, die ein Fortschrittsdefizit aufzuholen haben und die gar nicht anders können, als Vorteile und Risiken moderner Technik gegeneinander abzuwägen. Das ist die Internationale der Weitermacher, wie sie der Münchner Schriftsteller Peter Sloterdijk nennt. Ebenso bedingungslos gegen den Einsatz von Kernkraft sind auf der anderen Seite durchweg nur die Saturierten der sogenannten Ersten Welt, die dem Zwang zum Abwägen bis auf weiteres enthoben sind. Sie wollen Fortschritt ohne Risiko. Doch dieser Fortschritt, der ist nicht von dieser Welt.

Der Totalausstieg, den die Linken fordern, würde eine totale Umstrukturierung der westdeutschen Wirtschaft und einen Verzicht auf einen beträchtlichen Teil des Wohlstands erfordern. In einer Studie der Bundesregierung wird der Preis für die totale Umstellung der westdeutschen Energieversorgung auf fossile Brennstoffe auf eine Billion Mark veranschlagt. Zur Erinnerung: Eine Billion sind tausend Milliarden oder eine Million Millionen. Mag sein, daß da die Bonner Atom-Lobby ein wenig nachgeschlimmert hat. Aber die Dimension stimmt.

Gute und böse Atome

Für die Risikoerfassung in Kernkraftwerken macht es einen Unterschied, ob aus einem Atomkraftwerk radioaktiver Dampf austritt oder ob in der AKW-Kantine die Kühlschranktür klemmt. Doch für die Kernkraft-Gegner ist Störfall gleich Störfall. Sie haben immer gleich Gefahrenstufe eins. Sonst kämen sie nämlich nie auf ihre Horrorstatistiken. Dabei läßt sich ja die Häufigkeit der registrierten Störfälle, wenn man es andersherum sieht, auch als Indiz für die Sorgfalt der Betreiber und der Exekutive werten, die ihnen auf die Finger schaut. In der westlichen Reaktorwirtschaft ist die Alarmschwelle so niedrig, daß auch prozessuale Petitessen zum Abschalten führen. In der Sowjetunion gibt es, statistisch gesehen, viel weniger Störfälle als im Westen. Die Internationale der Kernkraftcontras aber bläst unablässig Kleinkram zum Beinahe-GAU auf.

Die Tendenz wird deutlich an dem Skandal in der störfallvorbelasteten Wiederaufbereitungsanlage Sellafield (früher Windscale), der im Sommer 1986 die britische Anti-AKW-Szene erschütterte. Aus einem Leck war leicht radioaktives Kühlwasser ausgetreten. »Schon wieder Windscale«, tönte es aus der Abschalt-Front. Dann machte der Labour-Abgeordnete Norman Atkinson der Öffentlichkeit bekannt, daß eine Putzfrau den Störfall mit Eimer und Feudel bewältigt hatte, indem sie das ausgetretene Wasser aufwischte und in den Ausguß kippte.

Analoges geschah und geschieht in der Bundesrepublik. Am 24. Juni 1986 menetekelte das Fernsehmagazin »Report« genußvoll vom »Herzinfarkt« im Kraftwerk Stade. In Langschrift: Durch Neutronenbeschuß und, dadurch hervorgerufen, eine Versprödung des Materials drohe der Druckbehälter des Kernkraftwerks Stade an der Unterelbe zu bersten. Schlimmer noch: »Mindestens zehn der siebzehn kommerziellen Atomkraftwerke haben Risse in den Druckbehältern.« Das düstere Szenario war choreographisch aufgemotzt mit Szenen aus dem Spielfilm »China-Syndrom«, in dem das nukleare Inferno in all seiner schönen Schaurigkeit dramatisiert wird.

Die KWU, die die AKWs alle gebaut hat, reagierte mit einer kleingedruckten Gegenerklärung in den führenden deutschen Intelligenzblättern. Sie machte geltend, daß die »Report«-Redaktion das Pamphlet gesendet habe, ohne gleichzeitig auf ein TÜV-Gutachten mit genau gegenteiligem Aussagewert hinzuweisen, wozu sie gerichtlich verpflichtet gewesen wäre. Nach einem Gutachten des Technischen Überwachungsvereins Norddeutschland vom Februar 1985 nämlich ist die Sicherheit des Reaktordruckbehälters in Stade bis weit über die vorausberechnete Nutzungsdauer hinaus gewährleistet. Die KWU warf den »Report«-Redakteuren vor, sie hätten Gutachten manipuliert und »in krasser Weise gegen die Spielregeln für fairen Journalismus verstoßen«. Aber es half nichts. Die Botschaft saß.

Als Kronzeuge war der linke Physikprofessor Jens Scheer von der Universität Bremen »Report« zu Diensten gewesen. Daß Scheer ein knallharter Maoist ist, sagt noch nichts über den Wert seiner Einlassungen. Scheer qualifiziert sich aber wissenschaftlich durch seine Schriften, in denen er ausgeführt hat, daß Qualität und Sicherheit von Atomkraft mit dem politischen Standort dessen zu tun hat, der sie einsetzt und kontrolliert.

Wann Atomkraft gut und wann sie schlecht ist, das hat Professor Scheer vor Jahren in einem Beitrag für das Zentralorgan des Kommunistischen Studentenverbandes, *Dem Volke dienen,* beschrieben. Darin führte er aus: »Auch kann in der sozialistischen Planwirtschaft, die frei ist vom Zwang zum Profit bei der Energieproduktion, frei ist auch vom irrationalen Zwang zu immer größerem Energiebedarf, planvoll überlegt und entschieden werden, ob Kernkraftwerke mit allen erforderlichen Sicherheits- und Schutzmaßnahmen für die Bedürfnisse des Volkes sinnvoll sind oder nicht.«

Und Scheer ist kein Sektierer. Die ganze »Deutsche Kommunistische Partei« unterschied vor und nach Tschernobyl stets zwischen guter, weil sozialistischer, und schlechter, weil kapitalistischer Kernkraft. Rotchina kriegt von Professor Scheer sogar für seine Atombomben noch einen Persilschein. Dazu heißt es in dem Scheer-Papier: »So müssen z. B. die Atombombenversuche der VR China, die sicherlich auch Radioaktivität erzeugen, gutgeheißen werden – sind sie doch zur Sicherung der sozialistischen Hauptmacht und der revolutionären Befreiungsbewegungen in aller Welt unvermeidlich.« Noch Fragen an »Report«?

GRENZWERT NICHT ÜBERSCHRITTEN

Nach Paragraph 28, Absatz 3 der Strahlenschutzverordnung müssen Atommeiler so ausgelegt sein, daß im Störfall in der Umgebung der Anlage die Dosis für den Gesamtkörper fünf Rem (5000 Millirem) und für die Schilddrüse 15 Rem nicht überschreitet. Die radioaktiven Schadstoffe dürfen nur ein Tausendstel der Strahlung haben, die normalerweise von der Natur abgegeben wird. Wenn die Schwefeldioxid-Emissionen nach ähnlich pingeligen Kriterien beurteilt würden, dann müßten alle westdeutschen Kohlekraftwerke sofort stillgelegt werden.

Die gesetzlichen Strahlungsgrenzwerte wurden nach dem Unfall von Tschernobyl niemals und nirgendwo in der Bundesrepublik erreicht. Das Kernforschungszentrum in Karlsruhe konstatierte im November 1986 nach Auswertung von mehr als tausend radiologischen Einzelmessungen in Baden-Württemberg, das Langzeitrisiko habe sich für Bundesbürger durch den Tschernobyl-Unfall nicht meßbar erhöht. Auch die Strahlenexposition über die Nahrungskette sei nahezu unverändert. Die Bundesärztekammer erklärte lapidar: »Nach dem zuverlässigen Urteil von Experten, insbesondere Nuklearmedizinern, Strahlenschutzärzten, Strahlenbiologen und Kernphysikern hat in unserem Lande durch die erhöhte Strahlenexposition kein Bürger gesundheitliche Schäden erlitten.«

Zu analogen Resultaten kam auch die von der Düsseldorfer SPD-Landesregierung eingesetzte »Koordinierungsstelle Radioaktivität« ein Jahr nach dem Unfall: Ein 70 Kilogramm schwerer Mann an Rhein und Ruhr hatte in den zwölf Monaten des Bemessungszeitraums eine Ganzkörperdosis von vier Millirem zu verkraften gehabt. Das sind zwei bis zweieinhalb Prozent der natürlichen Belastung, die unter normalen Umständen alljährlich auf ihn einwirkt. Zum Vergleich: Eine Röntgenaufnahme des Magen-Darm-Trakts belastet den Menschen mit zusätzlich 500 Millirem – wobei allerdings nicht alle Arten von radioaktiven Strahlen gleich gefährlich sind.

Radionuklide sind überall, im Boden, im Wasser, in der Luft, im Baumaterial. Und das war immer so. Schon der Neandertaler wurde radioaktiv bestrahlt. Die Wissenschaft unterscheidet nach Dutzenden von kosmischen Strahlen, die ständig auf den menschlichen Organismus einwirken. Der menschliche Körper selbst ist eine Strahlenquelle. Die staatliche »Électricité de France« in Paris nahm im Sommer 1986 die Strahlen-Psychose der Deutschen mit dem Hinweis auf die Schippe: »Es ist gefährlicher, an der Seite einer Frau im Bett zu liegen, als neben einem Atomkraftwerk zu leben, weil der menschliche Körper [strahlende] Pottasche enthält.«

Gut, zunächst wußte keiner so genau, wie gefährlich Tschernobyl für die Europäer war. Doch auch nachdem es jeder hätte wissen können, gellte noch immer ahnungsvolles Alarmgeschrei durch die Republik. Die Zeitungen rückten Strahlentabellen ins Blatt, die keiner verstand. Die Bundesregierung setzte – nicht aus Einsicht, sondern unter dem Eindruck der bis zum Sieden aufgeheizten öffentlichen Meinung – die Maximalmargen für die Strahlenbelastung von Lebensmitteln noch einmal deutlich herunter. Diese bereits stark reduzierten Höchstmengen wurden dann von einzelnen Landesregierungen noch einmal tüchtig minimiert. Daraus ergab sich Anlaß zu neuen Ängsten. Denn natürlich kann man eine subjektive Gefahr durch die Manipulation ihrer Kriterien auch synthetisch herbeiführen.

Strahlenfolgen kann man nicht sehen, sondern nur statistisch hochrechnen – es sei denn, der Bestrahlte hat direkten Hautkontakt mit der Strahlenquelle wie im Herbst 1987 die Opfer des Unglücks im brasilianischen Goiânia. Sicher ist, daß selbst eine künstliche Strahlendosis, die die natürlichen Strahlungen weit übersteigt, weniger gefährlich ist als andere schädliche Einflüsse, denen der menschliche Körper ständig ausgesetzt ist. Selbst nach vierzigjähriger Forschung konnten etwa in Hiroshima keine langfristigen Gen-Schäden als Folge des ersten Atombomben-Abwurfs festgestellt werden. Und der Anstieg der Krebsrate liegt – im engeren Umkreis um den Explosionsherd – weit unter einem Prozent.

Auch in Tschernobyl war der Schaden längst nicht so groß wie befürchtet. Der amerikanische Knochenmarkspezialist Robert Gale, der etliche Strahlenopfer operiert hatte, berichtete Anfang August 1987 im *Journal of the American Medical Association,* es habe sich gezeigt, daß Menschen erheblich höhere Strahlendosen überleben könnten als bis dato angenommen. Selbst die Freiwilligen, die in den Tagen nach dem Unfall kurzfristig radioaktives Graphit in den Reaktorschlund schippten, müssen mit nur geringfügigen Veränderungen ihres Blutbildes rechnen. Allerdings, die Schätzungen über die Anzahl der langfristig durch Tschernobyl verursachten Krebsfälle driften weit auseinander. Robert Gale glaubt immerhin, daß im Laufe der nächsten fünfzig Jahre mit 20000 Krebstoten zusätzlich zu rechnen ist. Doch das, so meint er, sei nicht unbedingt ein Argument gegen die Kernenergie. Beim analogen Einsatz von fossilen Brennstoffen wären statt dessen eine Million Krebstote zu erwarten gewesen.

»Semantische Verschmutzung«

Die Politiker mußten sich nach dem Desaster in der Ukraine den Vorwurf anhören, sie hätten nicht genug getan, um den Menschen die Angst vor dem Atom zu nehmen. Dabei ging die Kritik von der irrigen Annahme aus, daß sich Angst durch die Präsentation von tranquilisierenden Fakten abbauen lasse. Diese Annahme aber ist vielfach widerlegt. Das Gestrüpp der Röntgen, Rads, Rems und Becquerels ist für das breite Publikum nicht mehr durchschaubar, das ist wohl richtig. Aber selbst wenn die Nation komplett eine Eins in Physik gehabt hätte, wäre sie wegen Tschernobyl nicht weniger aufgeregt gewesen. Gegen die Ängste der Hysteriker, die lieber an Kaffeesatz-Analysen glauben als an die – natürlich etwas schwieriger zu begreifenden – Expertisen der Experten, ist kein Kraut gewachsen.

Es ist eingewendet worden, daß man kernenergiefreundlichen Fachleuten nicht trauen dürfe, weil zu befürchten sei, daß sie direkt oder indirekt von der Atomindustrie abhängig und deshalb nicht unparteiisch seien. Akzeptiert. Doch die Kernkraftgegner sind nicht weniger parteiisch, andererseits aber meist nicht so firm in der Sache wie die Experten. Wenn man aber die Wahl hat zwischen einseitig orientiertem Sachverstand und einseitig orientiertem, von Boulevard-Wissenschaftlern artikuliertem Dilettantismus, dann entscheidet man sich doch besser für den Sachverstand. Darüber hinaus noch kritisch zu sein, schadet ja nichts.

Für die Folgen von Aberglauben und »semantischer Verschmut-

zung der geistigen Umwelt des Menschen«, wie der Elektrophilo-
soph Professor Klaus Knizia es nennt, kann man auch die Politiker
nicht verantwortlich machen. Die von dem TV-Moralisten Franz
Alt beklagten »psychosozialen Schäden an Millionen Kindern, die
in diesen Wochen in Angst und Schrecken leben«, sind nicht die
ursächliche Folge von Tschernobyl, sondern die Folge einer monströsen Verunsicherungskampagne, für die Franz Alt mitverantwortlich ist.

Wer in einem vollbesetzten Fußballstadion »Feuer« ruft, ohne
daß es brennt, ist für die Folgen verantwortlich. Es heißt aber
auch, ein wenig Überdosis Alarm könne im Einzelfall gar nicht
verkehrt sein, weil Übertreibung die Alarmbereitschaft hebe und
den Sinn fürs Wesentliche schärfe. Katastrophenpädagogik nennt
das Peter Sloterdijk. Das Prinzip ist, solange es sich aufs Prä-
ventive beschränkt, für Feuerwehr und Bundeswehr in Ordnung.
Für die Bewältigung der Folgen von Tschernobyl war es ganz
sicher das falsche Prinzip.

Das schrille Alarmgeschrei führte zu fehlerhafter Schadenser-
fassung und zu falschen und daher schädlichen Abwehrmaßnah-
men. Die mit viel publizistischem Schub an die Öffentlichkeit
gebrachte Befürchtung der mächtigen Naturschutzorganisation
BUND, die Ernte werde »wegen radioaktiver Verseuchung un-
brauchbar sein«, zum Beispiel war Panikmache in Tateinheit mit
Ignoranz. Ebenso wie die Schlagzeilen, mit denen das Ereignis am
westdeutschen Boulevard aufgearbeitet wurde. Beispiele: »Atomfabrik brennt – 30 000 Tote?« (30. April 1986) – »Wir können die
Toten nicht begraben, alle verseucht« (2. Mai) – »Wiesen verseucht, Badeverbot« (5. Mai) – »Verseuchte Vögel fielen vom
Himmel« (13. Mai) – »Russischen Frauen fallen Haare aus«
(15. Mai) – »Atom – Rhabarber richtig köpfen« (16. Mai).

Den größten Nachteil hatten Landwirtschaft und Lebensmittel-
handel. Die Deutschen wollten aus Furcht vor kontaminierter
Nahrung partout nichts mehr aus deutschen Landen frisch auf
den Tisch. Auf den Feldern verrottete im Sommer 1986 Gemüse
in Milliardenwert, weil der irritierte Verbraucher sich nur noch an
der Tiefkühltruhe und am Konservenregal bediente. Im fränki-
schen »Knoblauchland« sackte der Umsatz auf zwanzig Prozent.
Die Südbayerische Spargel-Erzeugergemeinschaft meldete einen
Schaden von 30 Millionen Mark – obwohl weißer deutscher Spar-
gel gar nichts mitgekriegt haben kann, weil er noch in der Erde
steckte, als der Fallout aus den Wolken fiel.

Bei grünen Alternativköstlern kam sogar das gute alte KZ-
Huhn wieder zu Ehren, das ja in seiner Legebatterie von dem
radioaktiv angereicherten Regen, der in den Tagen nach dem
Unfall gefallen war, nichts mitbekommen hatte. Die Molkerei
Sandra auf Gran Canaria machte Riesenreibach mit dem Export
von spanischer H-Milch in die Bundesrepublik. Der Preis lag
doppelt so hoch wie der Literpreis westdeutscher Molkereien. Die
Handelsgruppe Edeka, die sich einen größeren Posten davon gesichert hatte, versprach dafür in ihrer Werbung absolute Strahlen-
freiheit. Das war nicht zuviel versprochen. Nur, deutsche Milch
war, wie vergleichende Messungen ergaben, ebenso strahlenfrei.

Im oberbayerischen Landkreis Miesbach versuchten die Bauern,
die geschäftsschädigende Wucht der Psychose mit antizyklischem
Spott abzupuffern. Der Stoß ging gegen den *Stern,* der, gestützt
auf Recherchen der Umweltinitiative »Arche Noah«, von »ver-
heerenden Folgen der Radioaktivität« in Miesbacher Kuhställen
berichtet hatte. Im Kreis Miesbach, so hatte es geheißen, sei die
Zahl der totgeborenen Kälber aufs Dreifache gestiegen. Grund:
strahlenverseuchtes Futter.

Zwei Monate nach der Veröffentlichung gab's beim »Oberwirt«
am Birkenstein ein Tschernobyl-Gedächtnisessen mit geladenen
Gästen. Zum Verzehr gelangte das Kalb, dessen großformatiges
Foto der *Stern* mit dem düsteren Vermerk gedruckt hatte, es habe

»keine Überlebenschance«. Mäzen war Staatssekretär Wolfgang Gröbl, der das Tier gekauft und für den öffentlichkeitswirksamen Verzehr gestiftet hatte, weil er, wie er sagte, dafür sorgen wollte, »daß der *Stern* recht behält«. Zum Kalbsbraten wurde ein Strahlengutachten gereicht. Daraus ging hervor, daß das Kalb mit 36 bis 52 Becquerel pro Kilo belastet war, also bedenkenlos verspeist werden konnte.

Statistisch war die Justifikation nicht so leicht zu beschaffen gewesen. Die trickreichen Ökodetektive von der »Arche Noah« hatten die Miesbacher Landwirte per Zeitungsinserat aufgefordert, Früh- und Fehlgeburten »wegen eventueller Schadenersatzansprüche« zu melden. Gewöhnlich läßt ein deutscher Landmann sich nicht lange bitten, wenn es öffentliche Mittel abzusahnen gibt. Trotzdem gingen nur gut hundert Meldungen ein. Tatsächlich lag nämlich die Kälbersterblichkeit im Berichtszeitraum nicht über, sondern unter dem langjährigen Schnitt.

Als Konstruktion erwies sich auch die angebliche Korrelation zwischen radioaktiver Strahlung und Mongolismus (Trisomie) bei Neugeborenen. Im Fernsehen konnte man Kurven sehen, die eindrucksvoll dokumentieren, daß in Berlin im Januar 1987 fünfmal so viele mongoloide Kinder geboren wurden wie im Januar 1986. Im Süden der Bundesrepublik lag die Trisomie deutlich höher als im Norden. Wenn das nicht Beweis genug war.

Doch die Humangenetiker von der Strahlenschutzkommission machten die schönen Beweise mit schnöder Sachlichkeit kaputt. Sie wiesen darauf hin, daß die meisten der mit Trisomie geborenen Kinder vor der Reaktorkatastrophe gezeugt worden waren. Da aber die Architektur für den Mongolismus während der ersten zwei Zellteilungen, also unmittelbar nach der Zeugung, festgelegt wird, können die Strahlen in diesen Fällen keinen Einfluß auf die Deformierungen gehabt haben. Die Perinatalogische Gesellschaft in Hannover hat im November 1987 in einer Untersuchung von 80 Prozent aller Neugeborenen in Bayern und 85 Prozent der Neugeborenen in Niedersachsen ebenfalls keine Häufung von Tot- oder Fehlgeburten feststellen können.

Die destruktive Wirkung von radioaktivem Cäsium, Jod und Strontium blieb auch im Jahr nach Tschernobyl ungebrochen. Sie hatte allerdings mit Strahlenbiologie nichts zu tun. Es hat sich gezeigt, daß die Halbwertzeit deutscher Psychosen weit größer ist, als die Halbwertzeit einer ganzen Reihe von radioaktiven Substanzen. Zu Ostern 1987, ein volles Jahr nach Tschernobyl, wurden in Hamburg unter viel Mediengetöse Schokoladen-Osterhasen im Wert von 50 000 Mark ausgemustert, nachdem die Verbraucherzentrale darin eine Überdosis Becquerel Cäsium gefunden haben wollte. Um ein »strahlenfreies Osterfest« zu genießen, so wurde amtlich empfohlen, sollten die Kinder in den Hamburger Kindergärten sich lieber Hasen aus Hefeteig einverleiben.

Der Bundesverband der Süßwarenindustrie erklärte zwar, der Genuß der Schokoladenhasen sei vollkommen unbedenklich. Er warf den Behörden auch vor, sie trieben »Schindluder mit den Ängsten der Bevölkerung«. Doch diese Einlassungen wurde von den Verbraucherfunktionären als taktiererische Manipulation verworfen. Das Volksempfinden läßt sich eine Gefahr, die es erstmal liebgewonnen hat, so leicht nicht mehr entwinden. Die *Frankfurter Allgemeine Zeitung* ließ, maliziös, wie sie ist, die verbandsamtlichen Becquerel-Angaben von Strahlenexperten in konkrete Gefährdung umrechnen. Danach müßte man 200 bis 300 »verstrahlte« Osterhasen essen, um eine Dosis von einem Millirem in sich aufzunehmen. Ein Millirem ist die natürliche Strahlenmenge, die jeder Bundesbürger, unabhängig von Tschernobyl, in drei bis vier Tagen in sich aufnimmt. Jedoch, was vermögen Tatbestände gegen Neurosen? Es half nichts, die Osterhasen-Rückrufaktion gelangte planmäßig zur Durchführung, wie es amtlicherseits hieß.

Dabei macht es häufig gar keinen großen Unterschied, ob aus privaten Strahlenmessungen die richtigen oder die falschen Schlüsse gezogen werden. Wenn die Methode falsch ist, nach der es ermittelt wurde, kann das Resultat auch nur falsch sein.

Am Frankfurter »Institut für Strahlen und Umweltforschung«

zum Beispiel ist das mit zwei dicken Stahlplatten abgeschirmte Nuklidmeßgerät in einem zwei Meter unter der Erdoberfläche gelegenen Raum untergebracht, nur damit äußere Einflüsse das Meßergebnis nicht verfälschen können. Selbst eine so hochprofessionelle Anlage würde mehrere Stunden benötigen, um mit 99prozentiger Sicherheit den Nachweis für eine angenommene Cäsium-Aktivität von fünf Becquerel zu liefern. Wer sich dagegen mit einem 3000-Marks-Geigerzähler ausmessen läßt, wie sie in Illustrierten-Kleinanzeigen angeboten werden, kann genausogut zu einem jener sogenannten Strahlenrutengänger gehen, die sich nach Tschernobyl am Paranoiker-Markt etablierten. Das ist billiger und bringt auch nichts.

DIE MOLKE-SCHLACHT

Die donnerndste und dauerhafteste Zugnummer im deutschen Tschernobyl-Neurosen-Zirkus von 1986/87 war zweifellos der Molke-Thriller. Ein Jahr lang wurden 242 Güterwaggons mit Molke, deren Strahlung den von der EG fixierten Grenzwert überstieg, zweieinhalbtausend Kilometer hin- und hergeschoben. Die Strahlungsintensität von 2000 bis 5000 Becquerel pro Kilo entsprach etwa der Strahlkraft von einem Kilo Phosphatdünger oder einem Kilo jenes bei Umweltschützern so beliebten Granulats, von dem progressive Stadtverwaltungen jeden Winter Hunderttausende von Tonnen auf den deutschen Straßen ausbringen.

Es gibt Nahrungsmittel, die von Natur her um ein Vielfaches höher belastet sind. Das Max-Planck-Institut für Chemie in Mainz hat festgestellt, daß Paranüsse zum Beispiel – von Radium 226 auf Cäsium 137 umgerechnet – eine fünfzehn- bis vierzigmal so starke natürliche Strahlung haben wie die umstrittene Skandal-Molke. Die Universität Hamburg hat im Nordsee-Sediment bis zu 670 000 Becquerel pro Kilogramm Schlick gemessen, grob gerechnet, 150- bis 200mal soviel wie in einem Kilo Molkepulver. Trotzdem kann man in der Nordsee noch immer gefahrlos baden.

Ein leibhaftiger Minister fraß das Teufelszeug vor der Presse sogar demonstrativ mit dem Löffel. Trotzdem waren die Bundeswehr-Patrouillen, die die verschobene Molke zu bewachen hatten, angewiesen, dreißig Meter Abstand zu halten. Beim Rangieren mußte stets ein leerer Waggon zwischen der Lokomotive und dem ersten beladenen Wagen mitlaufen. Professor Rolf Michel, der Leiter der Abteilung Strahlenschutz an der Universität Hannover, kommentierte kurz und bündig: »Das ganze ist politische Hysterie.« Der größte anzunehmende Unsinn.

Und zwar in klassischer Prägung. Das DTV-Lexikon notiert zum Stichwort »Hysterie«: »Charakteristisch sind u. a. Dissoziationen (nicht koordinierte Denk-, Handlungs- oder Verhaltensabläufe) ... gesteigerte Suggestibilität und Empfänglichkeit für Selbstsuggestionen.« Genau das war's. Die Molke brachte, wo sie auftauchte, massenhaft Denk- und Verhaltensabläufe durcheinander. Die Geisterzüge wurden so behandelt, als wenn Container mit gesättigten Aids-Nährlösungen an Bord gewesen wären. Ökosturmtruppen blockierten Bahnhöfe, um genau das zu verhindern, was sie forderten, nämlich daß die Waggons auf entlegene Abstellgleise geschoben werden konnten. Rote und grüne Genossen schrien frenetisch nach Entsorgung, und als dann entsorgt werden sollte, waren sie ebenso frenetisch dagegen.

Kalkulierte Panikmache oder absurdes Schizotheater? Ein naturwissenschaftlich gebildeter Leserbriefschreiber namens Andreas Müller rechnete den Lesern der *FAZ* akkurat vor, daß ein Gramm der besagten Molke zwölf Milliarden radioaktive Cäsium-137-Atome enthält. Eine erschütternde Zahl, die unter die Haut geht. In Wahrheit zeigt sie nur, wie man Leute mit wahren Angaben hinters Licht führt.

Die Zahl verliert an Faszination, wenn man sie relativiert, wenn man sie beispielsweise vor den Hintergrund von Briefschreiber Müllers körpereigener Strahlung stellt. Müller selbst enthält – normales Körpergewicht vorausgesetzt – so viele inkorporierte radioaktive Kalium-40-Atome wie 25 000 Tonnen Molkepulver radioaktive Cäsium-137-Atome enthalten. Und die Strahlung von Kalium 40 ist zehnmal so schädlich wie die von Cäsium 137. Rein rechnerisch ist Müller also ein paarmal so radioaktiv wie fünf

Güterzüge voll Molkepulver. Natürlich ist das eine Nonsens-Rechnung. Aber sie zeigt den ganzen Humbug der unqualifizierten Becquerel- und Rem-Rechnerei.

Auf dem Höhepunkt der Molke-Schlacht kam die Idee ins Gespräch, die ganze Ladung als Nahrungsmittelhilfe nach Ägypten zu verfrachten, wo Becquerel-Sensibilität noch nicht so bizarr verformt ist wie in der Bundesrepublik. Doch in Ägypten war gerade Wahlkampf. Die Deutschen, so tönte es aus den Reihen der rechten Opposition, wollten mit der Molke vollenden, was dem Kolonialismus nicht gelungen sei. Sie wollten »die ägyptische Nation umbringen«.

Man hätte ganz legal die Strahlungsintensität durch Vermischung der Molke mit Milchpulver unter den kritischen Grenzwert drücken und das Gemenge als Viehfutter verwenden können. Man hätte die Molke auch mit Wasser vermischen und in den Ausguß schütten können. In diesem Fall hätte der englische Öko-Kalauer gestimmt: The solution of pollution is distribution. Doch der größte Teil des umstrittenen Stoffs wurde schließlich zur Entsorgung in das stillgelegte Atomkraftwerk Lingen im Emsland verbracht, da, wo die CDU in den Stadt- und Gemeinderäten über solide Zwei-Drittel-Mehrheiten verfügt. Dort sollte es unter Millionenaufwand mit Hilfe von Ionenaustauschern dekontaminiert werden. Das war bei Drucklegung dieses Buches der Stand der Dinge.

Umwelthysterien

DER WALD – HEIMAT DER DEUTSCHEN SEELE

Die Deutschen und der Wald, das ist ein Sujet von schöner Innerlichkeit. Es gibt auf der ganzen Welt kaum eine Sache, zu der ein Kollektiv eine so erotische und gleichzeitig neurotische Beziehung hat wie das deutsche Volk zu seinem Wald. Die Deutschen, so sinnierte einst der Sinnspruchmacher Wilhelm Heinrich Riehl, müßten den Wald erhalten, »damit die Pulse des Volkslebens warm und fröhlich weiterschlagen, damit Deutschland deutsch bleibe«.

Der erste deutsche Bundespräsident, Theodor Heuss, verehrte Bäume als Heiligtümer. Von Bismarck, dem Eisernen, ist überliefert, er habe seinem Nachfolger, Leo Caprivi, zwar die politischen Fehler verziehen, nicht aber, daß dieser mehrere Bäume in der Kanzlerresidenz in Berlin hatte abhacken lassen. Ein deutsches Vaterland ohne Wald? Undenkbar.

So intim wie die Deutschen mit dem Wald sind die Briten nicht mit der Queen und die rindvieh-fixierten Watussi nicht mit ihren Rindviechern. Auch andere Völker sind naturverbunden. Aber sie können sich auch an weniger dauerhafter Natur, etwa an einer bunten Wiese oder einem blühenden Weizenfeld, erfreuen, obwohl sie wissen, daß es vergänglich ist. Der Verdacht liegt nahe, daß die Deutschen im Wald nicht die Natur verehren, sondern der »Lust und Wehen andächt'gen Aufenthalt«, wie Joseph von Eichendorff einst sülzte, und die schöne Schaurigkeit des Waldes, die schon den Römer Tacitus beeindruckte.

Was das Erstaunlichste ist: Die mystische Verehrung für den düsteren Tann, die alte Oberförster-Romantik aus dem deutschen

Heimatfilm pulsiert sogar in der neuen deutschen Jugend, die mit völkischen Mythen und Mysterien sonst gar nichts zu tun haben will.

Der Nobelpreisträger Elias Canetti hat über das dunkelgrüne Elysium der Deutschen geschrieben: »In keinem modernen Land der Welt ist das Waldgefühl so lebendig geblieben wie in Deutschland. Das Rigide und Parallele der aufrechtstehenden Bäume, ihre Dichte und ihre Zahl erfüllen das Herz des Deutschen mit geheimnisvoller Freude. Er sucht den Wald, in dem seine Vorfahren gelebt haben, noch heute gern auf und fühlt sich eins mit den Bäumen.«

Für die Schweden ist der Wald eine Art Stangenholz-Plantage. Für die Deutschen ist er die Heimat der Seele. Und in Seelenangelegenheiten hat Sachlichkeit nichts verloren. Das merkt man an dem unbändigen Ernst, mit dem in deutschen Landen die Diskussion über den angeblich bevorstehenden Untergang des Waldes geführt wird.

»Erst stirbt der Wald, dann stirbt der Mensch«, steht auf den grauen Fahnen der grünen Apokalyptiker. Das fließt sprachlich nicht schlecht. Aber es ist nichts als ein hohles Kampfaxiom. Es gibt Völker, die ganz leidlich ganz ohne Wald leben. Und auch in Mitteleuropa haben Bäume nur eine Vegetationsspanne von fünf Monaten im Jahr. Trotzdem läuft im Winter niemand mit einer Sauerstoffflasche auf dem Buckel rum.

Für das globalklimatologische Gleichgewicht ist Wald sicher sehr wichtig. Der Anblick von Blattgrün ist auch erholsam und gut für die Augen. Aber wenn Bäume so wichtig für die seelische Balance der Deutschen wären wie die Naturschutzkommissare immer tun, dann würden sie im Urlaub nicht so massenhaft in Mittelmeerländer fahren, wo es fast gar keine Wälder gibt.

Wie relativ die Liebe zu Wald und Natur sein kann, zeigt sich in der Diskussion über die Aufforstung der Halbsteppe im schottischen Hochland. Jahrzehntelang haben die Naturschützer mit Recht den Raubbau an den ohnehin kargen britischen Waldbeständen angeprangert. Nun kommt die staatliche »Forestry Commission«, pflanzt neue Bäume und muß sich prompt von eben denselben Naturschützern die Schuld an den »Verheerungen durch die Fichten- und Kiefernplage« vorwerfen lassen.

Auch die Präzeptoren der Lüneburger Heide empfinden Bäume eher als Schädlinge. Der mit der Pflege beauftragte »Verein Naturschutzpark« hat systematisch und mit erheblichem finanziellen Aufwand große Flächen baumfrei machen lassen, um die ursprünglich durch den Raubbau der Lüneburger Salzsieder entstandene steppenähnliche Landschaft in ihrer künstlichen Ursprünglichkeit zu bewahren. Hamburger Naturschützer finden es auch ganz und gar in Ordnung, wenn in der Fischbeker Heide drüben am anderen Elbufer 100 000 Kiefern und Birken abgehackt werden, weil sie nicht in das hier gültige Klischee von intakter Natur passen.

Merkwürdig? Im vierten Jahrhundert nach Christus hielten sich germanische Grundherren hauptamtliche Baumabhacker, die dafür sorgen mußten, daß der Wald sich die von den Menschen gewonnenen Äcker nicht zurückholte. Ein gewisser Direktor Pfeil von der Berliner Forstakademie plädierte noch 1816 für die totale Abholzung der preußischen Wälder. Es sei sinnvoller, das gerodete Waldgelände für den Ackerbau zu nutzen und den Holzbedarf durch Importe zu decken.

Und nun bejammert alle Welt auf einmal das sogenannte Waldsterben. Tatsache ist: Der deutsche Wald hat in den letzten hundert Jahren schon mehrfach härtere Prüfungen bestanden als in den siebziger und achtziger Jahren dieses Jahrhunderts. Aber die Walduntergangshysterie ist deutsche Tradition. Die Nationalsozialisten brachten 1934 ein Gesetz gegen die »Waldverwüstung«, in dem die Abholzung von Nadelhochwald im Alter von weniger als 50 Jahren unter Strafe gestellt wurde.

Die Nazis hatten in diesem Bereich ein geschichtlich ebenso eingeschränktes Blickfeld wie heute die bundesdeutsche ökologische Bewegung. Die Bergwälder, die Caspar David Friedrich vor 200 Jahren malte, sahen zum Teil genauso aus wie heute die Forsten an den Westhängen des Schwarzwald, die zur Zeit als Waldschadenszone Nummer eins der Republik gelten. In diesem Jahrhundert hat es drei ähnliche Krisen gegeben, die – in Festmetern Einschlagholz gemessen – alle folgenreicher waren als jene der achtziger Jahre. Fünfmal seit 1911 registrierte die Wissenschaft in deutschen Forsten »Tannensterben«. Der Anteil der Tannenbestände an der gesamten Waldfläche ging zwar zurück. Aber die Tannen überlebten.

Die Mehrzahl der großen deutschen Waldgebiete ist in den vergangenen zweihundert Jahren entstanden, nachdem frühere Generationen den größten Teil der Bestände bis auf einige kümmerliche Reste heruntergeholzt hatten. Seit Anfang des 19. Jahrhunderts hat sich der Bestand an wirtschaftlich nutzbaren Bäumen in Deutschland nahezu verzehnfacht. Heute sind 30 Prozent der Bundesrepublik mit Wald bedeckt, vier Prozent mehr als seinerzeit im Deutschen Reich und viermal soviel wie heute in Großbritannien.

Die schönen alten Buchen und Eichen von heute sind in der nachnapoleonischen Epoche gepflanzt worden, die erstmals eine Art Waldbewußtsein auf breiter Ebene kultivierte. Als der Freiherr von Eichendorff sein »Wer hat dich, du schöner Wald...« dichtete, bestanden die deutschen Wälder überwiegend aus Buschwerk und krüppligem Niederwald, in dem die Schweineherden und die Holzfällerkolonnen der Hütten- und Salinenindustrie wüteten. Der Wald, den die zeitgenössischen Romantiker besangen, war ein wehmütiges Phantasieprodukt.

Abgesehen von gelegentlichen Schwächeanfällen, ist der Wald seit damals permanent gewachsen. Hat jemand gewußt, daß sich in den vierzig Jahren seit dem Ende des Zweiten Weltkriegs die Waldfläche im Gebiet der Bundesrepublik um fünf Prozent vergrößert hat?

Besser gefragt: Wollen die Deutschen mit ihrem zerrütteten Verhältnis zur Umwelt-Wirklichkeit das überhaupt wissen? Im Umweltschutz wird ja das Prinzip des Augenscheinsbeweises umgekehrt. Was nicht als heil zu verifizieren ist, gilt als kaputt – wobei schließlich auch der Beweis des Gegenteils zuweilen als eine besonders hinterhältige Art der Agitation betrachtet wird.

Jedoch, wer Jammer sehen will, der sieht ihn auch, so er die rechte Perspektive pflegt. Der habilitierte Erfolgskassandriner und

Modeliterat Walter Jens hat Deutschland Anfang 1987 »aus großer Höhe betrachtet« und was er gesehen haben will, für die *Zeit* aufgeschrieben: »Pusteln, Warzen, Knoten und Wülste, wohin man blickt. Zerstörte Felder, niedergewalzte Forste, kahlgeschorene Parklandschaften, Gärten in künstliche Geschwülste verwandelt. Un-Kulturen aus Stahl, Beton und kugelsicherem Glas gebaut.« Mein Gott, Walter, ruft da der Chronist gequält, auf welchem kalten Stern bist du gewesen, der dich so schaudern machte? Die Erde kann es nicht gewesen sein.

Die Melodie des Klageliedes über die geschundene Natur bestimmen die Funktionäre der Forstverbände und der Naturschutzvereinigungen. So, wie die Interessenlage nun mal ist, kann es keinen verwundern, daß das lautstärkste Gejammer aus den Reihen der deutschen Waldbesitzer kommt, denen 44 Prozent der Forsten gehören und die darum bemüht sind, mit Hilfe von Schwarzmalerei Subventionen und Steuervorteile zu schinden. Wenn es den Waldbauern wirklich so schlecht ginge und wenn wirklich Millionen Festmeter abgestorbenes und notgefälltes Holz auf den Markt drängen würde, wie sie behaupten, dann müßte der Holzmarkt längst zusammengebrochen sein. Das aber ist nicht der Fall. Im Gegenteil: Die Preise sind bei eher rückläufiger Nachfrage weitgehend stabil geblieben.

Aber Jammern gehört auch unter Forstwirten zum Handwerk. Auch die langsam auf Touren gekommene Betriebsamkeit der CDU, die nach langen Jahren der Gelassenheit den Kampf gegen den sauren Regen und seine vermuteten Folgen als »wichtigste Aufgabe der Menschheit« entdeckte, ist wohl eher funktionaler Natur. Mit dem Wehgeschrei über das Waldsterben kann man den Leuten natürlich prima Geschmack auf Atomenergie machen. Kernkraftwerke produzieren keine umweltschädlichen Gase. Wie man mit den Sorgen um den deutschen Wald politisch Kasse macht, wie man Ängste instrumentalisiert, das haben die Etablierten von den Grünen gelernt, jawoll. »Wenn's um die Bäume geht«, so hat der Oppositionsverweser Hans-Jochen Vogel gesagt, »da kriegen wir eine Volksbewegung.«

Daß das Elend mit dem deutschen Wald längst nicht so flächen-
deckend ist, wie die grünen Jungtürken seiner Partei behaupten,
hat der Münchner SPD-Oberbürgermeister Georg Kronawitter
mehrfach in der Vorweihnachtszeit erfahren müssen. In eine so
unheilvolle, saure Welt, so hatte die Basis entschieden, gehöre als
Zierde kein heiler Baum. Man müsse vielmehr ein Menetekel
setzen. Deshalb wurden die Grafenauer Waldbauern, die tradi-
tionsgemäß die Weihnachtsbäume für die Münchner Innenstadt
liefern, angewiesen, für den Marienplatz einen zeitgeistgerechten
Baum zu finden, der zugleich als Schmuck und als Mahnung
dienen sollte.

Die Tiroler Gemeinde Pertisau am Karwendelgebirge, die das
nicht wußte, bot den Münchnern 1987 als Geschenk eine 135 Jahre
alte Prachtfichte für den adventlichen Marienplatz an. Doch die
Münchner wiesen das Präsent unter Hinweis auf ihre Verpflichtung zum Baumschutz zurück. Die Pertisauer waren zunächst
verblüfft. Dann schrieben sie zurück, von den 196 Quadratkilometern ihrer Gemeinde seien 60 Prozent mit Wald bedeckt. Darin würden jedes Jahr 5000 Bäume geschlagen und 25 000 neue
Bäume angepflanzt. Von Raubbau könne also nicht die Rede
sein. Und die Herren möchten den Christkindlbaum doch nehmen, bitteschön. Nein, München hat ihn nicht genommen, den
Baum.

Bäume mit Lametta-Effekt, wie er im Umweltschützerdeutsch
heißt, sind gar nicht mal so leicht aufzutreiben, selbst im Bayerischen Wald nicht, der doch als schwerstbeschädigter der ganzen
deutschen Republik gilt. Wo dann doch immer wieder welche
herkamen, ist nicht überliefert. Doch der von Zynikern geäußerte
Verdacht, daß die Veranstalter mit etwas Chemie nachgeholfen
hätten, um die politisch erwünschte Patina hinzukriegen, hat sich
nicht belegen lassen.

Die Waldschadenserhebungen der Bundesregierung führen –
obwohl sie auch nicht frei von perspektivischen Verzerrungen
sind – das Lamento der Doomsday-Fetischisten, die den letzten

189

Baum schon unter Glas im Botanischen Museum sehen, auf ihren sachlichen Gehalt zurück. Erfaßte Tatsache ist: Etwa die Hälfte der Bäume in deutschen Wäldern ist kränklich. Aber nur jeder fünfzigste deutsche Baum fällt unter das Rubrum »stark geschädigt bis abgestorben« (Schadensklassen 3 und 4). Das heißt, bei etwa zwei Prozent kann – muß aber nicht – Exitus eintreten. Normaler könnte die Lage kaum sein.

Doch die Statistik ist bekanntlich ein vielfältig verbiegbares Ding, vor allem da, wo sie sich zur Prognose verbreitert. Die Gesamtmenge der geschädigten Bäume, so stand es im Bericht des Bonner Landwirtschaftsministeriums, habe sich allein von 1982 bis 1983 vervierfacht. Am grünen Tisch wurde flink hochgerechnet: In einem Jahr eine Steigerung von acht auf 32, im darauf folgenden sogar auf 50 Prozent. Daraus wurde gefolgert, daß der deutsche Wald spätestens Ende der achtziger Jahre ganz hin sein müsse. Als wenn man Entwicklungen in der Natur logarithmisch fortschreiben könnte. Die Rechnung konnte natürlich nicht aufgehen – schon weil die Grundlagen nicht stimmten. Wer das nicht glaubt, soll in den Wald gehen und sich die Bäume ansehen.

Die Fehlerquellen der Statistik werden nur verdeckt angedeutet. In den Erläuterungen zur Waldschadenserhebung für 1984 erklären die Autoren, die Erhebungen der Vorjahre seien noch mit »verschiedenen Schätzungsunsicherheiten belastet«. In dem neuen Bericht sei die »Aussagefähigkeit der Daten weiter angehoben worden«. Auf deutsch: Die Havariekommissare vergleichen Zahlen, die nicht vergleichbar sind, weil sie mit unterschiedlichen Meßmethoden ermittelt und nach unterschiedlichen Kriterien hochgerechnet wurden.

Aber es soll zugunsten der Gutwilligen und Besorgten unter den Unheilspredigern angenommen werden, daß sie falsche Prognosen über die Zukunft des deutschen Waldes in Umlauf setzen, um deren Erfüllung zu hintertreiben. Das wäre gerade eben noch legitim.

Für den Wachstumszyklus des Waldes gilt die alte Försterweisheit: Gute Weinjahre sind schlechte Waldjahre. Das hat sich von

Anfang der siebziger bis Mitte der achtziger Jahre bestätigt. Über ein Jahrzehnt lang lagen die in der Bundesrepublik gemessenen Niederschlagsmengen ganz deutlich unter dem Durchschnitt der früheren Jahre, besonders in den Jahren 1982 und 1983. Winzers Glück, Försters Leid – und andersrum. Die Laubbäume reagierten auf die trockene Witterung mit Blattverkleinerung und Laubabwurf, die wesentlich empfindlicheren Tannen und Fichten mit Entnadelung. Dann kamen bessere Nadeljahrgänge. Nach den zwei folgenden verregneten Sommern konnte sich die Flora wieder voll entfalten.

Der renommierte Forstwissenschaftler Jan Remröd aus Stockholm, dem die schwedische Holzindustrie ihren Spitzenplatz in der Weltrangliste der Holzexporteure verdankt, hat im Frühjahr 1985 Bestandsaufnahme im deutschen Wald gehalten. Er kam zu dem Schluß, daß 90 Prozent der Forsten in der Bundesrepublik nicht ernsthaft vom Exitus bedroht sind. Selbst die äußerlich sichtbar geschädigten Fichtenbestände seien ohne stützende Eingriffe weitgehend regenerationsfähig. Fichten sind zwar besonders empfindlich gegen die Einwirkungen von Schadstoffen. Aber sie halten auch stärksten Tobak ein paar Jahre durch, indem sie vorübergehend abspecken. Ehe eine Fichte stirbt, wirft sie bis zu 60 Prozent ihrer Nadeln ab und wartet auf bessere Zeiten.

Die Schweden wissen, wovon sie reden. Noch gegen Ende des 18. Jahrhunderts war Schweden nahezu baumloses Terrain, weil die Eisenbarone die Wälder in ihren Holzkohlenmeilern verheizt hatten. Heute hat Schweden die größte Walddichte Europas. In dänischen Wäldern sind die Schäden sichtbarer als in den deutschen. Aber die Dänen machen sich nicht viel Sorgen darum. Im Gegenteil: Pfiffige dänische Holzkaufleute schlachten die Neurosen der ängstlichen Nachbarn leidlich aus. In der Adventszeit werben sie in schleswig-holsteinischen Zeitungen: »Schonen Sie den deutschen Wald. Kaufen Sie Weihnachtsstämme aus dänischen Weihnachtsbaum-Kulturen.«

Der Kopenhagener Forstschutzprofessor Bo Larsen, tätig an der Universität Göttingen, hat überliefert, was seine dänischen

Kollegen, die er zur Schadensbesichtigung durch den deutschen Wald geführt hat, von der deutschen Waldschadenspathologie halten: »Die hatten nach all den Zeitungsberichten über das deutsche Waldsterben quadratkilometerweit tote Wälder erwartet. Die erste Reaktion ist dann immer: Die Deutschen spinnen« Dabei ist die Ausbreitung der Krankheit ja nicht so sehr in Zweifel zu ziehen wie ihre Virulenz. Sicher ist: Der deutsche Wald hat ein paar schlechte Jahre hinter sich, Schwindelanfälle, Stoffwechselstörungen, ein wenig Wachstumsinsuffizienz. Doch er stirbt nicht. Sterben endet mit Tod. Und der ist nicht in Sicht. Das »ökologische Hiroshima«, das der Hamburger SPD-Bundestagsabgeordnete und dilettierende Universalexperte Freimut Duve schon vor Jahren zu sehen wähnte, ist eine alberne Schimäre.

Das bauchlastige Gerede um den angeblich moribunden Wald hielt bei Drucklegung dieses Buches seit etwa zehn Jahren an. Wenn es wirklich so schlimm wäre, so sollte man denken, dann müßte die vom »Bund für Umwelt und Naturschutz Deutschland« (BUND) avisierte »Entwaldung und damit Versteppung und Verkarstung« nun langsam auch mal optisch zum Tragen kommen. Aber für das bloße Laienauge ist die Malaise noch immer nicht zu erkennen. Man sieht hier und da etwas lichtere Fichtenwipfel, aber sterben ist anders. Nur im Schwarzwald und längs der DDR-Grenze finden sich große Waldstücke mit deutlich sichtbaren starken Schäden.

Doch auch hier geht der Trend zur Rekonvaleszenz. Nach der »terrestrischen Waldschadensinventur« der Stuttgarter Landesregierung vom Herbst 1987 hat sich der Zustand etwa der baden-württembergischen Forsten in den zwei Vorjahren, von einzelnen Ausnahmen abgesehen, erheblich gebessert. Der Anteil der absolut gesunden Bäume (Schadstufe 0) stieg allein von 1986 bis 1987 von 35 auf 40 Prozent, der Anteil der stark geschädigten Bäume (Schadstufe 3) sank von 1,9 auf 1,2 Prozent. Nur 0,3 Prozent (Vorjahr 0,2 Prozent) der erfaßten Bäume wurden als tot gemeldet, also ein Baum unter 330.

Der FDP-Bundestagsabgeordnete Professor Wolfgang Rumpf, der einzige Förster im Bundestag, konnte schon 1986 vermelden:

»Die Schäden in Laubwäldern haben erstmals in diesem Jahr deutlich abgenommen, und auch bei den Nadelbäumen zeichnet sich eine Gesundung ab.«

»DER SAURE REGEN IST EIN SCHMARREN«

Ob ein Wald vom Publikum für heil oder für krank gehalten wird, das ist in erster Linie eine Frage der Perspektive. Das hat das »Centre d'études des mouvements sociaux« in Paris anhand von Reiheninterviews in elsässischen und lothringischen Dörfern belegt. Die Elsässer werten ihren Wald als krank, die Lothringer den ihren als gesund, obwohl beide Wälder fugenlos ineinander übergehen und beide von der amtlichen Schadensstatistik als gleich geschädigt – respektive intakt – eingestuft werden. Der Grund: Die Elsässer sehen häufiger deutsches Fernsehen, das ständig von Umweltunheil überfließt, als die Lothringer, die nicht so gut deutsch verstehen.

Das Allensbach-Institut hat im Oktober 1987 eine Studie über die »selektive Wahrnehmung« bei der Erfassung von Umweltschäden veröffentlicht. Das Ergebnis dokumentiert eine erstaunliche öffentliche Bereitschaft, Diskrepanzen zwischen sogenannten Negativerwartungen und persönlichen Wahrnehmungen zu akzeptieren. Fast zwei Drittel der Befragten waren davon überzeugt, daß die natürliche Umwelt »bei uns ziemlich zerstört« sei. Bei der Frage, wie es in ihrer Gegend mit der Umwelt bestellt sei, kreuzten nur noch 34 Prozent »ziemlich zerstört« an. Zu Hause, so meinten die weitaus meisten, sei die Welt »im großen und ganzen noch in Ordnung«.

Noch bizarrer kontrastieren Wahrnehmung und Vorurteil bei der Landbevölkerung, die um den Zustand der Umwelt aus eigener Anschauung am besten Bescheid wissen müßte. 57 Prozent der Dorfbewohner waren der Ansicht, um die Umwelt sei es im allgemeinen bös' bestellt. Aber nur zwölf Prozent fanden, daß es um die eigene Heimat ökologisch nicht gut stehe. Forstprofessor Bo Larsen aus Dänemark und seine Kollegen haben recht: Wenn es um Umweltangelegenheiten geht, neigen die meisten Deutschen ein bißchen zum Spinnen.

Schuld an der Hysterie haben nach einer Studie der Universität München zum großen Teil die falschen Propheten und Autoritäten, die den Statistiken den Drall in die erwünschte politische Richtung geben. In der Expertise werden »erhebliche Zweifel an der Objektivität« der Schadensbilanzen geäußert. Die mit der Bilanzierung beauftragten Forstreferendare seien oft »unerfahren und von der Hochschule her besonders ökologisch-grün eingestellt«. Und je grüner einer ist, desto schwärzer sieht er die Zukunft des Waldes.

Die griffigsten und plakativsten Schadensverursacher sind nicht zwangsläufig die gefährlichsten. Die Luftverschmutzung spielt ganz sicher eine erhebliche Rolle in der »Faktorenseuche«, wie die Wissenschaft es nennt. Aber der dicke gelbe Dreck aus den Stahlkonvertern im Ruhrpott, dessen sich die Illustrierten gern zur Dokumentation von versauter Umwelt bedienen, ist nicht der schlimmste. Wesentlich schlimmer sind die unsichtbaren, nicht so fotogenen Dünste. Und davon gibt es eine Menge. Nach dem neuesten Stand der Meßtechnik sind in der Luft bis zu 3000 Komponenten nachweisbar. Das war früher nicht anders. Nur hat es keiner gewußt, weil die Meßinstrumente nicht empfindlich genug waren, um sie dingfest zu machen. Und deshalb hat sich auch niemand darüber aufgeregt.

Auch der mit Schwefeldioxid (SO_2) und Stickoxiden angereicherte saure Regen, den der schottische Chemiker Robert Smith schon 1872 im Industrierevier um Manchester geortet hatte, ist als Primärschädling stark umstritten. Der Umfang der SO_2-Emission aus chemischen Prozessen ist nämlich seit Mitte der sechziger Jahre auf rund ein Zehntel seines ursprünglichen Volumens zurückgegangen. Der pH-Wert, an dem die Säurehaltigkeit des Bodens gemessen wird, ist seitdem stabil geblieben oder hat sich nach unten verändert. Wenn Schwefeldioxid die Hauptschuld trüge, hätte das Siechtum lange vorher beginnen und dann langsam wieder abklingen müssen. Außerdem produziert die Natur den größten Teil der Säuernis bei der Humusbildung selbst.

194

Der Förster Erich Baack, der 40 Jahre Dienst im Sachsenwald bei Hamburg getan hat, hält den sauren Regen als Krankheitsursache für négligeable. Er glaubt, daß in erster Linie die schnellwüchsigen Fichten-Monokulturen schuld sind an den Maladien des deutschen Waldes. Doch fürs zeitgenössische Publikum ist der saure Regen immer noch ein böser Universalgeist, dem man alles Mögliche unterjubeln kann. Schädlinge müssen bösartig aussehen oder wenigstens bösartig klingen. Der Borkenkäfer, der, begünstigt von einer Reihe von trockenen Sommern, in Niedersachsen ganze Forsten kurz- und kleingeknabbert hat, wird von Naturfreunden als Baumkiller nicht so recht ernst genommen, weil ihm das maliziöse Timbre fehlt. Das gleiche gilt für Pilze und Parasiten, die den Baum meist von der Wurzel her aushöhlen.

Der Freiburger Forstwissenschaftler Professor Horst Courtois sieht das genauso. Er sagt: »Das ständige Gerede vom sauren Regen ist ein Schmarren.« Die Beweislage ist in der Tat sehr dubios. In den geschädigten Forsten am Rand des Ruhrgebiets gedeihen besonders empfindliche Baumflechten, die unter der Einwirkung von säurehaltigen Niederschlägen sonst gewöhnlich sofort absterben, besonders gut. Da muß wohl was Mächtigeres am Werk gewesen sein. Die Essener Landesanstalt für Immissionsschutz hat dazu erklärt: »Eine maßgebliche Beteiligung dieser Komponente an den spezifischen Schäden an Tanne und Fichte [muß] mit Sicherheit ausgeschlossen werden.«

Weil Schäden und angebliche Schadensquellen räumlich nicht miteinander in Einklang zu bringen sind, wird eine Anschlußerklärung angeboten. Schwefel- und Stickstoffoxide, so heißt es, würden erst gefährlich, wenn sie längere Zeit ultravioletten Strahlen ausgesetzt würden. Eine interessante These. Doch wenn sie zuträfe, wären die Hauptschadensgebiete nicht so exakt abgegrenzt. Denn die Winde blasen ja nicht immer in die gleiche Richtung. Seit Jahrzehnten weht ständig saurer Niederschlag aus Osten in den Bayerischen Wald hinüber. Die Schäden treten aber nicht an den Osthängen, sondern an den Westhängen auf. Und der Wind macht auch überm Bayerischen Wald keinen Looping.

Die westdeutschen Immissionsschutzgesetze sind flexibel. Deshalb werden sie hier und da auch von den Dreckmachern unterlaufen, wie die Freizeitpolizisten von Greenpeace und Robin Wood ganz richtig festgestellt haben. Doch die Kritiker sind bislang den Nachweis einer globalen Symmetrie von Waldschadens- und Industrieschwerpunkten schuldig geblieben. Ausnahmen bestätigen die Regel. Es kommt vor, daß die Bäume in der Nachbarschaft von immissionsintensiven Fabriken die Blätter hängen lassen. Aber es ist nicht die Regel. Deshalb haben die deutschen Gerichte bislang auch alle Klagen von geschädigten Waldbesitzern als nicht schlüssig zurückgewiesen.

Die Wirkungszusammenhänge zwischen Industriedreck und pflanzlichem Siechtum sind pauschal nirgendwo in Westdeutschland zu belegen, auch nicht unter Hinzuziehung widriger Winde und chemischer Abläufe. Es bleibt der dringende Verdacht, daß die Natur zum nicht geringen Teil selbst die Voraussetzungen für ihre eigene Misere geschaffen hat wie schon mehrfach in diesem Jahrhundert. Ganz sicher spielen andere Faktoren dabei eine Rolle. Aber es läßt sich schwer eruieren, welche davon Ursache sind und welche der ohnehin schon vorhandenen Krankheit Vorschub leisten.

Die vielfach verschlungenen Wirkungsketten von schädlichen Einflüssen sind einstweilen nicht entwirrbar. Um so erstaunlicher die Apodiktik, mit der die Vertreter der konkurrierenden Glaubensrichtungen ihre Analysen und Hypothesen präsentieren. Bis zum Redaktionsschluß dieses Buches hatten deutsche Wissenschaftler, soweit es sich übersehen ließ, 167 verschiedene Erklärungen für Baumkrankheiten vorgelegt – die Resultate rein privater Hirnstürmerei nicht mal mitgezählt. Und ein Ende der Entwicklung war noch nicht abzusehen.

Die Vielfalt der Problemdefinitionen erklärt sich zum Teil aus dem Unvermögen deutscher Wissenschaftler, über den Tellerrand ihrer Fachgebiete zu blicken und ganzheitliche Denkansätze zu liefern. Jeder Forscher erklärt das Waldsterben allein auf der

Grundlage des Kenntnisstandes seiner eigenen Disziplin. Es fällt auf, daß die – im Sinne sozialdemokratischer und grüner Umweltpolitik – besonders fortschrittlichen Erklärungen von Wissenschaftlern der Experimentier-Universität Bremen vorgelegt wurden – was die Annahme bestätigt, daß Wissenschaft nicht nur mit Wissen, sondern auch mit Wollen zu tun hat. Das Phänomen ist auch in anderen universitären Bereichen sichtbar geworden. Die an sich exakten Naturwissenschaften sind zu einer exegetischen Spreizbreite auseinandergelaufen, weil ihre Interpreten sie mit so unexakten Disziplinen wie Philosophie, Psychologie und Soziologie vermanscht haben.

Die Praktiker halten sich inzwischen nicht länger mit der Erforschung der Ursachen des Baumsiechtums auf. Sie treiben Therapie ohne Diagnose. Denn es hat sich gezeigt, daß man bei weitem die meisten kranken Bäume kuriern kann, ohne ihre Krankheit exakt zu kennen. Unbeschadet der »multifaktoralen Noxe« haben sie fast alle eines gemeinsam: Sie sind geschwächt, weil ihnen lebensnotwendige mineralische Nährstoffe fehlen. Und einem geschwächten Patienten hilft man am besten erstmal mit einer Kräftigungsspritze wieder auf die Beine.

Der pensionierte Internist Valentin Köhler aus Würzburg hat im Kleinversuch bewiesen, daß der Therapeut gegebenenfalls auch ohne Sachverstand eine gewisse Rekonvaleszenz erzielen kann. Er mischte Glukuronsäure, die gewöhnlich zur Behandlung von Salmonellenerkrankungen eingesetzt wird, im Verhältnis von 1:10 000 mit Leitungswasser und begoß damit die weitgehend entnadelten Tannen in seinem Garten. Nach zwei Monaten richteten sich die hängenden Äste wieder auf, nach weiteren vier Wochen bildeten sich an den nadellosen Ästen neue Triebe. Dr. Köhler betonte, daß er den Versuch sehr dilettantisch aufgezogen habe.

Es geht auch fachmännischer. Im Frankenwald wurden quittegelbe Weißtannen mit Hilfe von Stoßtherapien auf der Basis von Magnesium, Kali und Kalk in wenigen Wochen kuriert. Todkranke Schwarzwaldfichten wurden nach zwei Wochen Behandlung mit Bittersalz wieder ganz grün. Nach einer Schätzung des

Verbandes der Chemischen Industrie vom Januar 1985 würde die regelmäßige Düngung der deutschen Forsten mit Nährstoffen weniger als hundert Millionen Mark im Jahr kosten. Auch der Göttinger Forstwissenschaftler Professor Bernhard Ulrich meint, daß 90 Prozent der deutschen Waldfläche mit Hilfe von sorgfältiger Düngung wieder ins Lot gebracht werden könnten. Nur daß Ulrich die Kosten mit dreißig bis fünfzig Millionen Mark veranschlagt hat. Ganz gleich, ob's eine Nullstelle mehr oder weniger ist – es geht.

Daß die Kur anschlägt, braucht nicht mehr bewiesen zu werden. Trotzdem wird sie nur lokal angewandt. Das wäre ja auch noch schöner, wenn man sich den Wald von den »falschen Propheten«, wie der »Bund Naturschutz« sie nennt, retten lassen würde, die »nur an ihr eigenes Geschäft denken«. Sie halten es mit der ostfriesischen Feuerwehrmänner-Weisheit, die da lautet: Use Füer makt wi sülben ut.

Das Siechtum des deutschen Waldes ist für die grüne Front nicht nur eine Plage, sondern auch eine Art dialektisches Vehikel für den Transport gesellschaftlicher Prozesse. Wenn sich Schäden nachträglich ohne viel Aufwand reparieren lassen, braucht man womöglich gar nicht mehr groß nach Schadensverursachern zu suchen. Das aber kann volkspädagogisch nicht erwünscht sein. Deshalb ist auch der Schadstoffkatalysator – mal abgesehen von seinen Unzulänglichkeiten – bei den Grünen so unpopulär. Er neutralisiert sichtbare und meßbare Schäden und trägt deshalb dazu bei, das Automobil zu entdämonisieren, das bei den Technophoben auf der Liste der Fortschrittsteufeleien ganz obenan steht.

»Dinosaurier im Porzellanladen«

Was ist das Automobil?

Der Chronist hat zur Klärung dieser Frage einen Karton voll Definitionen gesammelt. Die filigranste davon stammt aus der Zeitschrift *Natur*. Darin stand, das Automobil sei ein Instrument, das die Eigenschaften eines Giftmüllfeuers, eines Haifischbekkens und eines schrecklich verstimmten Klaviers auf sich vereinigt. Wirklich witzig.

Daß jedoch die Möglichkeit zur raschen Standortveränderung dem Benutzer entscheidende soziale Vorteile bringt, mag auch *Natur* nicht bestreiten. Gleichwohl ist für das Blatt das Auto eine »heilige Kuh«, die sich in der Bundesrepublik »installiert [hat] wie ein Dinosaurier im Porzellanladen«.

Die Verteufelung des Kraftfahrzeugs hat eine lange Tradition. In England mußte noch Anfang des Jahrhunderts in einigen Grafschaften nicht pferdebespannten Fahrzeugen ein Herold vorauseilen, um das Fußvolk vor der nahenden Gefahr zu warnen. Nun war eine gewisse Skepsis gegenüber einem Transportmittel, das nicht wieherte oder knirschte, sondern statt dessen Qualm, Lärm und Gestank hervorbrachte, gewiß angebracht. Aber spätestens seit Ablauf des ersten Jahrzehnts in diesem Jahrhundert ist das Auto allen übrigen Individualverkehrsmitteln in Komfort, Hygiene, und Geschwindigkeit überlegen. Und das Restrisiko, mit ihm zu verunglücken, ist auch geringer als bei der Postkutsche.

Was danach an Einwänden vorgetragen wurde, war vorwiegend psychologischer Natur – mit deutlichen Schwerpunkten bei Sozialneid und derselben unreflektierten Technikfeindlichkeit, die auch in der Schollen-Romantik der Nazi-Ideologie feste und tiefe Wurzeln hatte. Es ist gewiß nicht alles nazistisch, was dumm ist. Aber es fügt sich, daß alle wichtigen zivilisatorischen Dummheiten auf dem Humus des Nationalsozialismus satte Keime getrieben haben. Über die Gefahren des Automobils etwa schrieb der braune Romancier Emil Strauß in *Lebenstanz:* »Das Kulturwunder, daß der Handlungsreisende mit 24 PS fährt und der Metzgerbursch auf dem Motorrad rast, bezahlen wir willig mit Verstaubung, Verstänkerung, Verarmung unserer Welt ... Maschinenwahn verpöbelt die Menschheit, und der Pöbel wird maschinell mit der Menschheit ein Ende machen.«

In der Aufbauphase nach dem Zweiten Weltkrieg hatte es das Auto gut in der Bundesrepublik. Es war ein allgemein geachtetes Requisit elitärer Elevanz. Autos hatten die Tüchtigen. Und Tüchtigkeit stand hoch im Kurs. Die Wende kam Anfang der sechziger

Jahre. Von da ab rutschte das Auto in der Gunst der sozialen Elite, vorrangig repräsentiert durch die SPD, immer tiefer. Gleichwohl hat sich in dem Vierteljahrhundert seit 1960 der Bestand an privaten Personenwagen annähernd versechsfacht.

Die konträre Entwicklung von Ausbreitung und Wertschätzung des Automobils wäre nur dann logisch, wenn Autofahren eine spezifisch konservative Angewohnheit wäre. Die Tatsache, daß dies nicht so ist und daß gleichzeitig die Anti-Auto-Front zur Massenbewegung geworden ist, läßt nur den Schluß zu, daß bei der Argumentation gegen das Automobil eine gehörige Portion Bigotterie im Spiel ist. Und tatsächlich ist die Autodichte auf Parkplätzen vor SPD-Parteitagssälen ja nicht geringer als beim ADAC-Gautreffen.

Die Stoßrichtung der Anklage hat sich im Laufe der Jahre mehrfach gedreht. Das Auto rangierte im Schreckensszenario der Technophoben nacheinander als Städte- und Umweltzerstörer, als großer Ressourcen-Verschwender, schließlich, mit dem Heraufdämmern des Umweltzeitalters, als beinahe universalverantwortlicher Generalkaputtmacher. Es bindet mehr Aggressionen, Ängste und buntgescheckte Kulturverdrossenheit als sonst irgendein einzelnes Produkt der neueren Zivilisation.

Der Kampf gegen das Automobil hat bizarre Facetten hervorgebracht. Im notorisch fortschrittlichen Hamburg-Altona etwa werden Asphaltdecken wieder aufgehackt, damit das vom Kraftverkehr malträtierte Erdreich, wie es heißt, wieder atmen könne. Das erinnert doch sehr an die Geschichte von der dummen Trine aus den Märchen der Brüder Grimm, die die von Fuhrwerken ins Erdreich gefrästen Radspuren mit guter Butter beschmiert, weil ihr die geschundene Mutter Erde so leid tut.

Flüssiger Straßenverkehr ist vielfach auch gar nicht mehr erwünscht. Ganze Dezernate sind damit beschäftigt, dem Automobilisten mit immer mehr Ampeln, Parkverboten, Tempolimits, Rüttelschwellen und Einbahnstraßensystemen die Lust am Autofahren zu nehmen. Sie machen dem fahrenden Volk absichtlich und systematisch das Leben schwer, um Autos aus den Innenstädten herauszuhalten. Die nachwachsende Generation der Verkehrsplaner macht mehrheitlich keinen Hehl aus ihrer Absicht, den Straßenverkehr mit Schikanen zu erschweren, um – wider alle Kosten-Nutzen-Vernunft – öffentliche Verkehrsmittel zu fördern.

HEILE KNOCHEN ODER HEILE BÄUME?

Die lebensgefährlich liederlichen Streupraktiken im Winter vor allem in SPD-regierten bundesdeutschen Städten würden den Tatbestand fahrlässiger Verkehrsgefährdung und Körperverletzung (nicht selten mit Todesfolge) erfüllen, wenn Fehlverhalten von Politikern und Beamten nach den gleichen Strafrechtsnormen bewertet würde wie Fehlverhalten von kleinen Leuten. Aber eher kann man einen Pudding an die Wand nageln, als einen Beamten oder einen Politiker für die Folgen seiner Fehler zur Verantwortung ziehen.

Wer auf dem Gehsteig vor seinem Haus nicht streut, wird eisern zur Rechenschaft gezogen. Die Hansestadt Hamburg darf es sich leisten, bei winterlichen Straßenverhältnissen den Verkehr im Chaos versinken zu lassen, weil das Streusalz auf der Fahrbahn angeblich die Bäume in den Stadtparks und an den Straßen gefährdet. Im Winter 1985/86 spielten sich auf den vereisten Hamburger Straßen Tragödien ab. Doch für die regierenden Sozialdemokraten gingen die heilen Bäume im Stadtpark über die heilen Knochen der Bürger, schimpfte die *Bild*-Zeitung.

Das war noch geschönt. Denn die Bäume gerade im Hamburger Stadtgebiet stehen wie eine Eins. Der Anteil der besonders schwer geschädigten Bäume sank in der Hansestadt von 1978 bis 1982 von 10,2 auf zwei Prozent. Im gleichen Zeitraum verdoppelte sich die Zahl der gesunden Bäume auf 46,3 Prozent, wie die regierende SPD im Wahlkampf amtlich verbreiten ließ. Als die Salzdiskussion das erforderte, ging es den Hamburger Bäumen amtlich auf einmal wieder schlechter. Tatsächlich standen sie bestens im Saft. Und daran hat sich nichts geändert.

Die Rekonvaleszenz ist nicht das Resultat der Salzstreuabstinenz. Salz auf Bürgersteigen ist erst seit 1981 verboten. Und noch zwei Jahre danach wurde auf den Fahrbahnen bei Glatteis tüchtig gesalzen. Salz und Baumtod können also nicht ursächlich so eng zusammenhängen, wie die Streugegner sagen. Selbst längsseits von Autobahnen, auf denen den ganzen Winter über Salz pur gestreut wird, sind bislang keine nennenswerten Salzschäden aufgetreten. Inzwischen zeigt sich auch in Hamburg ein gewisser Trend zum Realismus.

Die Deutschen haben das beste Straßennetz Europas, aber bei weitem nicht die besten Straßenverkehrsplaner. Rund 95 Prozent aller bundesdeutschen Straßen außerhalb geschlossener Ortschaften unterliegen Geschwindigkeitsbeschränkungen. An den – durchweg geradlinigen – dreißig Straßenkilometern von Hamburg-Harburg nach Stade zum Beispiel fährt man doppelt solange wie an den vielfach gewundenen dreißig Kilometern zwischen Nizza und Monaco. Gleichwohl hat die geplante linkselbische Autobahn keine Chance, weil die Hamburger SPD-Linke die sauren Elbwiesen schützenswerter findet als das seelische Gleichgewicht der Pendler aus dem Alten Land, die ein Gutteil ihrer Freizeit in Staus auf der Bundesstraße zubringen müssen. Und solche Beispiele gibt es haufenweise.

Dem Stereotyp vom schrecklichen Tyrannomobil entspricht das Klischee vom deutschen Autofahrer. In der Typologie der Medien-Homunkoliden figuriert er als hirnloser, schwer erziehbarer, sexuell verklemmter, wenn nicht impotenter Maschinen-Fetischist. Irgendein Tachonadel-Junkie hat in der Eröffnungsphase der Schlacht um eine Geschwindigkeitsbegrenzung auf Autobahnen den haftstarken Slogan geprägt: »Freie Fahrt für freie Bürger.« Inzwischen ist der Dialog weit über dieses Stadium hinaus. Und kein verantwortlicher Gegner des Tempolimits hat je ernsthaft so argumentiert. Aber die Gegenseite paukt immer noch auf der Stelle, weil das Schlagwort sich so gut als Beleg für die Behauptung eignet, Autofahrer seien eine plattstirnige und unbelehrbare Spezies. Der Gaspinn als Artikulationshilfe für freiheitliche Gesinnung, das ist so herrlich bescheuert, daß sich jede weitere Erörterung von selbst erübrigt. Deshalb kann die Anti-

Tempo-GmbH auch gar nicht genug davon kriegen. Aber wo, bitteschön, gibt es denn eine Autopartei im Parlament, deren wichtigster Programmpunkt der Kampf gegen Geschwindigkeitsbegrenzung ist? In der Schweiz und nicht in der Bundesrepublik.

Trotz ihres schlechten Leumunds sind Automobile und Automobilisten in Westdeutschland auch im Zeitalter des Umweltbewußtseins immer zahlreicher geworden. 1985 bewegten sich 80 Prozent der Bevölkerung in privaten und nur 20 Prozent in öffentlichen Verkehrsmitteln. Rein statistisch gesehen, sind die Rücksitze der Autos schon jetzt überflüssig. Und wenn die Hochrechnungen nicht durch eine Machtübernahme der Grünen verbogen werden – was nicht so aussieht –, dann wird die Republik bis Mitte der neunziger Jahre – bei voraussichtlich rückläufiger Bevölkerungsentwicklung – noch einmal fünf Millionen Personenwagen zulegen. Die 1985 im Bundesverkehrsplan enthaltene Prognose über die Fahrleistungen zur Jahrtausendwende wurden bereits 1987 mit 510 Milliarden Personenkilometern überschritten. Die deutschen Straßen werden immer enger. Die Zahl der erfaßten Verkehrsstaus auf Schnellstraßen hat sich von 1982 bis 1987 beinahe verdoppelt.

Nein, es ist nicht absurd, sondern konsequent. Je dünner die Republik besiedelt ist, desto unrationeller sind Bus und Bahn, desto lückenhafter müssen zwangsläufig die öffentlichen Verkehrsnetze werden, und desto größer wird der Bedarf an privaten Verkehrsmitteln. Desto dringender benötigt die Nation mehr und breitere Schnellstraßen und Autobahnen.

Noch mehr Landschaft zerstören? Gemach, nach einer Bestandsaufnahme des Bundesverkehrsministeriums von Anfang 1986 beanspruchen sämtliche befestigten Straßen 1,17 Prozent der Fläche des Bundesgebietes – inklusive Gräben, Mittelstreifen, Rabatten, Böschungen. Nur ein Fünfzehntel davon wiederum sind Autobahnfläche (obwohl sich auf ihnen 26 Prozent des Kraftverkehrs abwickeln). Das heißt, für sämtliche deutschen Autobahnen wird nur wenig mehr als ein Tausendstel der Oberfläche der Republik beansprucht. Das ist wahrhaftig nicht zuviel für eine sozial und wirtschaftlich so bedeutende Sache.

In seinem Verhältnis zum technischen Fortschritt unterwirft sich der fortschrittliche Bürger einer sonderbaren Persönlichkeitsspaltung. Er sieht keinen Widerspruch darin, das Automobil zur menschen- und umweltfressenden Kulturschande zu degradieren und sich gleichwohl – durch Anschaffung von Zweit- und Drittautos – immer extensiver seiner Vorzüge zu bedienen. Auch die »porschefahrenden Jungsozialisten« (so Arbeits- und Sozialminister Norbert Blüm) und die alternativen Bremser, die die totale Abschaffung des motorisierten Individualverkehrs und die Umwandlung von Automobil- in Fahrradfabriken predigen, begeben sich selbstverständlich individual, das heißt im eigenen Wagen, zur Anti-Tempo-Demo. Die grünen Bundestagsabgeordneten lassen sich zwar gern mit dem Fahrrad vorm Parlament fotografieren, benutzen aber den Wagenpark des Bundestags ebenso selbstverständlich wie das parlamentarische Establishment. Eine – menschlich verständliche – Schizophrenie, die an das Verhältnis des pauschalreisenden, Junkfood vertilgenden, einschaltquotenfixierten, kurzum großzielgruppenorientierten Konsumenten zu Masse und Individuum erinnert. Masse, das sind die anderen, das Individuum ist man selbst.

In einem elementaren Punkt sind die Auto-Kritiker tatsächlich nicht zu widerlegen: Das Automobil ist ein gefährliches Gerät. Die Autos sind sicherer geworden, die Zahl der Verkehrstoten ist seit Anfang der siebziger Jahre trotz steigender Verkehrsdichte permanent rückläufig. Im ersten Halbjahr 1987 starben auf bundesdeutschen Straßen 3535 Menschen – elf Prozent weniger als im gleichen Zeitraum des Vorjahres und nur gut halb so viele wie im dünner motorisierten Frankreich. Die Zahl von 1987 entspricht dem Stand von vor 35 Jahren, obwohl sich seitdem die Zahl der zugelassenen Automobile etwa verzehnfacht hat. Die langfristige Entwicklung allerdings zeigt, daß die Straßenbaupolitik auf dem richtigen Weg ist. 1970 wurden auf bundesdeutschen Straßen noch 19 193 Menschen getötet – bei nur gut halber Automobildichte. Aber auch heute noch rottet der Straßenverkehr jedes Jahr die Bevölkerung einer kleinen Kleinstadt aus. Und dabei wird es bleiben.

Verbieten kann man die Autos nicht. Der Gesetzgeber kann nur versuchen, ihre Betriebsmodalitäten optimal zu organisieren und zu regulieren, um den Personenschaden zu begrenzen. Und das hat er getan, wie die Unfallkurve beweist. Den Möglichkeiten freilich sind Grenzen gesetzt.

WARME UNTERHOSEN FÜR ALLE?

Daß die Einführung von Tempo 100 auf deutschen Autobahnen und Tempo 80 auf Landstraßen – straffe Überwachung vorausgesetzt – jedes Jahr 1250 Menschenleben retten könnte, wie die Bundesanstalt für Straßenwesen erklärt hat, steht sehr in Zweifel. Es gibt andere Studien, die genau das Gegenteil sagen: Danach würde sich unter dem Einfluß einer Geschwindigkeitsbegrenzung auf Autobahnen der Verkehr schwerpunktmäßig auf Landstraßen verlagern und dort die Zahl der Unfälle mit Personenschäden drastisch erhöhen. Auf US-Highways, auf denen nur 88 Stundenkilometer zulässig sind, ist das Risiko, einen tödlichen Unfall zu erleiden, exakt genauso groß wie auf den Autobahnen der Bundesrepublik.

Die ursächlichen Zusammenhänge zwischen Verkehrsopferstatistik und verkehrsbestimmenden Faktoren wie Tempo, Straßenausbau, Disziplin der Verkehrsteilnehmer und drei Dutzend weiterer Faktoren sind auch nicht annähernd exakt bestimmbar. Man weiß immerhin, daß rund 95 Prozent der bundesdeutschen Verkehrstoten auf Straßen mit Tempolimit ums Leben kommen und daß nur auf zweieinhalb Prozent der außerstädtischen Straßen full speed gefahren werden darf. Und das spricht gegen ein Tempolimit.

Nur soviel darf als verbürgt gelten: Das einzige wirklich sichere Tempo ist Tempo null. Alles, was darüber hinausgeht, kostet Opfer. Die Verkehrstoten sind der Preis, den die mobile Gesellschaft für ihre Mobilität zahlen muß. Man muß bemüht sein, diesen Preis so niedrig wie möglich zu halten. Man muß sich aber auch Gedanken darüber machen, was die Zivilisation ohne Krankenwagen und Feuerwehrautos wert wäre. Man kann auch die mit Hilfe der Motorisierung geretteten Menschenleben gegen ihre Opfer aufrechnen. Unterm Strich bleibt vermutlich immer minus. Innerhalb welcher Schwankungsbreite dieser Nachteil mit dem Vorteil massenhafter Mobilität korrespondieren darf, ist eine philosophische Frage.

Sozialdemokratische Verkehrsexperten halten ein Tempolimit schon deswegen für erforderlich, weil sie meinen, daß damit die Bundesbahn für den mobilen Bürger attraktiver und moderner wird. Nach ihren Vorstellungen soll Autofahren im übrigen so teuer werden, daß die Leute lieber um sechs statt um halb acht aufstehen, um zu sparen. Konsequenterweise sollte dann aber der Lufthansa zur Auflage gemacht werden, ihre Preise zu erhöhen und Bremsfallschirme an ihren City-Jets zu befestigen, um ihre Geschwindigkeit dem Bundesbahn-Tempo anzupassen.

Wenn privates Autofahren verboten würde, wie es unter anderem die Berliner Alternativen gefordert haben, dann müßte der fürsorgende Staat erstmal alle entbehrlichen und gefährlichen Betätigungen und Genußmittel untersagen, den Gebrauch von Motorrädern zum Beispiel, der zehnmal so lebensgefährlich ist wie der von Vierrad-Fahrzeugen. Dann müßten Skilaufen (wg. Hals- und Beinbruchs), Rauchen (wg. Lungenkrebs), Alkoholtrinken (wg. Zirrhose) und Homosexualität (wg. AIDS) und mehr als zwei Löffel Zucker im Kaffee (wg. Karies) verboten werden. Dann müßte die Polizei auch darauf achten, daß die Bürger im Winter lange Unterhosen tragen, damit sie sich nicht erkälten.

Von ähnlich dürftiger Überzeugungskraft wie die Argumente pro Tempo 100 sind die Argumente contra Promille-Grenze. Mit viel Getöse und wenig Sachverstand haben die Blaukreuzler den Schwellenwert zur relativen Fahruntüchtigkeit von 1,3 auf 0,8 Promille Blutalkoholgehalt herunterpolemisiert. Das nächste Etappenziel ist 0,5 Promille. Und von da ist es nicht mehr weit bis zum Nullkommanull-Tarif wie in der ostdeutschen Arbeiter-und-Mauer-Republik.

Gewiß, 1,3 Promille lag sicherlich zu hoch. Doch verbürgt ist auch: Die optimale Fahrtüchtigkeit liegt – individuell verschie-

den – im Bereich zwischen 0,3 und 0,7 Promille Blutalkoholgehalt. Das heißt: Mit einem gut dosierten Minischwips fahren die
meisten Autofahrer sicherer als ganz ohne Alkohol im Blut – weil
Alkohol, sofern er im begrenzten Umfang genossen wird, Ver-
klemmungen und Verspannungen löst, ohne das Fahrvermögen
fühlbar zu beeinträchtigen. Nur weil es sowenig Zieltrinker gibt,
die ihren Idealpegel zuverlässig halten können, unterbleibt an
dieser Stelle der Appell zur Einführung eines Minimalalkohol-
grenzwertes.

Der Alkohol rangiert unter den Straßenverkehrsteufeln auf
Platz eins, einfach weil er in der Statistik eine so permanent
prominente Rolle spielt. Diese ergibt sich aus dem Umstand, daß
Alkohol als Unfallursache leichter zu erfassen ist als andere Ursachen. Die Aufklärungsquote bei Alkoholdelikten ist so unver-
gleichlich hoch, weil die Beweisführung so einfach ist und weil die
Polizei bei Alkoholkontrollen zum Delikt ad hoc fast stets auch
den Täter präsentiert bekommt. Für die Unfallstatistik kommt es
nicht darauf an, ob der Alkohol im Blut des Verkehrsteilnehmers
den Unfall oder das Delikt ursächlich bestimmt. Ein Autofahrer,
der mit abgefahrenen Reifen und defekten Bremsen bei Rot über
die Kreuzung fährt und einen anderen rammt, landet statistisch
immer in der Rubrik Alkohol, wenn er vorher auch nur drei Bier
getrunken hat.

Da das Auto als Mordinstrument dialektisch nicht sicher in der
Spur zu halten war, wurde es zum Umweltfeind Nummer eins
umgerüstet. Die neue Formel: Der deutsche Wald stirbt am sau-
ren Regen. Schuld am sauren Regen sind die Auspuffgifte der
Autos. Wenn man den deutschen Wald retten will, muß man die
Autos kastrieren.

VIER KLASSEN-TEMPORECHT?

Die Formel ist fast durchgängig falsch. Auspuffgase enthalten
Stickoxid. An der Produktion des für den sauren Regen hauptver-
antwortlichen Schwefeldioxids ist das Auto fast überhaupt nicht

beteiligt. Von dem 40-Prozent-Anteil an der Stickoxid-Emission, der auf das Konto von Personenwagen geht, lassen sich durch eine Tempodrosselung günstigstenfalls 18 Prozent ausschalten. Macht per saldo sechs Prozent. Günstigstenfalls – also wenn alle Autos auf ihre ökologische Idealkraftentfaltung zurückgestutzt werden.

Dann aber müßte ein Drei- oder Vier-Klassen-Temporecht eingeführt werden. Dann müßte die Höchstgeschwindigkeit – so wie in Italien – nach Hubraum gestaffelt werden, also Tempo 160 für Porsche und Tempo 80 für 2 CV. Denn eine Nuckelpinne, die im zweiten Gang auf fuffzig hochgejubelt wird, stößt mehr Stickoxid aus als eine Bonzenkarre mit hundertfuffzig im vierten. Im übrigen würde ein Tempolimit zwar den Stickoxidanfall reduzieren, gleichzeitig aber auch den Ausstoß von Kohlenwasserstoff und Kohlenmonoxid forcieren.

Neun Zehntel der Stickoxide produziert die Natur ohnehin selbst. Denn Pflanzen brauchen Stickoxid im begrenzten Umfang als Nährstoff. Stickstoff und Schwefel sind für die Eiweißsynthese der Pflanzen erforderlich. In moderaten Dosen jedenfalls können Schwefel- und Stickstoffoxide dem Pflanzenwuchs nicht gefährlich werden. Im Gegenteil: Sie tragen, wie der Botaniker Professor Horst Bannwarth vom Kölner Institut für Naturwissenschaften im *Spiegel* ausgeführt hat, sogar zum pflanzlichen Wachstum bei. Bannwarth bestätigt damit ausdrücklich die als unfreiwillige Parodie belachte These der »Initiative Automobile Gesellschaft«, nach der Autoabgase das Wachstum der Bäume fördere, daß mithin »Tempostopp ein Umweltflop« sei.

Eine Langzeitstudie des nordrheinwestfälischen Verkehrsministeriums kam Anfang Januar 1987 zu ähnlichen Ergebnissen. Zwei Biologen untersuchten ein halbes Jahr lang das »Straßenbegleitgrün« längs der Autobahn Dortmund–Gießen. Dann konnten sie ihrem verblüfften Auftraggeber berichten, daß die sogenannte Spontanvegetation, die sonst fast überall aus Feld und Wald verdrängt worden ist, im Auspuffdunst ganz prächtig gedeiht.

Doch die deutsche Politik vermag zu bestimmten Anlässen auf die symbolische Bösartigkeit des brummenden, stinkenden Automobils nicht zu verzichten. Beim Smog-Alarm beispielsweise. Jeden Winter wieder, den der Herr geschaffen hat, hauen aufgeregte Umweltminister und Landräte auf die Smog-Pauke. Stets mitten im Visier: das Automobil. Formel: Auto macht Dreck, Dreck macht Smog. 1985 legte die sozialdemokratische Landesregierung von Nordrhein-Westfalen mit einem generellen Autofahrverbot das ganze Ruhrgebiet lahm, angeblich um die Menschen vor dem Smog zu schützen, der sich aus den Autoabgasen bilde.

Tatsächlich hat das Stickoxid aus den Auspuffen fast nichts mit der Schädlichkeit des Wintersmogs zu tun. Alle Schadstoffmessungen stimmen darin überein, daß der Stickoxidgehalt der Luft in solchen Krisenzeiten stets weit – 1986/87 etwa um das Zehnfache – unter den kritischen Grenzwerten lag. Die Hauptschuld an der dicken Luft in der Bundesrepublik tragen die sogenannten Ferntransporte von Schwefeldioxid, vorwiegend aus den Braunkohlekraftwerken der DDR. Die stark schwefelhaltige Braunkohle ist in der DDR Energieträger Nummer eins. Und das wird sie auch noch lange bleiben. Die erste Entschwefelungsanlage soll 1989 im Ostberliner Kraftwerk Rummelsburg installiert werden. Sie wird jährlich 30 000 Tonnen Schwefeldioxid aus dem Rauch herausfiltern – 30 000 Tonnen von sechs Millionen DDR-Gesamtausstoß.

In Großbritannien, dem Mutterland des Smogs, hat es seit Anfang der sechziger Jahre keinen Smog-Alarm mehr gegeben, obwohl sich die Automobildichte auf der Insel gut verdoppelt hat. Die britischen Behörden bekamen das Problem in den Griff, indem sie Fettkohle als Brennmaterial verboten und den Schwefelausstoß veralteter Industrieanlagen durch die Einführung von Grenzwerten drastisch senkten.

Wenn Stickoxid wirklich so gefährlich wäre, dann müßten in Smog-Zeiten zuallererst mal die Kohlekraftwerke abgeschaltet werden, in erster Linie das Steinkohlekraftwerk Ibbenbüren, die größte Stickoxidschleuder der Welt, die mit einer Sondergenehmigung des Düsseldorfer Innenministeriums – weil es eben aufs Schwefeldioxid ankommt – die gesetzlichen Grenzwerte für

Stickoxid-Emissionen um das Zehnfache überschreiten darf. Doch in Ibbenbüren wird bei Smog-Alarm nicht einmal gemessen.

Es spricht viel für die These, daß ein Fahrverbot für Automobile auf den Abbau von Smog keine viel größere Wirkung hat als ein Benutzungsverbot für lila Regenschirme. Und selbst die Wirkung des Smogs wird weit überschätzt. Gewiß sind Bronchitis-Kranke besonders gefährdet. Aber die von Zigarettenrauchern ausgestoßenen Rauchpartikel sind ungleich gefährlicher als der Industriedreck in der Luft. Smog hat entgegen allen landläufigen Vorurteilen auch keinen Einfluß auf den sogenannten Pseudokrupp bei Kleinkindern, jenen bellenden Husten, der bisweilen zu quälenden Erstickungsanfällen führt.

Doch die Smog-Diskussion folgt ähnlich bizarren Pfaden wie die Diskussion über Tempolimit und Baumsterben. Der »Technische Überwachungsverein« (TÜV) hat im Auftrag der Bundesregierung die mutmaßlichen Auswirkungen einer Geschwindigkeitsbegrenzung auf das Waldwachstum geprüft und für äußerst unwesentlich erklärt. An der wissenschaftlichen Akkuratesse der Studie gab es keinen Zweifel. Trotzdem bewertete der Naturschutzclub BUND die auf dem TÜV-Gutachten basierende Bonner Entscheidung, das Tempo-100-Projekt zu den Akten zu legen, als einen »Akt schlimmster Umweltkriminalität«.

Daß ein Tempolimit überhaupt nichts einbringt, ist nicht erwiesen. Nur, der fehlende Beweis seiner Nutzlosigkeit kann noch kein ausreichender Grund für die Einführung eines Gesetzes sein. Es kann doch kein Zufall sein, daß im »Reinluftgebiet Taunus« mehr Bäume eingehen als längs der benachbarten Autobahn oder im Frankfurter Stadtwald, der ständig von vier Seiten und aus der Luft eingenebelt wird? Die zum Teil bizarren Erklärungen, die für dieses denkwürdige Phänomen angeboten werden, sind alle nicht schlüssig.

Wenn es stimmt, daß ein Teil der Schadstoffe aus den Auspuffen seine schädliche Wirkung im »Luftbelastungsgebiet« Frankfurt nicht entfalten kann, weil er als Katalysator die Sonneneinstrahlung benötigt (die in und um Frankfurt durch die Dunstglocke reduziert ist), wie der Hamburger Ex-Umwelt-Staatsrat Fritz Vahrenholt behauptet, dann müßten die Bäume an der Duisburg-Oberhausener Stadtgrenze, wo es die dickste Luft der Republik gibt, auch gesund sein. Aber hier stimmt das Klischee nun wieder. Im schmutzintensiven Nordwesten von Duisburg gehen die Bäume kaputt. 15 Kilometer weiter, im südlichen Peripherieforst dagegen sind sie überwiegend heil.

In der Ortschaft Knapsack im Landkreis Köln dagegen, die evakuiert und abgerissen werden mußte, weil die Luftverschmutzung der Bevölkerung nicht mehr zugemutet werden konnte, stehen die Bäume bestens im Saft.

Lehre? Gar keine Lehre. Alle bislang angebotenen Erklärungen sind, aufs Ganze gesehen, nicht schlüssig. Das Automobil, dem die grüne Front alles Mögliche in die Felgen schiebt, was sie sonst nicht unterbringen kann, ist mit wissenschaftlichen Methoden nicht als Waldschädling erster Ordnung zu überführen. Ein Grenzfall ist der Citroën 2 CV, die sogenannte Ente, deren Spitzengeschwindigkeit bei hundert Stundenkilometer liegt und die sich auch deshalb als Lieblingsautomobil der Umweltschützer qualifiziert hat. Die Ente darf seit dem 1. Oktober 1987 nicht mehr in die Schweiz eingeführt werden – wegen ihres weit überdurchschnittlichen Schadstoffausstoßes.

WAS GUT IST, MUSS AUCH RICHTIG SEIN

Die Diskussion um die Geschwindigkeitsbegrenzung auf Autobahnen auf 100 km/h und auf Landstraßen auf 80 km/h ist in ihrer Gefühlssubstanz nur mit dem Dauerstreit über die Liberalität der Waffengesetze in den Vereinigten Staaten zu vergleichen. Daß sie zum »Thema des Jahres 1985« (so die *Frankfurter Allgemeine Zeitung*) werden konnte, ist ein Indiz für das materielle Wohlergehen der westdeutschen Gesellschaft. Andere haben wahrhaftig schlimmere Sorgen.

Die Qualität des Dialogs von Befürwortern und Gegnern des Tempolimits ist charakteristisch für den Stil der Auseinandersetzung zwischen Rationalisten und Moralisten in der Bundesrepublik. A sagt: Durch ein Tempolimit lassen sich nach wissenschaftlichen Untersuchungen maximal sechs Prozent der Stickstoff-Emission neutralisieren, die Auswirkungen auf das pflanzliche Wachstum sind statistisch kaum meßbar. B antwortet: Wie kann man so kaltschnäuzig mit Statistiken argumentieren, wenn es um das Leben und Sterben des Waldes geht.

Wie B, so hat das Allensbacher Meinungsforschungsinstitut zu Beginn der Temposchlacht im November 1984 ermittelt, denken die meisten Bundesdeutschen. Konkret: Die Deutschen wollen in Lebensfragen der Nation – oder dem, was sie dafür halten – mehrheitlich mit Gefühl und nicht in erster Linie mit Sachverstand regiert werden. Und das Erstaunlichste ist: Sie wissen es und bekennen sich sogar dazu. Wer das erstmal kapiert hat, ist durch keine kollektive deutsche Merkwürdigkeit mehr zu erschüttern. Die sozialliberale Bundesregierung von Anfang der siebziger Jahre, die den Deutschen Sonntagsfahrverbote als Kur gegen die Ölpreiserhöhung verordnete, hatte das begriffen. Der Fahrstopp war nichts als ein Plazebo, weil er volkswirtschaftlich fast nichts brachte. Aber die Deutschen standen mit großer Mehrheit dahinter. Die Regierung sollte lieber was Falsches tun als gar nichts. Der durch die Einschränkungen der persönlichen Bewegungsfreiheit verursachte Schmerz gab neue Kraft für den Trutz gegen die arabische Herausforderung.

Verwandte Logik prägt das gesamte Umweltbewußtsein der Nation. Und wenn tausendmal das trockene Wetter und der Borkenkäfer die Hauptschuldigen wären – das naive Volksempfinden will keine Schädlinge, die ins Wissenschaftsbild, sondern Schädlinge, die ins Raster seiner Vorurteile passen. Wie zu Kopernikus' Zeiten. Für alles, was den eigenen Haus- und Besitzstand nicht unmittelbar berührt, gilt die Regel: Natur ist gut, Technik und Chemie sind schlecht. Hauptsache, erstmal was tun, ganz gleich, ob es Sinn macht oder nicht. Wie in den Jahren der sogenannten Hochschornsteinpolitik, als die Industrie das Immissionsproblem löste, indem sie den Dreck gleichmäßiger verteilte.

Der moralisierende Duktus zieht sich durch die ganze Umweltdiskussion. Wo Argumente fehlen, muß Moral das Vakuum fül-

212

len. Die Rationalisten wehren sich verbissen mit Sachlichkeit. Doch damit ist der tempo- und technikfeindliche Teil der öffentlichen Meinung nicht zu gewinnen. Wer gegen Moralpositionen anargumentiert, der zieht immer den Kürzeren, ganz gleich, ob er recht hat oder nicht. Das Volk will nicht vorrangig wissen, was richtig ist, sondern was gut ist. Volkes Logik sagt: Was gut ist, das muß irgendwie auch richtig sein.

In seinem Buch *Passiert ist nichts* beklagt der Landwirt und BUND-Boß Hubert Weinzierl den Verlust der guten alten condition humaine so: »Das Umweltbewußtsein steigt weiter, aber verklungen sind Wachtelruf und Grillenlieder, verdorrt das Sonnenröschen und erstickt die Tanne.« Wer solche Negatividyllen sucht, der findet natürlich auch welche. Aber die Behauptung, es passiere nichts im Umweltschutz, ist ein schlimmer Schmarren. Anfang 1987 stellte das Umwelt-Bundesamt einen Forschungskatalog mit 4275 Projekten vor, für die insgesamt 4,6 Milliarden Mark zur Verfügung stehen. Die Bundesrepublik hat heute im Umweltschutz eine unstrittige internationale Pilotfunktion.

Mit Umweltbewußtsein ist die ganze Republik inzwischen tief durchwachsen. Deutsche Ratsherren lassen – in Kenntnis der voraussichtlichen Folgen für Sozialprodukt und Arbeitsmarkt – bisweilen lieber ein Millionenprojekt platzen, als ein Feuchtbiotop in Gestalt einer sauren Wiese in seiner Ursprünglichkeit zu gefährden. Zur Krötenwanderungszeit werden Landstraßen manchmal tagelang gesperrt, damit die erhabenen Lurche heil über die Fahrbahn kommen. In der Bundesrepublik gibt es an die 2000 Naturschutzgebiete. Jedes zweite davon ist erst in den letzten zehn Jahren ausgewiesen worden. Dazu kommen Landschaftsschutzgebiete im Gesamtumfang von einigen zehntausend Quadratkilometern. Nein, Westdeutschlands Wachteln, Grillen und Kröten sind wahrlich nicht knapp an Lebensraum.

Ein Naturschutzpark ist natürlich kein Hort unverfälschter Natur. Doch ursprünglich ist die Natur in Deutschland nirgendwo mehr. Der Mensch merkt meist auch gar nicht, daß die Natur da, wo er sie am schönsten findet, in aller Regel Menschenwerk ist.

Die Eichenalleen in Schleswig-Holstein, die Lüneburger Heide, das rauschende Wehr am Mühlenteich im Schwarzwald, das sind für den zeitgenössischen deutschen Genuß- und Empfindungsbürger nostalgische Eselsbrücken in eine schönere, heilere Welt, die es nie gab. Neuerdings gehen die Landschaftsplaner sogar wieder dazu über, gerade Flüsse und Bäche krumm zu machen. Krumme Linien wirken natürlicher als gerade, auch wenn sie künstlich nachgekrümmt sind.

So heil, wie die Ökokommissare sie in ihren Visionen malen, ist die Welt nie gewesen. Die Vorstellung von der wilden Natur als Friede an sich, als dem kategorisch Guten, ist eine salvatorische Phantasmagorie, mit der die Verdrossenen der High-tech-Zivilisation ihre Neurosen einnebeln, vielleicht sogar, wie der Mainzer Ordinarius für Soziologie, Professor Helmut Schoeck, meint, eine Kompensation für den verlorenen Glauben an Gott.

Sie messen der Natur sogar göttliche Disziplinar- und Strafgewalt zu. Als im Regensommer 1987 in Oberitalien und in der Schweiz Schlamm- und Geröllawinen halbe Bergdörfer unter sich begruben, hieß es, die Natur habe zurückgeschlagen und sich für die frevelnden Eingriffe der Menschen gerächt. So ähnlich denken bayerische Dorfkaplane über die von ihnen vermuteten ursächlichen Zusammenhänge zwischen der Lustseuche AIDS und dem Verfall der sexuellen Moral. Dabei hatte das Ungemach der Naturgewalten mit den Eingriffen des Menschen in die alpine Natur nur insofern zu tun, als die unter Milliardenaufwand gebauten Dämme, Entlastungsstollen und Rückhaltebecken Schlimmeres verhüteten.

Wie man durch den Einsatz von Chemie und Technik Schäden behebt, die Chemie und Technik angerichtet haben, das zeigt der Zustand der westdeutschen Flüsse und Seen. Viele ursprünglich von Industriemüll schwer belastete Gewässer zwischen Nordsee und Bodensee sind heute hydrokulturelle Musterbiotope. Nach einer Studie der Universität München sind heute 90 Prozent der bayerischen Seen in gutem bis sehr gutem Zustand. Das Wasser im Königssee und im Tegernsee hat beinahe Trinkwasserqualität. Bedingt durch den ständig rückläufigen Sulfatgehalt im Regen, ist auch der für die biologische Wasserqualität bedeutsame pH-Wert wieder deutlich gestiegen.

Das Fresenius-Institut in Taunusstein hat Anfang 1987 die Schadstoffbelastungen in westdeutschen Flüssen gemessen und von 144 möglichen chemischen Substanzen überhaupt nur noch 24 nachweisen können. Donauwasser kann man, so, wie es aus dem Fluß kommt, trinken. Es war nach den Fresenius-Messungen sauberer als die zum Vergleich untersuchten Regenwasser- und Trinkwasserproben. Auch Neckar, Main und die besonders übel beleumundete Ruhr kamen auf respektable Ergebnisse. Die Ruhr ist heute wieder von der Quelle bis dicht vor die Mündung bei Duisburg ein durchgehendes Anglerparadies. Nach Untersuchungen der Zeitschrift *Bild der Wissenschaft* enthielten 1985 auch die Sedimente an den Flußböden nur noch zehn bis zwanzig Prozent der Quecksilbermengen, die 1972 gemessen wurden.

Sogar der durch das Gift-Unglück beim Schweizer Chemie-Konzern Sandoz am 1. November 1986 schwer gezeichnete Vater Rhein bekam vom Fresenius-Institut noch ganz passable Noten. Die Regeneration des Flusses dauerte nach dem Störfall nicht zehn Jahre, wie vorausgesagt, sondern nur ein paar Monate. Ein halbes Jahr, nachdem ihn die Wissenschaft für biologisch tot erklärt hatte, war Vater Rhein wieder ganz gut dabei, jedenfalls so gesund, wie er vorher gewesen war. Statt der 27 Fischarten, die Anfang der siebziger Jahre im Rhein geortet worden waren, leben dort nun wieder 48 Arten. Sogar die extrem sensible Meerforelle fühlte sich im Rhein teilweise wieder zu Hause. Und das ist schließlich nicht selbstverständlich für einen Fluß, der den Chemiemüll von halb Europa zu transportieren hat.

Der Gehalt an Natriumchloriden und Pestiziden im Rheinwasser, für den die französischen Kaligruben und die holländische und deutsche Landwirtschaft verantwortlich sind, ist natürlich immer noch viel zu hoch. Doch die Mikroorganismen, die die Selbstreinigung des Flusses regeln, waren nicht geschädigt. Die für die Vitalität der Unterwasserfauna entscheidende Sauerstoff-Konzentration war – trotz Sandoz – über die Jahre ständig gestiegen. Sie ist heute höher als Anfang der fünfziger Jahre vor dem

Einstieg ins Wirtschaftswunder. Es geht alles klein by klein, aber es geht voran.

Zu einem solchen Ergebnis kam die Bundesanstalt für Gewässerkunde beim Bundesgesundheitsministerium, nachdem Taucher vier Wochen lang den Boden des Flußbettes abgesucht hatten. Soviel ist sicher: Rheinwasser ist kein Himbeersaft. Aber es ist auch nicht durchgängig die »stinkende tiefbraune Brühe mit oft ekelhaftem süßlichen Geruch«, die die Privatpolizisten vom Greenpeace-»Aktionsschiff Beluga« aus dem Fluß geschöpft haben wollen.

Allerdings, Greenpeace hat eigene Untersuchungskriterien. »Viele dieser spektakulären Einsätze«, so hat der emeritierte Greenpeace-Chemiker Gerhard Förster gesagt, »sind bloß geplant, damit Greenpeace bekannt wird, und manche sind einfach Bluff.« Bei der Beluga-Aktion auf dem Rhein sei in Wahrheit nicht richtig analysiert worden. Der Gaschromatograph, mit dem sich chlorierte Kohlenwasserstoffe erkennen lassen, sei zwar in Betrieb gewesen, »aber nur für die Presse«. There is no business like show business.

Die Chemiker der Gesundheitsbehörden und Wasserschutzämter längs des Rheins haben versichert, daß die Wasserwerke auch in den Tagen nach dem Basler Unfall dem Rhein ohne Gefahr für die Gesundheit der Bevölkerung Wasser hätten entnehmen können. Die bundesdeutschen Wasserschutzgesetze sind so rabiat, die Filteranlagen inzwischen technisch so hochgezüchtet, daß auch ein Chemie-GAU à la Sandoz den Wasserhaushalt, wie sich gezeigt hat, nicht ernstlich gefährden kann. Das Billiggetränk aus dem Kran ist in den letzten zwanzig Jahren immer sauberer geworden. Der Bremer Chemiker Uwe Lahl sagte dazu: »Man kann Trinkwasser in der Bundesrepublik trotz aller Probleme trinken – auch am Rhein. Ich trinke es auch.« Und der Mann ist nach eigenem Bekenntnis ein Grüner.

Und die Gülle aus den Jauchekarren der Bauern und die Peststoffe aus den Giftküchen der Pharma-Industrie?

Der »Industrieverband Pflanzenschutz« (IPS) hat Ende September 1987 eine Dokumentation vorgelegt, in der die Ergebnisse eines Qualitätstests von Wasser aus 206 Brunnen geschildert werden. Dabei wurde in 12 674 Einzeluntersuchungen der Gehalt von 35 Pflanzenschutzwirkstoffen untersucht, die sich aufgrund ihres Abbauverhaltens am leichtesten darstellen lassen. Resultat: In weniger als jeder 200. Probe lag der gemessene Wert oberhalb des amtlichen Grenzwertes von 0,0001 Milligramm pro Liter, aber immer noch deutlich unterhalb der Grenze, die nach den »guideline values« der Weltgesundheitsorganisation (WHO) als Toleranzmengen akzeptiert sind.

Man muß hier gewiß berücksichtigen, daß der Pflanzenschutz-Verband bei der Beurteilung der Schädlichkeit von Pflanzenschutzmitteln kein optimaler Richter ist. Man muß aber auch berücksichtigen, daß der Grenzwert den zehnmillionsten Teil der Menge Wasser bezeichnet, in der er enthalten sein darf. Ein Mensch, der siebzig Jahre lang jeden Tag zwei Liter Wasser tränke, hätte am Ende ein fünfhundertstel Gramm des Wirkstoffes zu sich genommen.

Was die biochemiegestützte moderne Abwassertechnik vermag, das hat sie am Unterlauf des Mains bewiesen, der vormals schmutzigsten Flußmeile im zweitgrößten Ballungsgebiet der Nation. Die zwei Hauptflußverschmutzer, die Chemiewerke Hoechst und die Stadt Frankfurt, haben in fünf Jahren rund eine Milliarde Mark in biologische Kläranlagen investiert. Das Resultat kann sich sehen lassen: Das Wasser an der Mainmündung bei Mainz ist wieder klarer als Kloßbrühe. Der Sauerstoffgehalt, wichtigster Indikator für die Flußwasserqualität, stieg von 1,5 Milligramm auf 7,9 Milligramm pro Liter.

Dazu hat auch die Entschärfung der Produktionstechniken in den Chemieanlagen im Rhein-Main-Gebiet beigetragen. Der weitaus größte Teil der Chemiejauche wird heute betriebsintern geklärt. Die von der Chemie-Industrie verursachte Belastung der deutschen Flüsse mit Schwermetallen ist seit Anfang der siebziger Jahre um rund drei Viertel gesunken. Der Ausstoß an organischen Schadstoffen ging sogar um 90 Prozent zurück. Gewiß, Hoechst und BASF sind und werden keine Schokoladenfabriken. Das Mainwasser ist nicht wieder absolut sauber. Und das wird es nie werden. Weil die Analysemethoden ständig verfeinert werden, entdecken die Wasserchemiker ständig neue Schadsubstanzen, die sich auch mit den verfügbaren Filtriertechniken nicht wegklären lassen.

Negative Bilanzen gibt es überall da, wo Flüsse von Ost- nach Westdeutschland fließen. Die Elbe zwischen Lauenburg und Cuxhaven ist immer noch der schmutzigste Flußabschnitt der Republik. Der Fluß transportiert vermutlich jedes Jahr mehr Schadstoffe in die Nordsee als alle nordseewärts strebenden Flüsse Kontinentaleuropas zusammen: 25 Tonnen Quecksilber, 125 Tonnen Blei, 120 Tonnen Arsen, 13 Tonnen Cadmium, 2400 Tonnen Zink, 370 Tonnen Kupfer, 250 Tonnen Chrom, 270 Tonnen Nickel und 30 000 Tonnen Eisen, dazu Haushaltschemikalien, Pestizide, chlorierte Kohlenwasserstoffe.

Rund 99 von hundert Tonnen Gift, die sich durch die Elbe wälzen, kommen aus dem Osten. Das heißt, in jedem Faß Dreckbrühe in der Elbe ist ein Schnapsglas voll aus der Bundesrepublik. Der Rest ist von drüben. Fast dreiviertel aller Abwässer, die das ostdeutsche Arbeiter- und Bauernparadies produziert, dazu nicht quantifizierbare Mengen Industriefäkalien aus der Tschechoslowakei fließen mehr oder weniger ungeklärt in die Elbe und von dort weiter in die Nordsee. Man kann gut verstehen, warum das Wasser vor Rostock soviel sauberer ist als das Wasser vor Cuxhaven.

Das große Hamburger Abwasserrohr, so kommentierte im April 1987 die *Süddeutsche Zeitung,* sei »nach der Moldau, der Saale und der Havel der viertgrößte Nebenfluß der Elbe – und zugleich der sauberste«. Das ist wahr. Neuerdings sind die Ergüsse aus dem Hamburger Großrohr noch sauberer. Das neue Klärwerk Dradenau ist mit einer Reinigungsmarge von 98 Prozent die modernste Kläranlage der Bundesrepublik. Nur, Fritz Vahrenholt, Ex-Staatssekretär in der Hamburger Umweltbehörde, hat recht: Es nützt natürlich einen Dreck, wenn man einen Fingerhut sauberes Wasser in einen Eimer Dreckwasser gießt, um es sauberer zu machen.

Die politische Debatte über die Misere um die größte Kloake Europas wirft lange Schatten auf die Motivation der Umwelt-

Kritiker. Der Proporz von Westgift zu Ostgift ist wohlbekannt. Trotzdem prügeln die linke GAL-Fraktion in der Hamburger Bürgerschaft und ihre Apo-Hilfstruppen wegen der Elbverschmutzung ständig auf Senat und Industrie ein. Als wenn sie mit ihrer Kritik ganz was anderes im Sinn hätten als eine saubere Elbe. Nein, man muß das Übel an der Quelle sanieren. DDR und CSSR müssen – mit politischem Druck oder mit Finanzhilfen oder mit beidem – soweit gebracht werden, daß sie ihre Abwässer so sorgfältig klären, als flössen sie ins eigene Grundwasser.

Ein ernstes Wort gebührt auch den britischen Freunden. Die Briten behandeln die Nordsee wie vor fünfzig Jahren: als ein Medium, mit dessen Hilfe man billig Waren transportieren, Kriegsschiffe schwimmen lassen und vor allem Unrat beseitigen kann. Großbritannien kippte 1985 rund fünf Millionen Tonnen Klärschlamm ins Meer, fast doppelt soviel wie vier Jahre zuvor.

Trotzdem wird die Nordsee wieder meßbar sauberer – in erster Linie, weil die Deutschen, Holländer und Skandinavier so strenge Abkipp- und Verklappungsauflagen haben. Die bundesdeutschen Gesetze und Verordnungen haben auch hier gesamteuropäische Pilotfunktion.

Die Fortschritte bei der Sanierung der deutschen Flüsse sind nicht mehr so rasant wie Ende der siebziger und Anfang der achtziger Jahre. Es gibt noch viel zu tun. Aber man kann sich schwer vorstellen, daß die Qualität des deutschen Flußwassers jemals einen Grad erreichen wird, der die Umweltkritiker zufriedenstellt. Die Verfeinerung der Analysetechnik verbreitert auch das Spektrum der entdeckbaren Schadstoffe. Reinheit ist sowieso relativ. Chemisch reines H_2O kann man nicht trinken. Gläubige Hindus dagegen trinken schadlos Wasser aus dem heiligen Fluß Ganges, auch wenn Kuhkadaver, Kot und halbverbrannte Leichen darin schwimmen. Eine Sache ist eben nur noch halb so gefährlich, wenn man daran glaubt, daß sie ungefährlich ist.

Umgekehrt gilt: Wer fest daran glaubt, daß unsere Umwelt kaputt ist, der leidet auch darunter. Glaube läßt sich von Augenschein nicht beirren. Peter Gatter, damals Chef des Fernsehmagazins »Panorama«, hat 1987 in seinem Erfolgsseller *Die Aufsteiger,* in dem er das Werden und Wirken der Grünen beschreibt, alle Katastrophenklischees kompakt auf anderthalb Buchseiten zusammengefaßt.

Gatter über Wasserqualität: »In den Flüssen des Landes kann man nicht mehr baden, will man nicht Hautausschläge, Allergien, Durchfälle oder Schlimmeres riskieren.« Gatter über Lebensraum: »Die Nahrung der früher häufigen Großvögel ist abhanden gekommen, weil zur Produktion landwirtschaftlicher Überschüsse ihr natürlicher Lebensraum vernichtet worden ist.« Gatter über Nestwärme: »Die alten Häuser mit ihren Giebeln und Söllern und Hintertreppen werden abgerissen, um neuen Glas- und Betonfestungen Platz zu machen, die dann doch nicht vermietet werden können.« Gatter über den deutschen Wald: »Zwei Drittel aller Bäume in der Republik sind krank, die meisten Großgewässer entweder umgekippt oder vom Umkippen bedroht.« Gatter über Heimat: »Das, was wir Deutschen einmal unsere Heimat nannten, ist so gut wie verschwunden. Es ist der Gedankenlosigkeit und dem Profitdenken, der Wachstumsmentalität und wachsender Zerstörungsbereitschaft zum Opfer gefallen.«

Jedermann weiß, es ist schwer, Satiren zu schreiben. Es ist auch schwer, keine Satire zu schreiben. Autoren wie Peter Gatter haben es gut. Sie schreiben ganz automatisch Satire, indem sie über die Wirklichkeit so schreiben, als sei sie Satire.

AIDS – Die Pest des 20. Jahrhunderts

Die Liebe ist ein Zeitvertreib, man nimmt dazu den Unterleib. Aber nach Möglichkeit nur den eigenen unter Vermeidung von Partnerkontakt. Wenn die futuristischen Verkehrszustandsberichte der *Bild*-Zeitung sich bewahrheiten, dann werden künftige Generationen von Liebenden zur Erlangung von Lustgewinn einander nackt gegenübersitzen und onanieren, ohne sich zu berühren. Oder der Herr wird sich mit dem Feldstecher hinter die Büsche im Vorgarten begeben, um die Dame aus sicherer Distanz beim Strip zu beobachten und sich dabei selbst zu befriedigen. Alles aus Angst vor AIDS, der Pest des zwanzigsten Jahrhunderts.

Wird es so schlimm?

Sicher nicht. Und ganz bestimmt nicht im Verkehr zwischen Mann und Frau. »Wenn Sie sich heute mit irgendeiner Prostituierten in Hamburg einlassen, die Sie nie vorher gesehen haben«, so hat Arnold Backhaus, der Chef der Zentralen AIDS-Beratungsstelle in Hamburg, im Frühjahr 1987 dem *Spiegel* gesagt, »dann ist Ihre Chance, sich dabei AIDS zu holen, etwa ebenso groß, wie die Chance, auf dem Weg ins Bordell tödlich zu verunglücken.«

Otto Normalverführer kann den Wahrscheinlichkeitsfaktor für den Hausgebrauch getrost nochmal mit ein bis zwei Nullstellen verschneiden, weil die Promiskuität beim Profisex naturgemäß viel höher ist als beim Amateursex. Seuchentechnisch gelten Prostituierte in der Bundesrepublik – auch wenn sie ihr Geschäft ungeschützt betreiben – nicht einmal als Angehörige einer Hochrisikogruppe. Vorausgesetzt, daß sie nicht fixen. AIDS auf dem

Kiez wird nicht in erster Linie durch Geschlechtsverkehr übertragen, sondern durch schmuddelige Injektionsnadeln. Unsterile Spritzen sind Fast-Track-Medien erster Ordnung, wie es im Epidemiologen-Jargon heißt. Noch schneller und zuverlässiger geht es nur über eine Bluttransfusion.

Die Statistik läßt keinen Raum zu Deutungen. Unter 70 000 Blutspendern wurde im ersten Quartal 1987 in Hessen nur ein einziger HIV-Positiver entdeckt. In Hamburg wurden bis April 1987 insgesamt 1223 Strichmädchen auf AIDS untersucht. Resultat: elf HIV-Positive. Zehn davon waren aktive Fixerinnen. Nur eine einzige hatte es im Bett erwischt – beim Verkehr mit einem heroinabhängigen Zuhälter.

Die Deutsche AIDS-Hilfe erklärte in gleicher Sache am 22. Juni 1987: »Die Krankheit ist bislang beinahe ausschließlich unter Blutern, Empfängern von Blut und Blutprodukten, Homosexuellen, intravenösen Drogengebrauchern (Fixern) sowie deren Sexualpartnern aufgetreten.« Es ist amtlich: »Das Gros der Bevölkerung ist nicht gefährdet.«

Es kann nicht ausgeschlossen werden, daß ein bißchen pädagogisch abgewogene AIDS-Furcht die menschlichen Schutzimpulse belebt, also die Volksgesundheit fördert. Die HIV-Immunschwäche ist eine tödliche Seuche. Wer sich ansteckt, hat langfristig eine Überlebenschance von günstigstenfalls fünfzig Prozent, eher weniger. Und das wird trotz der Fortschritte bei der Suche nach Impf- oder Heilmitteln wohl auf absehbare Zeit so bleiben. Man kann nicht vorsichtig genug sein. Aber in der Bundesrepublik droht heilsame Furcht zur hypochondrischen Massenpsychose auszuufern.

Deutsche AIDS-Mathematiker haben die Vision von der nahenden Apokalypse schon in packende Formeln gefaßt. Nach ihrer Exponentialtheorie kann sich jeder Bundesbürger im kopulierfähigen Alter ausrechnen, wann er dran ist. Jeder HIV-Aktive steckt zwei weitere an. Erst sind es zwei, dann vier, dann 16, dann 32 ... Bis nur noch die Impotenten und Kastraten übrig sind. Der Rest ist spätestens dann reif, wenn das Virus durch Anpassung und Mutation ein genetisches Stadium erreicht, in dem es durch Händedruck oder als eine Art Aerosol durch die Luft übertragen werden kann. In den Utopien der radikalen AIDS-Apokalyptiker ist der Untergang der Menschheit nur eine Frage der Zeit.

Die Exponential-Hochrechnungen sind mathematisch korrekt. Trotzdem sind sie Nonsens. Denn die Basisfaktoren sind falsch. Das AIDS-Virus ist, so, wie es zur Zeit genetisch strukturiert ist, ein sehr träges Wesen, das nur unter optimalen Bedingungen überspringt – vorzugsweise wenn beim Sexualkontakt Blut fließt. Weil Kopulation und Kopulation nicht dasselbe sind, macht es epidemiologisch einen ganz erheblichen Unterschied, ob Männlein und Weiblein oder Männlein und Männlein sich miteinander paaren.

SCHWARZE ZUKUNFT FÜR AFRIKA

Nach gültiger Faustregel sind – Stand von Ende 1987 – 80 bis 85 Prozent der AIDS-infizierten Bundesbürger entweder Homosexuelle oder Fixer oder fixende Homosexuelle, weitere fünf bis zehn Prozent Bluter oder Transfusionspatienten und fünf bis zehn Prozent heterosexuelle Intimpartnerinnen von Fixern oder Bisexuellen. Weniger als ein Prozent der sogenannten HIV-Positiven lassen sich nicht zuverlässig einer der Hauptrisikogruppen zuordnen – was nicht ausschließt, daß sie dazugehören.

Es ist noch nie vorgekommen, daß die Natur Vorurteile so paßgenau und so diskriminatorisch durch Tatbestände untermauerte. Die bittere Wahrheit aber ist: AIDS ist – bis auf weiteres und auch auch nur in der westlichen Welt – hauptsächlich eine Fixer- und Schwulenseuche. Zur Zeit deutet auch nichts darauf hin, daß sich daran was ändern wird.

Ganz anders das Bild in Afrika, der mutmaßlichen Heimat des AIDS-Virus. Im östlichen Afrika, in Zaire und Sambia sind der männliche und der weibliche Teil der Bevölkerung ungefähr zu gleichen Teilen durchseucht. Doch die Geschlechterparität auf der afrikanischen AIDS-Szene sagt nichts über die Zusammenhänge zwischen Paarungsverhalten und AIDS-Gefahr in Europa und Amerika. Die chronische Schwächung durch weit verbreitete Tropenkrankheiten und klassische Geschlechtskrankheiten, die wesentlich höhere Koitusfrequenz, die stärkere Promiskuität, das erschütternd unterentwickelte Hygienebewußtsein afrikanischer Impfärzte, die ihre Injektionsnadeln solange verwenden, bis sie stumpf sind – das sind lauter Risikofaktoren, die es in dieser Intensität nur in Afrika gibt.

Außerdem sind in Afrika stärker als in westlichen Ländern Kopuliertechniken verbreitet, deren sich sonst vor allem Homosexuelle bedienen. Es ist auch nicht ausgeschlossen, daß auch das Immunsystem der Schwarzen genetisch anders gepolt ist als das der Europiden.

Nein, für Afrika stehen die Prognosen nicht gut.»Wenn in den nächsten Jahren kein wissenschaftlicher Durchbruch erzielt wird«, sagte der Münchner Infektionsepidemiologe Professor Frösner, »werden zur Jahrtausendwende weite Teile von Afrika und möglicherweise von Mittel- und Südamerika weitgehend entvölkert sein.«

Es ist verständlich, daß sich afrikanische Regierungen gegen den Vorwurf wehren, der schwarze Mann sei intensiver als der weiße an der Ausbreitung der tödlichen Seuche beteiligt. Doch die Zahlen lassen keinen Zweifel zu. In den AIDS-Opferstatistiken der Vereinigten Staaten zeigt sich gleichfalls ein klarer Überhang von Farbigen. US-Musterungsbehörden haben festgestellt, daß schwarze Freiwillige viermal so häufig HIV-infiziert sind wie weiße. Unter den HIV-positiven Frauen sind rund die Hälfte schwarze, obwohl sie nur ein Achtel der weiblichen Bevölkerung stellen.

Statistisch die geringsten Aussichten, sich beim Beischlaf AIDS zu holen, hat ein monogamer, heterosexueller, weißer Jude. Wieso Jude? Weil Juden in der Regel beschnitten sind. Und weil, wie der Mikrobiologe William Cameron aus Nairobi (Kenia) herausgefunden hat, die Beschneidung das Infektionsrisiko beim Penetrieren um eine weitere Zehnerpotenz vermindert.

Die *New York Times* hat in Anlehnung an die Verhältnisse in den Vereinigten Staaten festgestellt: »Es gibt gute Gründe für die

Annahme, daß die Seuche für eine voraussehbare Zukunft auf die Gruppen beschränkt bleiben wird, in denen sie jetzt verbreitet ist.« Sie steht mit ihrer Meinung in krassem Gegensatz zu Präsident Ronald Reagan, der die Ansicht vertritt, AIDS sei zum Marsch »durch die gesamte Bevölkerung« angetreten. Die *New York Times* geht dagegen konform mit Harold Jaffe, Reagans oberstem AIDS-Berater am »Center for Disease Control«. Jaffe sagte im Juni 1987: »Für die meisten Leute ist das Risiko, AIDS zu bekommen, gleich null.«

Die Gesundheitsbehörden von New York, die den europäischen an Erfahrungen im Umgang mit der Seuche zwei, drei Jahre voraus sind, haben in Reihenuntersuchungen exakte Schlüsse gezogen. Im Sommer 1987 wurden an Kliniken im Stadtteil Queens 205 geschlechtskranke heterosexuelle Patienten auf AIDS untersucht. Resultat: ein HIV-Positiver. In ganzen Stadtteilen wurde bei Reihenuntersuchungen – und einem Geschlechterverhältnis von ungefähr fifty-fifty – nicht eine einzige infizierte Frau ermittelt. Und das in einer Stadt mit vermutlich einer halben Million Infizierter aus verschiedenen Risikogruppen.

UNGEFÄHRLICHER ALS TENNISSPIELEN

Die Zuverlässigkeit der Primärdaten leidet etwas unter der Angst des Publikums vor Erfassung. Aber auf ein paar Prozentpunkte kommt es auch gar nicht an. Soviel belegen die Zahlen auf jeden Fall: Die Annahme, daß die Seuche lawinenartig über die gesamte Bevölkerung kommen werde, wenn sie unter den Heteros erst einmal richtig Fuß gefaßt habe, wird durch die bisherigen Erfahrungen nicht gestützt. In der großen Stadt New York etwa war bis zum Herbst 1987 unter Heterosexuellen kein AIDS-Fall der zweiten Generation bekanntgeworden, also die Übertragung des Virus vom infizierten heterosexuellen Sexpartner eines infizierten Angehörigen der Hauptrisikogruppen auf einen Dritten. Dr. Rand Stoneburner, der Chef des »New York City Health Department«, sagt dazu: »Wir wissen, daß das Virus seit zehn Jahren unter

Heteros existiert. Warum hat es sich nicht ausgebreitet und warum sollte es jetzt plötzlich anfangen, sich auszubreiten?« Die US-Heteros treiben es, wie Umfragen bestätigen, heute beinahe ebenso unbekümmert wie vor Beginn der Aufklärungskampagne. Trotzdem sind sie nach wie vor nur ganz marginal betroffen. Daß sich ihr prozentualer Anteil leicht erhöht hat, liegt ausschließlich daran, daß bei den Homos ein gewisser – horribile dictu – Sättigungseffekt eingetreten ist. Deshalb wird auch die Wachstumskurve wieder flacher.

Die britische *Airline World* hat in ihrer Ausgabe vom April 1987 das Ergebnis einer Untersuchung des Internationalen Luftverkehrsverbandes (IATA) zur Sache veröffentlicht. Danach waren bis Anfang des Jahres weltweit hundert männliche Flugbegleiter an AIDS gestorben – darunter vierzehn von der Deutschen Lufthansa. Weitere 150 Stewards waren an der Immunschwäche erkrankt, aber nicht eine einzige Stewardeß. Für die Praxis heißt das: Das Risiko, sich beim sogenannten normalen Geschlechtsverkehr mit einem unbekannten andersgeschlechtlichen Partner AIDS zu holen, liegt, sehr grob geschätzt, bei einem Zehntausendstelprozent. Sex mit einem beliebigen hellhäutigen, nicht schwulen Partner, der nicht fixt und der lange keine Blutübertragung bekommen hat, ist ungefährlicher als Radfahren oder Tennisspielen. Und die Gefahr, sich das Virus beim Küssen einzufangen, so sagt Ian Schäfer von der Deutschen AIDS-Hilfe, sei so groß wie die Gefahr, gleichzeitig von einem Meteoriten und einem Blitz erschlagen zu werden. Es gibt medizinische Interpreten, die behaupten, Speichel töte die Viren sogar ab.

Sogar in sexuell intakten Ehen (alle Woche zwier macht im Jahr hundertvier), in denen ein Partner infiziert ist, wird das sogenannte Lentivirus – von lateinisch »lentus« = ruhig, träge, bedächtig – selten übertragen. Nach amerikanischen Erfahrungen springt es von jedem fünften bis zehnten infizierten Mann auf die Frau, von jeder zehnten bis zwanzigsten infizierten Frau auf den Mann über. Nach US-amerikanischen Erfahrungen liegt das Risiko, sich beim ungeschützten Quicksex mit einem ahnungslosen HIV-Positiven selbst anzustecken, etwa bei eins zu tausend. Die Berichte von AIDS-positiven Sex-Maniacs, die aus Misanthropie, Rachsucht oder Verantwortungslosigkeit scharenweise unschuldige Frauen anstecken, sind nichts als Sommerloch-Geschichten. So oft kann nicht mal ein Gesunder.

Deshalb ist der Streit zwischen der liberalen Fraktion der Anti-AIDS-Strategen unter Bundesgesundheitsministerin Rita Süssmuth und der sogenannten Gauweiler- oder KZ-Fraktion so überflüssig wie ein Blinddarm. Die Falken wollen die Infizierten internieren, um den Rest der Bevölkerung zu schützen. Die Tauben wollen noch mehr Aufklärung und das Problem ansonsten kondomisieren. Tatsache ist: Das extrem niedrige Ansteckungsrisiko rechtfertigt keinerlei staatliche Zwangsmaßnahmen gegen Heterosexuelle und keine amtlich geförderte öffentliche Hysterie. Und wer sich nach der monströsen Süssmuthschen AIDS-Anzeigenkampagne noch nicht darüber aufgeklärt fühlte, daß AIDS gefährlich ist, daß man sich durch umsichtige Partnerwahl und durch den Gebrauch von Präservativen schützt, der wollte es auch nicht wissen.

Noch schneller als die Seuche selbst breitet sich die klinische AIDS-Phobie aus, eine Art psychosomatische Trittbrettkrankheit, die phasenweise ganz ähnliche Symptome zeigt wie das Original, nur daß man nicht an ihr stirbt. Das Städtische Krankenhaus in München-Schwabing hat Ende 1987 auf einem Workshop von Ärzten und Psychologen eine Studie über das Verhalten von AIDS-Phobikern vorgelegt, eine erschütternde Dokumentation pathologischer Neurosen und Hysterien. Sie unterstreicht – nicht nur für AIDS – die Aussichtslosigkeit des Versuchs, Angst durch Aufklärung zu bekämpfen.

Die untersuchten Phobiker waren zu Dreivierteln nicht Angehörige von Risikogruppen. Die meisten hatten sich mehrfach auf HIV untersuchen lassen. Jedesmal fühlten sie sich danach besser. Aber immer nur für zwei, drei Tage, dann setzte wieder die krankhafte AIDS-Angst ein, begleitet von AIDS-typischen Symptomen: Nachtschweiß, Durchfall Appetitlosigkeit, Gewichtsverlust.

Die Psychologin Bernadette Jäger-Collett schilderte anläßlich der Veröffentlichung der Studie auf einem Münchner Symposium den, wie sie meinte, typischen Fall eines eingebildeten AIDS-Kranken. Der Patient hatte sich nach vierzehn Jahren ehelicher Treue mit einer Prostituierten eingelassen. Der einmalige Seitensprung verursachte eine traumatische Schuldneurose, die sich in panischen AIDS-Ängsten entlud. Der Mann begann, täglich Fieber zu messen, seine Lymphknoten abzutasten und seine Mundhöhle nach verräterischen Pusteln abzusuchen. Er stellte alle sozialen und familiären Kontakte ein und vergrub sich im abgedunkelten Wohnzimmer. Er hatte sechs HIV-Tests hinter sich – alle mit negativem Ergebnis. Aber seine Entgleisungsbereitschaft, wie es im Psychologenjargon heißt, war stärker als alle Vernunft. Er wollte leiden, also litt er.

Anarchische Gattungsreproduktion

AIDS belegte zum Jahreswechsel 1987/88 im Bewußtsein der deutschen Nation einen ebenso hohen kognitiven Platz wie Volkswagen oder Coca Cola. Trotzdem kopulierten die jungen deutschen Heteros weit mehrheitlich so unbekümmert weiter, als sei nichts gewesen. Allerdings nicht in Kenntnis der nachweislich geringen Ansteckungsgefahr. Nach Maßgabe der – erwiesenermaßen falschen – öffentlichen Bewußtseinslage mußten sie eher davon ausgehen, daß AIDS für sie ebenso gefährlich war wie für Schwule. Doch es interessierte sie einfach nicht. Die Opposition monierte gleichwohl ein Defizit an Aufklärung – weil dies die einzige Möglichkeit war, das Defizit an öffentlichem Verantwortungsbewußtsein dem Staat in die Schuhe zu schieben.

Die Kontroverse zwischen Gegnern und Befürwortern von Meldepflicht und Zwangsmaßnahmen zeigt deutlich auf, warum es stets vom Übel ist, reale Gefahren in irreale Dimensionen aufzubauschen. Die Erfahrungen aller damit befaßten ernsthaften Fachschaften sprechen dafür, daß AIDS keine Volksseuche ist und voraussichtlich auch nicht wird. *Zeit* und *Spiegel* haben ausführlich berichtet, warum das so ist. Doch der Zeitgeist bläst alle

Empirie in den Wind – nur um die Schwulen nicht zu dis-
kriminieren. Weil sie es ohnehin nicht leicht haben, darf man sie
nicht auch noch mit dem AIDS-Odium belasten. »Ein tragischer
Zufall«, so hieß es in der großen ARD-AIDS-Sendung am 15.
Oktober 1987, sei dafür verantwortlich, daß in New York die
Homosexuellen als erste von der Seuche betroffen wurden. Inzwischen sei das Virus längst aus den Hauptrisikogruppen ausgebrochen.

Weil die Überlegung akademisch und für die Praxis bedeutungslos ist, muß hier nicht extra erörtert werden, wie man AIDS
für die gefährlichste Massenseuche seit den Tagen der Pest halten
und trotzdem dafür plädieren kann, die Problembewältigung dem
freien Markt der Verantwortlichkeiten zu überlassen. Die allgemeinen Erfahrungen mit der Selbstbestimmung der Deutschen
über ihren Willen und ihre Taten nämlich stützen diese Attitüde
nicht. Die Schwulen sind dabei keine Ausnahme. Sie wissen, daß
AIDS tödlich ist. Sie wissen auch, wie man drankommt. Trotzdem
machen die meisten weiter wie gehabt. Die Durchseuchung des
homosexuellen Teils der westdeutschen Bevölkerung lag Ende
1987 bei über fünfzig Prozent.

Frau Süssmuth und ihr christlich-liberaler Ministerialapparat
verharren in würdevoller Untätigkeit. Sie fürchten, sie könnten
sich den Vorwurf schwulenfeindlicher Diskriminierung zuziehen,
wenn sie die Seuchengesetze, die für Masern, Scharlach, Rotz und
Papageienkrankheit gelten, auch auf AIDS anwenden. Dazu
Spiegel-Medizinreporter Hans Halter: »Wenn ein tuberkulöser
Lehrer seine Klasse anhustet . . ., müssen selbstverständlich alle
Kinder zur Schirmbildkontrolle . . . Umfelduntersuchungen bei
AIDS sind absolut tabu.«

Natürlich gibt es diese ewig vorgestrigen Moralisten, die sich
darum bemühen, AIDS in ihre Bemühungen um die Reparatur
der defekten öffentlichen Moral einzubeziehen. Doch das spricht
nicht gegen die Statistik. Wahrheiten werden nicht unwahr, nur
weil sie von Gegnern der Wahrheit, hier Pfaffen und Chauvini-
sten, mißbraucht werden. Die Kirchenfundis müßten sich im
übrigen auch fragen, warum der liebe Gott unschuldige Bluter

und Neugeborene so hart straft, wenn er doch nur die Fixer und Schwulen treffen wollte.

Auch am entgegengesetzten Ende des gesellschaftlichen Spektrums sind fleißige Interpreten darum bemüht, die fatalste Plage des Jahrhunderts für höhere Zwecke zu instrumentalisieren. Vom feuilletonistischen Feminismus her hört man gefälliges Klatschen über die Aussicht, daß die Lustseuche das Lustgefälle von Mann zu Frau einebnen und eine Äquidistanz der körperlichen und seelischen Verletzbarkeiten herstellen werde. Also AIDS als zweite sexuelle Revolution, endlich Schluß mit der Unterdrückung im Bett. Vorbei die »anarchische Gattungsreproduktion«, wie die Soziologin Monika Goletzka in der *Zeit* schrieb, vorbei auch die »animalisch-ejakulative Sexualbefriedigung des Mannes auf Kosten der Sexualität der Frau.« Ab sofort muß nicht nur die Frau Angst vor Schwangerschaft haben. Jetzt muß auch der Alte zittern. Die Redaktion schrieb auch noch darüber: »Die Seuche könnte eine Chance sein für ein freieres, weniger gewaltsames Liebesleben zwischen Frauen und Männern.« Man konnte deutlich sehen, wo bei der *Zeit* die Hinterfrager sitzen.

LIEBE – ORGIE GEMEINER QUÄLEREIEN

AIDS hat bemerkenswerte Fronten aufgerissen. Aber hätte man gedacht, daß ausgerechnet das linke Hamburger Kampfblatt *Konkret,* dem sonst alles Bejahende fremd und zuwider ist, sich in bezug auf AIDS für eine freundlichere Weltschau einsetzen würde? *Konkret* widmete der HIV-Seuche sogar eine Sondernummer, um das »Geschäft mit der Angst« anzuprangern und positivere Berichte über die Volksseuche AIDS zu fordern.

Darin führte der Frankfurter Seminarsexologe Volkmar Sigusch zur Schuld der bürgerlichen Presse aus: »Gefühllos kalkuliert sie ihre Geschäfte mit der Angst vor der ›Todesseuche‹, die sie eigens dazu fabriziert.« Kranke, die die Infektion mit Hilfe seelischer Abwehrkraft niederringen könnten, so schreibt Sigusch an anderer Stelle, würden mit »inszenierter Panik« fertiggemacht.

Der laut *Zeit*-Urteil »führende Kopf der bundesdeutschen Sexualwissenschaft« erklärt die mutmaßlich mörderischste Seuche, die die westlichen Zivilisationen seit dem Ende der Pest ergriffen hat, für ein Kunstprodukt der konservativen Presse. What makes that man tick? An AIDS-Kranken gibt's nichts fertigzumachen. Wer sich angesteckt hat, ist ohnehin so gut wie fertig. Nicht mal die Hälfte der Infizierten hat eine Chance, nicht an AIDS zu erkranken. Und wer erkrankt ist, hat – Stand vom Winter 1987/88 – keine Aussicht, an der Krankheit nicht zu sterben. AIDS ist der absolute individuelle Super-GAU.

Volkmar Sigusch sieht, wie er schreibt, vor seinem geistigen Auge in den Forschungslabors gewissenloser B-Waffen-Alchimisten schon die Reagenzgläser mit taktischen AIDS-Kulturen blubbern. Ja, Herr Professor, ruft da der Betrachter, wie soll denn das gehen, wenn AIDS im Grunde nichts als eine Flause der Regenbogenpresse ist. Und der anatomisch geschulte Abschreckungstheoretiker grübelt sich eins ab, weil er sich nur schwer vorstellen kann, wie denn im alltäglichen Kriegsgeschehen ein Virus als Waffe einzusetzen – genauer: einzuführen – sei, das namentlich per Geschlechtsverkehr verbreitet wird.

Es ist ja wahr, daß man Moribunde durch morbide Sprüche noch kranker machen, daß man Aufschwünge kaputtreden und Panik auch herbeireden kann. Aber daß derlei Besinnlichkeiten ausgerechnet aus der Panikecke der linken Besinnungspresse kommen, das könnte zur Süffisanz animieren, wenn das Sujet weniger bedrückend wäre.

Zum Verständnis des Wirkens und der Person des Interpreten Sigusch ist die Kenntnis der Definition hilfreich, die er für die Liebe gefunden hat. Liebe ist, so lehrt Professor Sigusch, »ein Orgie gemeinster Quälereien ... voll raffinierter Entmächtigung, bitterer Enttäuschung, boshafter Rache und gehässiger Aggression ... sie ist gierig, klebrig, verschlingend, maßlos, kurzatmig, empfindlich, heuchlerisch, unstillbar.« Man muß dazu wissen: Volkmar Sigusch ist in der Bundesrepublik der einzige ordentliche Professor für die Wissenschaft von der Liebe. Und das sagt auch was über den Seelenzustand der deutschen Nation.

Wer schützt die Menschen vor den Tierschützern?

DIE ARCHE NOAH HAT SCHLAGSEITE

Wenn man den Fischer Heinz Oestmann aus Altenwerder hinterm Hamburger Elbdeich fragt, wie er's heute mit den Grünen hält, dann schaut er auf die Mastspitze seines Kutters »Nordstern«, pfeift sich eins und poliert sich die Fingernägel am Overall. Na, ja.

Früher war Oestmann Bürgerschaftsabgeordneter der Grün-Alternativen Liste und ein umwirbelter Naturschutz-Aktivist, ein Kleiderschrank von einem Seebären. Wo er ranwalzte, da hatte es aber gefunkt. Die Hamburger Polizei traute sich nur in größeren Verbänden in seine Nähe. Heute will er seine Ruhe haben. Er hat zwar noch den grünen Mitgliedsausweis. Aber sonst . . .

Oestmann sagt, seine Distanz zur Politik sei mit der Anpassung seiner Parteifreunde an die etablierten Parteien gewachsen. Es ist aber auch noch ein zweiter Grund denkbar: Im Sommer 1987 wurde für Fischer Oestmann die Fischerei unrentabel. Und dafür ist – wenn auch über zwei Ecken – ursächlich der Naturschutz verantwortlich. Oestmann blieb auf seinen Fischen sitzen, nachdem Fernsehpolizisten von »Monitor« in einer mit ekelerregenden Bildern unterlegten Sendung enthüllt hatten, daß Nordseefische verwurmt seien.

Daß der Wurm drin war im Kabeljau und im Hering, das ließ sich nicht bestreiten. Aber das war ja nichts Neues. »Verdammt, der war schon immer drin, der muß auch drin sein«, sagte Oestmann einem Reporter der *Bild*-Zeitung. Ein Freund hatte ihm berichtet, daß deutsche Touristen eimerweise Fisch in Dänemark kauften, weil sie glaubten, daß dänische Fische wurmfrei seien.

»Die Dänen fangen an derselben Stelle Fisch wie wir«, rief er zornig, »warum kapiert das denn keiner?« Die Oestmanns sind in der siebten Generation Fischer. Heinz ist vielleicht die letzte.

Heinz Oestmann und der größte Teil der deutschen Fischer haben erlebt, was vor ihnen andere erlebten, die im Kampf der Naturschützer und Grünfront-Guerrilleros gegen wechselnde Gegner zwischen die Fronten geraten waren: die Winzer, die Kürschner, die Tierpräparatoren, die Nudelmacher, die Walfänger. Eine gerechte Sache, die er im Prinzip selbstverständlich guthieß, hat ihn an den Rand des Ruins gebracht.

Der Anfang vom Elend war der Sieg von »Greenpeace« und anderen Naturschutzorganisationen über die grönländischen und nordamerikanischen Robbenfänger. Nach mehr als zehnjähriger Kampagne hatte die deutsche Bundesregierung 1983 – aus Humanität und aus Sorge um den Artenschutz, wie es hieß – ein Embargo gegen den Handel mit Jungrobbenfellen verhängt. In Brüssel war – ebenso wie in Bonn – bekannt, daß der Boykott unsinnig war, weil die Prämisse nicht stimmte, weil nämlich die Jagd weder artbedrohend noch – soweit das meßbar ist – inhuman war. Trotzdem zog die Europäische Gemeinschaft nach. Da der Verbraucher jedoch nicht zwischen Fellen von jungen und erwachsenen Robben zu unterscheiden vermochte, kam der Fellhandel fast ganz zum Erliegen. Die Jagd lohnte sich nicht mehr.

Nach den arktischen und subarktischen Robbenfängern spüren jetzt auch die europäischen, vorwiegend die westdeutschen und norwegischen Fischer die Auswirkungen des Boykotts. Die Robbenherden vor der kanadischen Atlantikküste fressen mehr Kabeljau, Schellfisch, Lachs und Hummer, als sämtliche im Atlantik kreuzenden Fangflotten einbringen können, selbst wenn sie ihre ganzen Kapazitäten ausnutzen. Was noch schlimmer ist: Robben sind Wurmwirte erster Ordnung, wie die Parasitologen sagen. Innerhalb von drei Jahren nach Erlaß des Embargos hatten die schnell wachsenden Herden die Fischbestände im ganzen Nordatlantik mit Wurmlarven infiziert – was neufundländische Fischerei-Experten exakt so vorausgesagt hatten. Den Schaden hatte die Fischwirtschaft – in der Bundesrepublik mehr als in anderen

233

westeuropäischen Ländern, weil sich die Verbraucher in Westdeutschland bereitwilliger bangemachen ließen als anderswo und
den Fischverzehr weitgehend einstellten.

SPANFERKEL HABEN KEINE KINDERAUGEN

Der World Wildlife Fund (WWF), in Tierschutzsachen die anerkannt kompetenteste Instanz, hatte sich von Anfang an aus dem
Robbenspektakel herausgehalten, obwohl er gegebenenfalls auch
die Schnulze nicht scheut. Der WWF vertrat die Auffassung, daß
das Robbenproblem gar kein Artenschutzproblem sei. Robben
wurden bis Anfang der sechziger Jahre zwar rigoros bejagt. Aber
sie waren nie vom Aussterben bedroht. Nach der aktuellsten
Zählung vermehren sich die Bestände um jährlich 350 000 bis
600 000 Tiere, abzüglich der – etwa halb so hohen – Abschußquo-
ten, die die kanadische Regierung jedes Jahr neu festlegt.

Wenn man einen guten Tag erwischt, kann man beim Anflug
auf St. John's oder Gander auf Neufundland Robbenherden von
zehn mal zwei Kilometern Ausdehnung sehen. Selbst die vor
Grönland und Nordostkanada beheimatete Sattelrobbe bringt es
wieder auf anderthalb bis zwei Millionen Exemplare. Die »nördli-
chen Seebären« auf den Pribiloff-Inseln vor Alaska haben sich von
150 000 auf anderthalb Millionen Stück, die »Südafrikanischen
Seebären« auf zwei Millionen vermehrt.

Tierschutz ist aus der Politik nicht mehr wegzudenken. Jener
denkwürdige Medienreferent, der 1987 gemeinsam mit seinem
Ministerpräsidenten die sogenannten Kieler Verhältnisse schuf,
hat auf Denkzetteln niedergeschrieben, wie er die schleswig-
holsteinischen Seelen im Wahlkampf zugunsten seines Chefs
einzuseifen gedachte: »MP [Ministerpräsident – der Autor] besucht Kinderkliniken – insbesondere mit unheilbaren kleinen
Patienten ... MP bricht Lanze für Tierfriedhöfe ... Familie des
MP pflegt kranke Tiere gesund.« Keine Phantasmagorie ist so
phantastisch wie die Wirklichkeit.

Auch die Erörterung der Robbenfrage im Bundestagswahlkampf

1983 zeigt deutlich die Konturen der Bigotterie, von der die deutsche Natur- und Tierschutzdiskussion in großen Teilbereichen durchsetzt ist. Außenminister Hans-Dietrich Genscher gab sich mit seinem vitalen Gespür für aktuelle Zeitgeiststörmungen als heimlicher Grüner zu erkennen. In einem *Bild*-Interview erklärte er sich »solidarisch mit den vielen Bürgern unseres Landes, die sich gegen die Robbenschlächterei auflehnen«. Genscher spielte sich in der Robbenfrage so vehement an die Rampe, daß die eigenen Parteifreunde schon anfingen, ihn als »Robben-Hood« zu veralbern. Doch der Erfolg gab ihm Recht.

Innenminister Friedrich Zimmermann konnte mit seinem hastig erlassenen Importstopp schließlich weitere Sympathiekumulationen bei den Liberalen verhindern. Jedoch, die Union hatte in der Robbenfrage ganz klar den Anschluß verpaßt. Als Kanzler Helmut Kohl, gleichfalls in *Bild,* forderte: »Jetzt schnell den kleinen Robben helfen«, war das Rennen gelaufen.

Am Robbenbaby scheiden sich die Geister. Das Leid der »kleinen, ganz weißen Babys«, die in der französischen Tierfreundin Brigitte Bardot nach eigenem Bekunden »eine einzigartige und unvergeßliche Liebe« entfachten, hat in Europa und Amerika mehr Emotionen freigesetzt als alle Erdbeben, Schiffsuntergänge und Hungersnöte dieses Jahrhunderts.

Inzwischen haben die Neufundländer die Jagd auf Jungrobben so gut wie ganz eingestellt. Paul Watson, der Captain der »Sea Shepherd«, die im Februar 1983 vor Port Saint John's auf Reede lag, um auslaufende Robbenfänger zu rammen, brauchte nicht für die Robben zu sterben, wie er angeboten hatte. Auch die *Spiegel*-Mitarbeiter, die von aufgebrachten Robbenfreunden öffentlich zur Häutung ausgerufen wurden, weil sie ohne die branchenübliche Beigabe von Heldengesängen über die »große Schlacht um Robben und Fische« berichtet hatten, kamen mit heiler Haut davon. Der Robbenkrieg wurde auf dem Verwaltungsweg erledigt.

Der Sachstand, um den es ging, konnte redlicherweise nicht in Zweifel gezogen werden. Tiere töten ist nicht nett. Doch Schmerzforscher vom Battelle-Institut waren nach mehrjährigen Tests mit alternativen Jagdmethoden zu dem Ergebnis gekommen, daß ein dicker Knüppel für die Robbenjagd noch immer das humanste Tötungsinstrument ist. Und selbst der Frankfurter Naturschutzpapst Bernhard Grzimek, der in den sechziger Jahren die Kampagne gegen die Robbenjagd in Neufundland selbst entfacht hatte, attestierte der Sattelrobbe: »Sie ist keine bedrohte Spezies.«

Doch das wollten die Politiker und die Wähler gar nicht wissen. Was letztlich entscheidet, das hat der Schweizer BB-Kampfgenosse und Vorsitzende beim »Internationalen Gerichtshof der Tiere«, Franz Weber, in einem Patenschaftsaufruf zugunsten der Jungrobben so formuliert: »Das Robbenbaby ist mit seinem dichten, weißschimmernden Pelz, mit seinen großen, schwarzen Kinderaugen wohl das schönste Tierbaby überhaupt.« Baby, Kinderaugen, weißschimmernder Pelz ... Das ist es. Spanferkel haben keine großen Kinderaugen und keinen weißen Pelz. Mit einer Kampagne zur Rettung von Spanferkeln hätte Franz Weber keine Millionenumsätze gemacht.

Schützenswerte Tiere müssen, wenn sie schon keine Kinderaugen haben, irgendwie menschlich wertvoll sein – treu, niedlich, mutig, majestätisch. Für die »feige« Hyäne kann man keine Massen mobilisieren. Kann man sich vorstellen, daß die BB sich mit einem langschnabeligen Kloakentier im Arm in *Paris Match* abbilden ließe, das im WWF-Artenkatalog immerhin als teilweise bedroht geführt wird? Nein, das kann man nicht. Dem Kloakentier fehlt zum Sympathieträger der Kuschelfaktor. Unter den Streicheltieren hat höchstens der chinesische Pandabär aus dem WWF-Wappen noch eine gewisse Chance gegen das Robbenbaby.

»DIE STADTBUBIS WERDEN UNS BROTLOS MACHEN«

Auf Neufundland, der traditionell ärmsten Provinz Kanadas, ist seit Ausrufung des Boykotts die Anzahl der Sozialhilfeempfänger dramatisch gestiegen. Für die weitaus meisten der 7000 kanadischen Robbenjäger hat sich erfüllt, was der älteste unter ihnen, der 75jährige Peter Troake aus Twillingate auf Neufundland, 1983 in einer im *Spiegel* veröffentlichten Klage gegen Greenpeace und andere prophezeite: »Diese Stadtbubis werden uns alle brotlos machen, aber sie wissen ja nicht, was sie tun.«

Sie haben auch viele Eskimos – ethnologisch: Inuit – brotlos gemacht, für die auch nach dem Urteil von Greenpeace die Robbenjagd eine Überlebensfrage ist. Deutsche Kürschner verarbeiten fast gar keine Robbenfelle mehr, nicht mal die Felle von erwachsenen Sattelrobben aus Grönland, die weiterhin eingeführt werden dürfen.

Die Neufundländer Robbenjäger hatten auch nach den Vorstellungen der Robbenlobby nichts Besseres verdient als Arbeitslosigkeit. Sie jagen zwar nicht inhumaner und verdienen an ihrer Beute auch nicht mehr als die Eskimos. Aber sie sind keine edlen Wilden. Sie hatten nicht das Greenpeace-Gütesiegel. Doch es hat sich gezeigt, daß der Boykott in seinen Auswirkungen nicht so exakt auf die Zielvorstellungen von Greenpeace zuzuschneiden war, wie es sich die Robbenfreunde vorgestellt hatten. Allan Pickaver, der Stabschef der Greenpeace-Robbenkampagne, mußte sich im Herbst 1985 von Johannes Tobiassen, dem Bürgermeister des grönländischen Jägerdorfes Niagormat, berichten lassen: »Wir können sehen, wie es in den Gewässern rings um den Ummanak-Fjord von Seehunden und Walen wimmelt. Die einzige vom Aussterben bedrohte Spezies ist hier der Mensch.« Pickaver war ernstlich betroffen. Er bot spontan finanzielle Unterstützung aus Greenpeace-Mitteln an, um den Schaden wiedergutmachen zu helfen. Dazu kam es jedoch nicht, weil Pickaver seine Betroffenheit später wieder zurückzog.

Noch schlimmere Schäden hat die Kampagne in den Dörfern der kanadischen Arktis hinterlassen. In den »Northern Territories« bringen sich heute, bezogen auf die Gesamtbevölkerung, fast zehnmal so viele junge Leute um wie im übrigen Kanada. »Die Contras haben den Leuten die Existenzgrundlage zerstört«, sagte Michael Labine, der Inuit-Beauftragte der Provinzregierung, zum *Spiegel*. Die schnieken jungen Werwölfe von Greenpeace stehen stellvertretend für ein breites Spektrum von Contras, wie die militanten Tierschutzorganisationen im Regierungsbeamten-Slang heißen, die sich mit dem Vorwurf auseinandersetzen müssen, daß sie Tierschutz zu Lasten der Menschen betreiben.

Bis Ende der siebziger Jahre lebten 90 Prozent der Eskimos in der kanadischen Arktis ausschließlich von dem Verkauf von Robbenfellen. Dann setzte die Kampagne gegen die Jagd auf Jungrobben ein. Namentlich Greenpeace und der »International Fund for Animal Welfare« (IFAW) trommelten solange auf dem öffentlichen Gewissen der Westeuropäer herum, bis die EG die Einfuhr von Jungrobbenfellen verbot.

BELASTUNGSZEUGNISSE WAREN GETÜRKT

Die Eskimos haben nie Jungrobben gejagt, nicht aus Mitleid mit den Robbenbabys, wie sie im Greenpeace-Jargon heißen, sondern weil es am Polarkreis nur erwachsene Robben gibt. Trotzdem gerieten sie in den großen Embargo-Strudel. Innerhalb von drei Jahren stürzte der Preis für Sattelrobbenfelle von vierzig auf zehn Dollar ab. 1987 zahlte der Aufkäufer der Hudson Bay's Company auf Baffin Island fünf Dollar pro Fell.

Heute lebt über die Hälfte der Bevölkerung in den Dörfern von Cape Dorset von Sozialhilfe. Greenpeace hat das alles nicht gewollt. Jedoch, schuld an dem Elend, so meint Allan Pickaver, habe »das System, das die Inuit gezwungen hat, ihren traditionellen Lebensstil aufzugeben und sich dem Profitdenken zu unterwerfen«.

Die Greenpeace-Mandarine wissen sich in dieser Hinsicht konform mit den Recken des dänischen Kolonialismus, die den Grönländern im Auftrag ihrer Kopenhagener Majestät bodenständige Lebensart beibrachten. Knud Rasmussen, einer ihrer knorrigsten Vertreter, hat dazu ausgeführt: »Not härtet ab, das Seelenleben der Menschen läßt sich nicht in Kalorien messen ... Wir sollten ihnen die Zivilisation so lange wie möglich vom Hals halten.« Es sind stets die Zivilisierten, die den weniger Zivilisierten die schwere Last der Zivilisation ersparen möchten.

Die Methoden auch der bundesdeutschen Robbenfreunde entsprachen von Anfang an nicht durchgehend der hohen ethischen Zielvorgabe der Bewegung. Schon das Hauptbelastungszeugnis, ein Filmstreifen von den Magdalenen-Inseln vor Neufundland, den die Robbenfront seit zwanzig Jahren der Welt als Beleg für die Grausamkeit der Robbenmetzgerei vorführt, war nach Aussagen eines der Ko-Produzenten in wesentlichen Teilen getürkt.

Der Zoologe Douglas Pimlott von der Universität Toronto hat dazu eine Filmdokumentation zusammengestellt, in der der Fischer Gustave A. Poirier von den Magdalenen-Inseln aussagte, er sei von den Filmleuten eigens dazu angeheuert worden, eine Robbe lebendig zu häuten. Poirier erklärte wörtlich: »Ich schwöre feierlich vor Zeugen, daß ich aufgefordert wurde, die besagte Robbe zu quälen und keinen Knüppel zu benutzen, sondern nur ein Messer, um diese Operation auszuführen, obwohl die Robbe sonst getötet wird, bevor man sie häutet.«

Die gute Tat muß Aufsehen erregen, um exemplarisch zu sein. Die Leute wollen was sehen für ihr Spendengeld. Von Übel sind deshalb nicht in erster Linie die Grünfront-Kämpfer, von Übel ist die infantile Umjubelung ihres Slapstick-Aktionismus, die Kanonisierung und die kritiklose Akzeptanz ihres moralischen Hegemonialanspruchs.

Unter dem Druck des Erfolgszwanges beginnt sich die Tierschutz-Internationale zu radikalisieren. Weil es – nach Maßgabe des dafür maßgeblichen Washingtoner Artenschutzkatalogs – kaum noch vom Aussterben bedrohte Tierarten gibt, propagieren Fundamentalisten heute nicht mehr bloß Artenschutz wie Greenpeace, sondern eine Neuordnung der Gesellschaft auf dem Umweg über den Tierschutz. Richard Morgan, Koordinator der »Mobilisation for Animals« (MFA), der größten Dachorganisation amerikanischer Tierschutzbünde, definiert sein Operationsziel so: »Der Kampf für die Rechte der Tiere ist Teil eines revolutionären Prozesses zur Neuordnung der größeren Säulen der Gesellschaft.« Umweltpolitik als Mittel zur Systemveränderung.

Gewiß, Tierschutz tut not. Aber wer schützt die Menschen vor den Tieren und vor der exhibitionistischen Moral der Tierschützer? Das beklagenswerte Resultat der Robbenkampagne zeigt deutlich die Fragwürdigkeit des selbstgestellten Mandats von Öko-vigilanten à la Robin Wood und Greenpeace. Was im Rausch der guten Tat leicht in Vergessenheit gerät: Jedes Recht steht im Normalfall in Konkurrenz zu einem anderen Recht. Für das Recht, das einer bekommt, muß man zwangsläufig einem anderen ein Recht entziehen oder beschneiden.

»LÜGEN, HALBWAHRHEITEN, VERDREHUNGEN«

Welches Recht sich durchsetzen soll, weil es wichtiger oder mora-lisch höherwertig ist, das muß von Fall zu Fall entschieden wer-den, das Recht des Konsumenten auf ungestörten Samstagnach-mittagseinkauf zum Beispiel oder das Recht von Demonstranten, ihren Protest gegen Robbenschlächterei (Volkszählung, Nato-Doppelbeschluß, Zensurenordnungsreform) in der Hauptge-schäftszeit auf der Hamburger Mönckebergstraße zum Ausdruck zu bringen. Daß eine Gruppe das Recht prinzipiell für sich ge-pachtet hat, das gibt's nicht in einer Demokratie.

Anders als am Polarkreis sind im mitteleuropäischen Rechts-raum konkurrierende Interessen gehalten, sich gefälligst friedlich miteinander zu arrangieren. Wo sich das nicht zwanglos ergibt, muß die vom Kollektiv dazu bestimmte Instanz ordnend eingrei-fen. Grundsätzlich gilt die Regel: Wenn die Ordnung in Ordnung ist, dann muß sie auch befolgt werden. Gesetz bricht Gefühl. Die Ordnung wiederum macht nur Sinn, wenn die zuständigen Kör-perschaften auch die Mittel haben, sie in der Praxis durchzusetzen. Da dies in der Bundesrepublik und den mit ihr befreundeten Staaten weitgehend der Fall ist, werden hier keine Privatpolizisten benötigt, die zum Lobe ihrer Vorstellung von Gerechtigkeit ge-waltsam in die Ordnung eingreifen.

Ja doch, es gab immer wieder Momente in der Geschichte der Zivilisation, besonders in der deutschen Geschichte, da mußten beherzte Bürger den Boden der staatlichen Ordnung verlassen und selbst handeln, weil die Obrigkeiten versagten. Aber in den westlichen Industriestaaten sind solche Momente heute ganz,

ganz selten, weil dort das Recht bei Richtern und Gerichten in ganz guten Händen ist. Deshalb dürfen Bürger, die sich durch steigende Kriminalität verunsichert fühlen, auch keine Bürgerwehren bilden, um Rowdys und Taschendiebe zu verkloppen – obwohl das Recht des Bürgers auf Unversehrtheit von Körper und Eigentum ganz gewiß nicht geringer zu veranschlagen ist als das Recht auf saubere Luft und glykolfreien Wein.

Welches Grundrecht rechtfertigt überhaupt welchen Rechtsbruch, wenn es jemand für gefährdet hält? Dürfen gewissensschwangere Richter die Zufahrt zu Nato-Raketen-Basen blockieren und damit ihre eigenen Moralvorstellungen über die von demokratisch gewählten Volksvertretern fixierten Moralprinzipien hinausheben? Dürfen Umweltschützer durch die Blockade von Tankstellen einer wattenmeergefährdenden Mineralölfirma die freie Berufsausübung von Tankwarten gefährden? Widerstand muß manchmal sein und manchmal nicht. Das Weitere regelt die praktische Demokratie. Dabei ist es ganz wichtig, daß die Proportionen stimmen. Die Inflation des öffentlichen Widerstandes in der Bundesrepublik offenbart ein deutsches Defizit an Augenmaß beim Abwägen von Rechten unterschiedlichen Gewichts. Soviel darf als sicher gelten: Wer sich beim Sit-in für freie Krötenwanderungen fühlt wie Stauffenberg, der sitzt ganz sicher nicht richtig.

Greenpeace und die artverwandten Seilschaften lehnen Güterabwägung kategorisch ab. Das Recht der Parforce-Reiter im Irisch-Moos-Look, gegen alle ökonomische und ökologische Vernunft das Überlebensrecht der Robbenpopulationen zu sichern (das ja gar nicht bedroht ist), kontrastiert kraß mit dem kulturellen Überlebensrecht der arktischen Völker. Für den Fall Greenpeace gegen Inuit gab es keine kompetente judikative Instanz. Deshalb wurde hier nach dem Recht des Stärkeren entschieden.

Die Tragödie am Polarkreis ist nur ein tragisches Aperçu am Rande einer weltweiten Umwelttragödie, in der die klassischen Rollen vertauscht sind. Der Mensch spielt Arche Noah. Aber er merkt nicht, daß die Arche immer mehr Schlagseite kriegt, weil Naturschutz mit mehr Herz als Verstand betrieben wird. Ein militant naturverbundener Teil der Menschheit ist besessen von der Idee, die Natur in ein Gleichgewicht zu bringen, das sie nie gehabt hat.

Es ist wahr, daß die Fauna nicht im Lot ist. Aber das ist der Normalzustand. Die Natur hat nie Artenschutz betrieben. Sie war immer darauf ausgelegt, Arten kommen und gehen zu lassen, wie es der Vorsehung gefiel. Der totale Protektionismus, so hat der Wildschutzwart und Ökoautor Ian Parker aus Kenia in seinem Buch *The Ivory Crisis* geschrieben, »schafft immer nur neue Ungleichgewichte«.

Ian Parker stützt sich auf ein Vierteljahrhundert Erfahrung im Umgang mit Tieren und Tierschützern – vor allem mit Tierschützern. Parker läßt keine mildernden Umstände gelten. Er rechnet gnadenlos mit den »Konservationisten« ab: »Eine Gruppe von Leuten manipuliert und verschnulzt das Thema Naturschutz dermaßen, daß die öffentliche Meinung im großen Stil irregeführt wird ... Der Naturschutz ist ein Gebiet, das von Lügen, Halbwahrheiten und totalen Verdrehungen geprägt ist.«

Parker vertritt vehement die These, daß das Biotop Erde auf weiten Strecken kraß überhegt wird. Und das kann er beweisen. Aber in einem Dialog, der im wesentlichen mit Gefühl und zum geringsten Teil mit Sachlichkeit geführt wird, sind Beweise natürlich nicht gefragt. Das Publikum glaubt, was es glauben will. Denn: Wer gegen das Töten unschuldiger Tiere streitet, kann ja nicht unrecht haben.

DREI-MEGATONNEN-FRESSMASCHINE

Die Sorge um die geschundene Kreatur hat Tierfreunde aus sonst schwer miteinander verfeindeten Lagern zu denkwürdigen Allianzen zusammengeführt. In Schweden etwa fechten linke Öko-Aktivisten mit konservativen Jagdherren für eine drastische Drosselung der Elch-Abschußquoten.

Jäger, die gegen die Jagd sind?

Das ist nur ein scheinbarer Widerspruch. Natürlich wollen sie Elche jagen, aber nur die Kabinettstücke mit den ausgewachsenen

Schaufeln. Doch dazu muß der Elch erst reifen. So ein feudaler Knochen braucht seine zwölf, fünfzehn Jahre, um sich zur vollen Pracht zu entfalten. Was vorher geerntet wird, geht den Trophäenwänden in schwedischen Wohnzimmern verloren. Für viele dekorative Trophäen braucht man viele ausgewachsene Elche oder, wenn man es statistisch sieht, eine Alterspyramide mit breitem Fundament.

Das alliierte grüne Panikorchester hat keine schlechten Aussichten, sein Ziel durchzusetzen, obwohl die ungebremste Vermehrung der Elche nach Ansicht des Forstministeriums in Jönköping für den schwedischen Wald Auswirkungen haben würde wie ein Atombombenangriff im Megatonnenbereich.

Heute leben in Schweden rund eine Million Elche. Und nicht nur in den Wäldern. Sie sind schuld an jedem zweiten Verkehrsunfall außerhalb geschlossener Ortschaften. Elche verursachen Bruchlandungen auf Flughäfen und verirren sich auf Hochhausbalkons und U-Bahn-Gleise. Wenn sie sich im gleichen Tempo vermehren dürfen, dann sind es bis zum Beginn des nächsten Jahrzehnts vier Millionen. Das sind drei Millionen Tonnen – gleich drei Megatonnen – kompakte Freßmaschinen.

Die Schäden werden in Stockholm nicht ernst genommen, weil man sie kaum sieht. Der Wald steht wie eine Kathedrale, aber es wächst nichts nach, weil die Elche die Setzlinge wegputzen. Eine komplette Generation Kiefern haben sie schon zur Strecke gebracht. In der Rangfolge der schwedischen Umweltplagen rangieren sie schon heute auf Platz eins. Bis auf zwei, drei Jahre genau läßt sich schon jetzt vorausberechnen, wann die schwedische Holzwirtschaft Kiefernholz aus dem Sortiment nehmen muß.

Elche werden wegen ihrer monströsen Geweihe geschossen, nicht wegen des sogenannten jagdlichen Vergnügens. Die Elchjagd gilt unter Kennern als Ersatzabenteuer für neurotische Großstadtbewohner. Elche schießen ist ebenso aufregend wie Kühe schießen.

Anfang der fünfziger Jahre waren die trotteligen Schaufeltiere in Schweden bis auf wenige winzige Herden zusammengeschossen. Dann kam der Tierschutz in Mode. Seitdem haben sich die

Bestände nahezu vertausendfacht. Doch das Lamento über die Bedrohung der Elche ist ungebrochen.

Die Lehre vom ökologischen Gleichgewicht läßt sich nicht mathematisch exakt definieren. Man kann nur ganz sicher sein, daß eine Spezies nicht ausstirbt, wenn sie ständig mehr Exemplare produziert, als wegsterben und als ihre natürlichen Feinde auffressen können. Wo sie sich selbst durch ständige Überproduktion die Überlebensgrundlage zerstört, weil der natürliche Stabilisator fehlt, da muß zwangsläufig mit der Flinte stabilisiert werden.

Der Konflikt zwischen Waidmännern und Waldmännern hat auch im deutschen Wald deutliche Verbißspuren hinterlassen. Er wurzelt in der Ära des Reichsjägermeisters Hermann Göring, der die deutschen Wälder mit – teilweise importiertem – Rot- und Rehwild fluten ließ, um sie deutscher zu machen. In den zwanziger Jahren galten drei Rehe pro Quadratkilometer als Spitzenbesatz, der nur in den dünn bevölkerten Grenzgebieten Ostpreußens und Oberbayerns zu erreichen war. Heute grasen selbst in den Peripherieforsten des Ruhrpotts – nicht selten in Sichtweite von Zechentürmen – fünf Bambis im Kilometer-Karree.

Mehr als anderthalb Millionen Wiederkäuer mit einem Tagesbedarf von zwei bis drei Kilo Frischfutter, vorzugsweise in Gestalt von Setzlingen und jungen Baumtrieben, dazu 100 000 Hirsche, die sich am liebsten von Baumrinde ernähren, wenn sie nicht von Menschen gefüttert werden und, wichtiger noch, 260 000 Jäger, das ist mehr, als der deutsche Wald verträgt.

Tiefere Schadensursache ist auch in der Bundesrepublik die Trophäenbesessenheit der pirschenden Zunft. Sie hat den deutschen Wald, wie die Kritiker sagen, zu einem Jagdzoo mit der höchsten Rehdichte der Welt gemacht. Ein sauberer Platzhirsch braucht gut ein Dutzend Jahre, ehe er geerntet werden kann, wie es auf waidmännisch heißt. Bis zur Erntereife richtet er in der Regel einen Wald von mehreren Hektar Umfang zugrunde. So ein Sechzehnender ist ein teures Vieh – nicht für die Spesenwaldbesitzer, die ihre Jagden von der Steuer absetzen, sondern für den Steuerzahler, der die Wiederaufforstung bezahlen muß. Faustregel für Repräsentationshirsche: ein Tausend-Mark-Schein pro Geweihende.

Wie schnell eine vermeintlich vom Aussterben bedrohte Art zur Plage werden kann, zeigt der Fall Maikäfer. Anfang der achtziger Jahre noch reüssierte der Moritatensänger Reinhard Mey mit seinem Couplet auf den Untergang der süßen braunen Käfer. Refrain: »Es gibt keine Maikäfer mehr.« Noch 1985 appellierte das Landratsamt Ludwigsburg an die Ludwigsburger Bürger: »Wenn Ihnen ein Maikäfer begegnet, betrachten Sie ihn als Zeichen der Hoffnung, daß es mit unserer Natur wieder aufwärtsgeht.«

Im Jahr darauf brachte sich die angeblich bedrohte Spezies mit soviel Macht in Erinnerung, daß die Umweltschützer erschrocken Alarm schlugen. In den Waldböden am Oberrhein entdeckten rheinische Förster Ende 1986 einen Milliardenbestand an Maikäfer-Engerlingen. Das Bambi war plötzlich ein Zombie.

Nachdem die Käfer schon mehrere tausend Hektar Wald zernagt hatten, mußten die Forstverwaltungen in Baden-Württemberg zur chemischen Keule greifen, um die Plage einzudämmen. Die große Masse der Schädlinge war nicht kleinzukriegen. In den Bäumen hin und her flog und kroch und krabbelt er (Wilhelm Busch). Meys Maikäfer-Song ging auch im Maikäfer-Jahr 1987 wieder über die deutschen Sender.

Schwer heimgesucht vom Bambi-Syndrom sind auch die Dörfer rings um die Tigerreservate in Indien. Ministerpräsidentin Indira Gandhi hatte 1972 auf Empfehlung des damaligen Vorsitzenden des »World Wildlife Fund«, Prinz Bernhard der Niederlande, mehrere Dutzend Dörfer in verschiedenen Landesteilen zwangsevakuieren lassen, um 16 000 Quadratkilometer Lebensraum für die vom Aussterben bedrohten Königstiger zu schaffen. Wo sich Dörfer der Umsiedlung widersetzten, wurden sie von Rangern der Wildschutzbehörde aus ihren Hütten gepeitscht, auf Lastwagen verladen und im Busch wieder ausgesetzt.

Die »Operation Tiger« war von alarmierendem Erfolg gekrönt. Die 1972 weitgehend ausgerottete Gattung des »panthera tigris« ist »von den Toten auferstanden«, wie der »World Wildlife Fund«

kürzlich in einem Inserat verkündete. Allein in Indien und Nepal leben heute wieder rund 5000 Exemplare.

Die Tiger leben nicht schlecht. Weil sie vom Menschen nichts mehr zu befürchten haben, holen sie sich ihre Nahrung vorwiegend in den Dörfern – da, wo sie am leichtesten zu haben ist. Daß sie jedes Jahr ein paar tausend Stück Vieh reißen, ist volkswirtschaftlich irrelevant, weil sich der Nutzeffekt indischer Kühe eh fast ausschließlich aufs Spirituelle beschränkt. Aber lieber reißen sie Menschen – einfach weil man sie im Gegensatz zu Rindern im Maul wegschleppen und ungestört verzehren kann. Allein im Sunderbans-Wald am Rande des Ganges-Deltas werden im Schnitt jedes Jahr rund hundert Menschen von Tigern getötet. Denn freilaufende Menschen sind beinahe ebenso leicht zu fangen wie angebundenes Vieh.

Nicht nur ihre politischen Gegner sind davon überzeugt, daß die Tiger Frau Gandhi mehr zu verdanken haben als die Menschen. Indiens erste Dame machte ja aus der Rangfolge ihrer wertethischen Prioritäten auch nie einen Hehl. Es müsse sich erst noch zeigen, so sagte sie 1982 auf einem Kongreß des »World Wildlife Fund«, ob es sich überhaupt lohne, die menschliche Rasse zu retten. Damit hat sie weltweit Beifall geerntet. Denn die von ihr vorgetragenen zynischen Zweifel teilt sie mit einem beträchtlichen Teil der Tierfreunde in der westlichen Welt.

Tierschutz wäre überflüssig, wenn man die Natur gewähren ließe. Es ist überall der gleiche Zyklus: Erst werden einzelne Arten fast ausgerottet. Dann werden sie so lange gehätschelt, bis sie zur Umweltgefahr werden. Dann reguliert wieder der Mensch mit der Flinte. Der Tierschutz leidet weltweit an Hysterie und unterentwickeltem Mittelmaß.

Noch perfekter als in der Bundesrepublik ist die Hysterie nur in den Vereinigten Staaten organisiert. Ende der fünfziger Jahre lebten im sogenannten Sonnengürtel der Vereinigten Staaten noch, grob geschätzt, 100 000 Alligatoren. Und es sah so aus, als ließe sich absehen, wann die letzten Echsen zu Schuhen, Gürteln und Handtaschen verarbeitet sein würden. Dann kam die Aktion »Save the gators«. Sie war so erfolgreich, daß die Bestände innerhalb von zehn Jahren auf fast eine Million anwuchsen. Trotzdem ging die Aktion weiter. Heute stecken die Südstaatler, wie es Frank Davis vom Artenschutzamt in Louisiana gegenüber dem *Spiegel* ausdrückte, »bis zu den Ohren in Alligatoren«. Allein in Groß-Miami leben rund 100 000 Stück in Parks, Flüssen, Abwässerkanälen, bisweilen auch in Vorgärten, Swimmingpools, Badezimmern und Automobilen.

»TIERVERSUCHE SCHLIMM WIE AUSCHWITZ«

Die radikalsten Positionen halten der grüne Fundamentalist Paul Watson und sein Freundeskreis besetzt. Watson fordert sogar die Einstellung der Schafzucht in Australien, ein globales Ausfuhrverbot für Tiere und ein weltweites Fischereiverbot, von dem nur Eskimos, Indianer und die australischen Aborigines ausgenommen werden sollen.

Watson und seine deutschen Freunde gehen in ihren Forderungen weit über den vom WWF propagierten Artenschutz hinaus. »Nicht nur die Art ist schutzbedürftig«, heißt es in einer Drucksache der Hamburger GAL-Fraktion zur Känguruh-Frage, »sondern jedes einzelne Tier.« Die Egalitaristen, die in der Tierschutzbewegung zunehmend den Ton angeben, predigen allen Ernstes die Gleichheit und Schutzwürdigkeit aller Kreaturen bis hin zum Einzeller.

Verschrobenes Außenseitertum? Das wäre ja schön. Aber die Forderung nach totaler Unversehrtheit und ungehemmtem Wachstum der Tierwelt ist keine Minderheiten-Schrulle. Der gravitätische Unsinn ist fest im Grundwertekatalog von Hunderttausenden deutscher Tierfreunde verankert. Tierversuche, so durfte ungestraft eine Teilnehmerin der Talkshow »Club 2« des Österreichischen Fernsehens sagen, seien ebenso schlimm wie Auschwitz.

Wer will sagen, wo der Tierschutz aufhört und wo die Misanthropie anfängt? Sind die Tierschützer nur bescheuert, die 1986 einen feierlichen Appell an SED-Chef Erich Honecker richteten und ihn aufforderten, für eine humanere Behandlung der am Todesstreifen eingesetzten Hetzhunde zu sorgen? Oder sind sie schon Misanthropen? Ist Tierschutz die Humanität des Unmenschen?

Der Tier- und Menschenfreund Albert Schweitzer hat zeitlebens unter der Unauflösbarkeit des Interessengegensatzes zwischen Mensch und Kreatur gelitten. Aber er war Realist genug, um sich dazu zu bekennen. »In tausenderlei Hinsicht«, so schrieb er einem Freund, »steht meine Existenz im Konflikt mit der Existenz anderer Lebewesen, ich kann nicht anders, als Leben zu schädigen und Leben zu vernichten.« Der »Mythos vom Leben ohne Töten« sei nichts als ein frommer Selbstbetrug.

Dabei ist der Gipfel des Naturschutz-Kretinismus noch nicht mal erreicht. Die sogenannte Fallobst-Brigade unter den Naturanbetern geht noch weiter. Sie fordert zur Tierschutzkonvention eine Pflanzenschutzkonvention. Der Mensch soll nur noch Früchte und Pflanzen vertilgen dürfen, die die Flora freiwillig hergibt – also Äpfel nur, wenn sie von selbst vom Baum fallen.

Linke Studenten von der Freien Universität Berlin hatten im Widerstandsjahr 1968 die zündende Idee, in Berlin einen deutschen Dackel öffentlich mit Benzin zu übergießen und zu verbrennen, um das Interesse der Nation an den Leiden der vietnamesischen Bevölkerung zu schärfen. Wenn schon die brennenden Mönche in Saigon die Herzen der Deutschen nicht zu rühren vermochten, dann vielleicht ein brennender Waldi. Das war eine richtige Überlegung. Doch die Dackelverbrennung fand nicht statt, weil die Initiatoren fürchteten, eine solche Aktion könne Pogromstimmung gegen die Studenten hervorrufen.

Der Kampf für die Rechte der Tiere, hier gegen »die Känguruhjagd [als] Verbrechen gegen die Menschlichkeit« (so das Hamburger GAL-Papier), ebnet sprachliche Gegensätze ein und überbrückt auch ideologische Gegensätze, die sonst als unüberbrückbar gelten. Wenn es um »Massaker« (so damals *Bild am Sonntag*) und »blutige Ausrottungsfeldzüge« (GAL) gegen die Känguruhs geht, ziehen Links und Rechts häufig an einem Strang.

248

In Australien leben zur Zeit, je nach Zählweise und Intentionen des Zählers, zwischen fünfzehn und fünfzig Millionen Känguruhs – obwohl im vergangenen Jahr über drei Millionen legal und sicher noch einmal halb so viele illegal abgeschossen wurden. Man kann das für zuviel oder für zuwenig halten. Aber sicher ist: Vom Aussterben bedroht sind sie nicht.

Wer Geschäfte machen will, muß im Trend liegen. Hätten sich sonst die Handelsketten Plus, Tengelmann, Kaiser's Kaffeegeschäft so spontan mit der Aktion »Schluß mit der Schildkrötensuppe« solidarisiert? Oder würde sich Berufstierfreund Heinz Sielmann so eloquent für den »Naturgroschen« der Holsten-Brauerei einsetzen? Hätten sonst die deutschen Kürschner einen »Förderkreis für vielfältige Tierartenerhaltung« ins Leben gerufen? Sie produzieren Heucheleinheiten für eine Pharisäer-Society, die den Verstand abschaltet, wenn Tierschutz aufgerufen wird.

Die WWF-Wissenschaftler haben, anders als die Einzelkämpfer von Greenpeace und »Sea Shepherd«, keine Einwände gegen die Jagd auf Tiere, die nach Maßgabe des Washingtoner Artenschutzabkommens nicht vom Aussterben bedroht sind. Sie haben sich deshalb auch seit Jahren aus dem Robbenspektakel herausgehalten.

In seiner aktuellen Bilanz führt der WWF nur noch drei Säugetierarten mit einem Gesamtbestand von weniger als mehreren hundert Exemplaren: den roten amerikanischen Wolf, das javanische Nashorn und die arabische Oryx-Antilope. Es gibt, soweit es sich überprüfen läßt, zur Zeit nur eine Handvoll Säugetier-Gattungen auf der Welt, die in den letzten zehn Jahren nicht tüchtig zugelegt hätten. Zu den Ausnahmen gehören einige Wal-Arten und das afrikanische Rhinozeros, das wegen der – nicht belegbaren – aphrodisiakischen Wirkung von gestoßenem Nashorn nach wie vor ruinöser Bejagung ausgesetzt ist.

Wie kontroproduktiv Tierschutz sein kann, hat sich vor allem in Kenia gezeigt. Als Staatsgründer Jomo Kenyatta vor sieben Jahren auf Drängen seiner weißen Freunde die Jagd verbot, waren die Parks schon übervölkert. Während der großen Trockenheit Mitte der siebziger Jahre waren in der Tsavo-Steppe 25 000 der ursprünglich 40 000 Elefanten verhungert, nachdem sie ihre eigene Lebensgrundlage weggefressen hatten.

Das Desaster kam nicht über Nacht. Aber die Wildhüter griffen nicht ein. Die Natur sollte sich selbst regulieren. Heute leben in der Tsavo auf 21 000 Quadratkilometern Fläche gut 10 000 Elefanten. Und mehr kann die zur Halbwüste heruntergefressene und -getrampelte vormalige Savanne auch nicht mehr ernähren. Die kenianischen Elefantenherden sind in den vergangenen sieben Jahren von gut 40 000 auf knapp 60 000 Köpfe gewachsen. Ein Elefant braucht 200 bis 300 Kilo Grünfutter am Tag, hauptsächlich Zweige und Blätter. Das ist mehr, als die Parks schadlos überstehen können.

Westafrika ist so gut wie leergeschossen. In Uganda blieben nach sieben Jahren Idi Amin und drei Jahren Bürgerkrieg von 20 000 Elefanten knapp 1500. Aber in ganz Schwarzafrika gibt's noch fast anderthalb Millionen, allein in Tansania 350 000 Stück. Tansanias Elefanten verbrauchen, rein rechnerisch, mehr Kalorien als die 15 Millionen Tansanier. Dazu kommen die Flurschäden. In den Randzonen des Selous-Parks im Südosten des Landes haben sie ganze Landstriche verwüstet und für Menschen unbewohnbar gemacht.

WIE VIELE KALORIEN HAT EIN ELEFANT?

Engagement und Zelotentum liegen, wie man weiß, bisweilen dicht beieinander. Die Tierschützer sind wesentlich mitverantwortlich für die verbale Kriminalisierung von Walfängern, Robbenjägern und Kürschnern, für die Hysterie, mit der Tierschutz in Deutschland betrieben wird. Auf dem Höhepunkt der Kampagne gegen die Leopardenjagd wurden Frauen in Leopardenmänteln auf deutschen Straßen mit Steinen beworfen.

Die deutschen Kürschner mußten sich schließlich unter dem Druck der hysterisierten öffentlichen Meinung verpflichten, kein Leopardenfell mehr zu verarbeiten. Mitte 1987 veröffentlichte »Cites«, eine Unterorganisation der Vereinten Nationen, die Studie der zwei Biologen Tom de Meulenaer und Rowan Martin. Essenz: »Der afrikanische Leopard ist und war niemals eine gefährdete Art.« Nach aktueller Zählung gibt es in Afrika zwischen 700 000 und 850 000 Exemplare. Das sind, wie die zwei Wissenschaftler meinen, genug, »um einen kontrollierten Handel mit Leopardenfellen« zu rechtfertigen.

Tierschutz ist für die große Mehrheit der Afrikaner nichts als eine Marotte der Europäer. Die Nationalparks wurden von Weißen für Weiße gegründet und werden von Weißen besucht. Die Reservate haben »Uhuru«, die Unabhängigkeit, nur überlebt, weil sie Devisen bringen. Afrikaner besuchen keine Tierparks. Es ist nicht verwunderlich, daß vier Fünftel der Einwohner von Daressalam, wie die dort erscheinende *Daily News* 1984 ermittelte, noch nie einen Elefanten gesehen haben. Kisuaheli, die Lingua franca Ost- und Zentralafrikas, kennt nur eine gemeinsame Vokabel für Fleisch und Tier: Nyamu. Ihr einziger Wert ist der Nährwert. Tiere, die man nicht essen kann, die keine Milch geben und keine Eier legen, sind für Afrikaner nutzlos. Die Ägypter schossen Nilkrokodile – die heute als bedrohte Spezies gelten – noch Anfang des Jahrhunderts gleich hinter Assuan ab, um ihren Teil des Nils sauberzuhalten.

Daß Elefanten über den Rahmen ihres Kaloriengehalts hinaus als Rohstoffträger von Wert sind, haben den Ostafrikanern erst die Araber beigebracht, die im 19. Jahrhundert auf der Jagd nach Elfenbein die Millionenheere der Elefanten tüchtig lichteten. Dann brachten, Anfang des 20. Jahrhunderts, die Briten die Lehre von der symbiotisch-harmonischen Einheit von Mensch und Tier.

Die »Internationale der Irrationalisten«, wie Tierschutzkritiker Ian Parker sie nennt, überwindet Grenzen und Systeme. Im Bereich des real existierenden Sozialismus, dessen Führungen ja gewöhnlich auf öffentliche Meinungen und Stimmungen nicht soviel Rücksicht zu nehmen brauchen wie westliche Regierungen, ist sie kaum weniger mächtig als im Westen. Ein anonymer Forstwissenschaftler aus der DDR äußerte sich vor Jahren in der Wiener *Allgemeinen Forstzeitung* zur Sache so: »Mir ist schmerzlich

bewußt geworden, daß das Wildproblem das letzte gesellschaftliche Problem darstellt, das wir lösen können.« Und: »Leichter
wird es sein, den neuen sozialistischen Menschen zu schaffen.«
Und daran wurde bei Drucklegung dieses Buches bereits ein
Dreivierteljahrhundert gearbeitet.